Steve Biddulph

Lebendig leben!

Eine Einladung zur Befreiung

Aus dem Englischen von
Christa Broermann

Die englische Originalausgabe erschien 2021 unter dem Titel
Fully Human. A New Way of Using Your Mind
bei Bluebird / Pan MacMillan, Basingstoke/London.

Besuchen Sie uns im Internet:
www.knaur.de

Aus Verantwortung für die Umwelt hat sich die Verlagsgruppe
Droemer Knaur zu einer nachhaltigen Buchproduktion verpflichtet.
Der bewusste Umgang mit unseren Ressourcen, der Schutz unseres Klimas
und der Natur gehören zu unseren obersten Unternehmenszielen.
Gemeinsam mit unseren Partnern und Lieferanten setzen wir uns für eine
klimaneutrale Buchproduktion ein, die den Erwerb von Klimazertifikaten
zur Kompensation des CO_2-Ausstoßes einschließt.
Weitere Informationen finden Sie unter: www.klimaneutralerverlag.de

Originalausgabe November 2021
Knaur Verlag
© 2021 Bluebird / Pan MacMillan UK
© 2021 der deutschsprachigen Ausgabe Knaur Verlag
Ein Imprint der Verlagsgruppe Droemer Knaur GmbH & Co. KG, München
Alle Rechte vorbehalten. Das Werk darf – auch teilweise – nur mit
Genehmigung des Verlags wiedergegeben werden.
Redaktion: Christiane Bernhardt, Stuttgart
Covergestaltung: ZERO Werbeagentur, München
Coverabbildung: Asymme3 / shutterstock.com
Satz: Adobe InDesign im Verlag
Druck und Bindung: CPI books GmbH, Leck
ISBN 978-3-426-28601-2

2 4 5 3 1

Doch wir bedenken weniger, als wir wissen;
wir wissen weniger, als wir lieben;
wir lieben sehr viel weniger, als es gibt.

Ronald D. Laing

Du hast ein Hirn im Kopf,
du hast Füße in den Schuhen,
wohin du auch gehen willst,
du kannst es tun.

Dr. Seuss

Inhaltsverzeichnis

Willkommen 9

1 Der Supersinn 11

2 Im inneren Haus leben 29

3 Das Erdgeschoss – Ihr Körper 47

4 Das erste Stockwerk – Emotionen und wie sie Ihr Leben antreiben 85

5 Näher betrachtet – Das Trauma, das wir alle heilen müssen 125

6 Das zweite Stockwerk – Nutzen Sie Ihr Gehirn, um klar zu denken 157

7 Näher betrachtet – Das Männliche erlösen 189

8 Das dritte Stockwerk – Spiritualität ist nicht das, was Sie denken 211

9 Näher betrachtet – Lebendig leben 255

Über den Autor – Falls Sie etwas über ihn wissen möchten 281

Anmerkungen und Quellen 287

Danksagung 295

Rechtenachweis 297

Register 299

Willkommen

Ziel dieses Buches ist, dass Sie an geistiger Beweglichkeit gewinnen. In all jenen Etagen Ihres Bewusstseins, deren Vorhandensein Sie bisher kaum wahrgenommen haben, »das Licht anzuknipsen«. Sobald alle Bereiche Ihres Geistes erwacht sind, arbeiten sie von Natur aus harmonisch zusammen, sodass Sie kraftvoller und integrierter in einem erweiterten Raum leben können.

Das Buch beruht auf jüngsten Erkenntnissen der Neurowissenschaften, bezieht aktuelle Verfahren der Psychotherapie ein und stützt sich auf meine lebenslange Arbeit mit Menschen in oft unvorstellbar belastenden Situationen, denen ich helfen wollte, heil zu werden und zu wachsen. Es wendet sich an alle, die das Gefühl haben, das Leben müsse doch eigentlich reicher sein und wir könnten etwas Besseres aus unserem Dasein in der Welt machen.

Zwei Kerngedanken bilden das Herzstück des Buches: erstens der von mir so genannte »Supersinn« – die Art und Weise, wie Ihr Körper Ihnen Botschaften schickt, und zwar in jeder Sekunde Ihres Lebens. Diese Botschaften sind schneller, subtiler und häufig wesentlich klüger als das, was Ihr Bewusstsein zur Wahrnehmung des aktuellen Geschehens beisteuert. Doch die meisten Menschen ignorieren sie völlig.

Zweitens das Bild eines vierstöckigen inneren Hauses, mit dessen Hilfe Sie die zahlreichen Ebenen des Geistes leicht erfassen und zur Zusammenarbeit bewegen können, statt sich von ihnen in verschiedene Richtungen zerren zu lassen (wie das oft der Fall ist). Dieser Gedanke ist so einfach, dass ein fünfjähriges Kind ihn begreifen kann, aber zugleich so tief, dass er auch einem schwer geschädigten Erwachsenen helfen kann.

Das Buch ist reich an eindrucksvollen Geschichten, Entwicklungswegen und Kämpfen, die vielleicht denen in Ihrem eigenen Leben recht ähnlich sind. Aber Sie brauchen nichts weiter zu tun, nur neugierig sein und lesen, obwohl wir auch Übungen mit aufgenommen haben, mit denen Sie den Gang der Dinge beschleunigen können, wenn Sie möchten. Sehr wahrscheinlich werden Sie das, was Sie in diesem Buch lernen, für den Rest Ihres Lebens täglich anwenden.

Ich hoffe, es verändert Ihr Leben und die Veränderungen ziehen Kreise in Ihrer Umgebung, sodass wir gemeinsam das Leben unserer Kinder und Enkel verbessern können. Die Liebe zueinander und zur Natur um uns herum erwächst einfach daraus, dass wir die Verbindungen erkennen, die schon immer da waren. Ihr Geist weiß, wie das geht, Sie brauchen ihn nur aufzuwecken.

Steve Biddulph

Anmerkung:

Manche Leser möchten zu Recht etwas über den Autor erfahren, ehe sie sich einem Buch anvertrauen. Falls Sie dazugehören, können Sie einige Seiten über mein ungewöhnliches Leben am Ende des Buches finden. Wenn Sie möchten, können Sie zuerst einmal dorthin springen, wenn nicht – legen Sie einfach los!

1
Der Supersinn

Andie Lewellyn, Allgemeinärztin mit einer Teilzeitstelle in einer Praxis und Mutter von zwei Mädchen, hatte einen ziemlich guten Tag. Ihre Eltern passten auf die Kinder auf, und sie hatte den Vormittag freigenommen, um sich in der Stadt mit Freundinnen zum Mittagessen zu treffen. Jetzt war sie auf dem Heimweg. Sie stieg an ihrer Haltestelle aus der Stadtbahn aus und ging schnellen Schrittes zum Parkplatz, weil ein kalter Wind blies. Einen Moment lang kämpfte sie mit ihren Taschen und Schlüsseln, bekam das Auto schließlich auf und stieg ein. Aus dem Augenwinkel sah sie eine Gestalt in der Ferne, einen jungen Mann, der auf sie zusteuerte.

Als sie den Motor anließ, war er schon relativ nahe gekommen und rief ihr etwas zu. Er war gut gekleidet, sah recht nett aus und brauchte anscheinend bei irgendetwas Hilfe – vielleicht hatte er etwas verloren oder wollte nach dem Weg fragen. Da sie ein Leben lang gewohnt war, sich höflich zu benehmen, regte sich ihr Gewissen; es ging ihr gegen den Strich, jemanden einfach zu ignorieren. Ihre Hand bewegte sich sogar Richtung Fenster, um es herunterzukurbeln. Aber dann spürte sie, wie sich in ihrer Magengrube etwas ein kleines bisschen zusammenzog, und ganz gegen ihre Art fuhr sie los und, beinahe panisch, schnell an ihm vorbei auf die Straße hinaus. Im Rückspiegel sah sie ihn reglos dastehen und ihr nachschauen. Selbst als sie zu Hause ankam, hatte sie noch heftiges Herzklopfen. »Was ist denn los mit mir?«, dachte sie.

Zurück im häuslichen Trubel, von den Eltern und ihren kleinen Töchtern herzlich in Empfang genommen, schob sie den Vorfall innerlich beiseite. Bis sie am Abend die Nachrichten anschaute. Ein Mann war an einer Stadtbahnhaltestelle von der Polizei festgenommen worden – *an ihrer Haltestelle*. Er hatte mit vorgehaltenem Messer versucht, eine junge Frau zu entführen, aber sie hatte geschrien und sich gewehrt und das große Glück gehabt, dass genau in diesem Moment zwei weitere Frauen auf den Parkplatz gefahren kamen, woraufhin der Mann floh. Andie brauchte nur ein paar Sekunden, um die Verbindung zu ihrem Erlebnis herzustellen – *um Haaresbreite hätte es sie getroffen*. Und die arme andere Frau ... Als Andies Mann ins Wohnzimmer kam, sah er erschrocken, dass sie zitternd und schluchzend auf dem Sofa saß.

Gemeinsam riefen sie die Polizei. Noch am gleichen Abend kamen zwei Kriminalbeamte zu ihnen und brachten Fotos mit. Andie konnte den Mann als denjenigen identifizieren, der sich ihrem Auto genähert hatte. Sie dankten ihr und sagten, es sei sehr clever von ihr gewesen, dass sie ihm aus dem Weg gegangen sei. (Sie vermieden sorgfältig die Formulierung »entkommen sei«.) Als ihr Mann die Polizisten zur Tür begleitete, begann sie wieder zu zittern.

Andie war bei mir Patientin, als ich als junger Therapeut anfing. Sie blieb an diesem windigen Nachmittag unversehrt und vielleicht auch am Leben, weil sie auf ganz spezielle Signale achtete – buchstäblich auf ihr »Bauchgefühl«. Sie reagierte genauso, wie es nötig war, um ihr Leben zu schützen. Diese Art von vorprogrammierter Reaktion hält die Menschen seit Jahrtausenden am Leben.

* * *

In der langen Vorgeschichte unserer Spezies hat es immer Gefahren gegeben, und wir haben hoch empfindliche Sinnesorgane gebraucht, um sicher leben zu können. Ein plötzliches Verstummen der Vögel, eine kaum wahrnehmbare Bewegung zwischen den Bäumen – wir haben zuerst reagiert, und dann hat sich unser Hirn eingeschaltet, um zu überlegen, was wir als Nächstes tun sollten: uns verstecken, weglaufen oder einen Warnruf ausstoßen. Oder uns einfach entspannen und sagen: »Willkommen zu Hause!«

Unser Gehirn ist darin sehr gut; Informationen, die uns durch unsere Sinnesorgane erreichen, werden fast augenblicklich verarbeitet und bewertet, lange bevor wir Zeit haben, nachzudenken oder etwas zu folgern. Das ist Ihr »Supersinn«. Er führt komplexe und subtile Informationen zusammen, um zu entscheiden, welche Wahrnehmungen für Sie wichtig sind. Das tut er in jeder Sekunde des Tages. Ehe die Hirnforschung das richtig erklären konnte, hätte man es als »Intuition« oder »sechsten Sinn« bezeichnet, aber beides stimmt nicht. Vielmehr handelt es sich um eine hoch entwickelte Fähigkeit Ihres Gehirns, Informationen aus Sinnesreizen zuerst blitzschnell zu integrieren und sie dann mit den gesammelten Erinnerungen Ihres ganzen Lebens abzugleichen, um zu sehen, ob da bei Ihnen etwas klingelt. Und dann vollbringt Ihr Supersinn noch ein drittes Wunder – *er signalisiert Ihnen, was Sie wahrnehmen müssen.* Er löst Körperreaktionen aus, die stark genug sind, um Sie zu warnen – wiederum schneller als Worte –, dass hier etwas dringend Beachtung erfordert. Und wenn Sie, wie Andie, wach genug und in Kontakt mit Ihrem Inneren sind, dann kommt die Botschaft auch bei Ihnen an.

Uns modernen Menschen wurde auf tausenderlei direkten und indirekten Wegen beigebracht, unser Gehirn sei der klügste Teil von uns. Und mit »Gehirn« meinen wir die dünne »Orangenschale« unseres Gehirns (den präfrontalen Kortex), die für das bewusste, verbale Denken zuständig ist, für alles von »Habe ich die Tür abgeschlossen?« bis hin zu »Soll ich mich bei Netflix anmelden?«. Dieser Teil unseres Gehirns ist eindrucksvoll, aber im Vergleich zu unserem Supersinn ist er ein tapsiges Kleinkind. Ihr Supersinn besitzt so unglaubliche

Fähigkeiten, dass Sie völlig von den Socken sein werden, wenn Sie ihn erst einmal verstanden haben, aber wir greifen vor – wir haben noch ein ganzes Buch vor uns. Wir besitzen diesen Supersinn, und im Laufe Ihrer Lektüre werden Sie lernen, ihn auf immer höhere Ebenen Ihres Lebens anzuwenden. Allein oder mit einer Familie, bei der Arbeit, mit Freunden und draußen in der Welt. Er ist immer da, nicht nur um für Ihre Sicherheit zu sorgen, sondern um Ihnen kluge Entscheidungen zu ermöglichen und Ihr Glück im Leben zu maximieren. Sie haben ein Leitsystem, das hervorragend, subtil und kraftvoll ist, und in diesem Buch werden Sie lernen, es zu nutzen.

* * *

Wir hätten den Supersinn fast verloren

Unser System für die Wahrnehmung innerer Signale *(internal sensory system)* ist der Kern unserer Menschlichkeit, der Funktionsweise unseres Geistes. Es ist daher ziemlich schockierend, dass wir in der modernen Welt vergessen haben, dass es diese Signale gibt. Wir wurden in der Kindheit nicht dazu ermuntert, auf sie zu hören, und haben nicht einmal eine Sprache, mit der wir über sie sprechen können. Die meisten Menschen nehmen innere Warnsignale zwar vage wahr – in Form von Unruhe oder Bedenken, oder auch positive Signale wie einen Drang oder eine Sehnsucht – aber meist ignorieren wir sie. Das ist keine Kleinigkeit, denn ohne diese Informationen kann es gut sein, dass unser Leben von großen und kleinen Fehlern nur so strotzt. Wir heiraten vielleicht die falsche Person, wählen den falschen Beruf, verpassen bei einem unserer Kinder ein Warnsignal, das sich später als sehr wichtig erweist. Oder wir melden uns nur freiwillig zum Grillen für einen guten Zweck, hätten aber besser die Finger davon gelassen!

Unser Supersinn hat sich entwickelt, um uns als wichtigstes mentales Leitsystem zu dienen; mit seiner Hilfe weiß unser Gehirn, was für uns richtig oder falsch, sicher oder gefährlich ist. Wenn wir den Kontakt dazu verlieren, kann eine ganze Reihe von Dingen schiefgehen. Wir haben dann kein starkes Selbstgefühl – nehmen nicht deutlich wahr, wer wir sind und was wir wollen. Wir können in Beziehungen in die Irre gehen oder müssen zusehen, wie unsere Familie zerbricht. Wenn wir innere Zweifel ignorieren, verlieren wir vielleicht unsere Werte aus den Augen und haben bald das Gefühl, dass unser Leben eine Lüge ist, dass wir nur noch eine Ansammlung von Klischees und Posen sind. Wir tun dann nichts mit Kraft und Authentizität. Kommt Ihnen das irgendwie bekannt vor?

Sollte das auch für Sie gelten, bringt Ihnen dieses Buch eine Botschaft der Hoffnung: Wenn Sie in irgendeinem Bereich Ihres Lebens zu kämpfen haben, so ist das etwas, das sich ändern kann. Sie können Ihren Supersinn wieder zum Leben erwecken und allmählich erkennen, wer Sie sind und was Ihnen wichtig ist, Sie können wieder zur Ganzheit finden, und Ihr Leben kann wesentlich reicher werden. Lassen Sie mich Ihnen dies anhand einiger Belege verdeutlichen.

Im Laufe Ihres Lebens sind Sie fast sicher schon Menschen begegnet, die Ihnen auf gute Weise anders und besonders vorkamen. Viel lebendiger und präsenter als die übrigen um Sie herum. Uns allen fallen solche Menschen auf, wir nehmen sie mit unserem Supersinn gleich von Anfang an wahr, und im Laufe der Zeit bestätigt sich unser Eindruck.

Solche Menschen haben oft drei ausgeprägte Merkmale: Erstens ihre Haltung – sie wirken geerdet und lassen sich Zeit, ihre Aufmerksamkeit ist fokussiert, und sie sind ganz bei Ihnen, hier und jetzt. Zweitens ihr Auftreten – sie nehmen sich selbst und die Höhen und Tiefen des Lebens leicht, können aber gleichzeitig überraschend kämpferisch und ernsthaft sein, wenn es wirklich darauf ankommt. Sie schützen andere

*Ohne unseren Supersinn …
heiraten wir vielleicht die falsche Person,
wählen den falschen Beruf, verpassen bei
einem unserer Kinder ein Warnsignal,
das sich später als sehr wichtig erweist.
Oder wir melden uns nur freiwillig zum
Grillen für einen guten Zweck,
hätten aber besser die Finger davon gelassen.*

und die Welt. Man fühlt sich bei ihnen sehr sicher. Und drittens sind sie Nonkonformisten; sie verstehen sich vielleicht gut mit anderen, aber sie leben nicht nach den üblichen Normen. Sie sind sich selbst treu und tanzen nicht einfach nach der verrückten Melodie, die die Gesellschaft vorgibt.

Ein Mensch, der sein inneres Potenzial voll entwickelt hat, sticht aus der Menge heraus. Bei solchen Menschen hat man den Eindruck, dass sie ihre verschiedenen Ebenen stärker integriert haben. Herz, Kopf und Geist weisen in die gleiche Richtung.

Die Hirnforschung entdeckt derzeit nach und nach, dass diese Art von Lebendigkeit ein neurologischer Zustand ist, *in dem mehr mentale Fähigkeiten aktiviert sind,* und dass er uns allen zugänglich ist. Der Supersinn ist der Ursprung, der Kern, in dem das Personsein seinen Anfang nimmt. Wenn Sie erst einmal Ihren Supersinn zu »lesen« verstehen, können Sie aufwärts zu den Emotionen, zum Denken und einem Gefühl der Verbundenheit mit allem um Sie herum weitergehen. Ihr Bewusstsein ist wie ein Haus mit vielen Stockwerken, und Sie können sämtliche Räume öffnen und sich an dem freuen, was sie zu bieten haben. Wenn Sie auf diese Weise Ihre Fähigkeiten aktiviert haben, werden Sie bald ganz automatisch integrierter, und die Widersprüche zwischen Gefühlen, Handeln und Werten werden sich schrittweise auflösen. Sie werden ganz sein und sich auch so fühlen.

Was dieses Buch Sie lehren möchte, erfordert in manchen Punkten eine neue Art von Aufmerksamkeit, aber das ist nichts Kompliziertes – selbst ein fünfjähriges Kind kann es meistern. Es gibt Ihnen Werkzeuge an die Hand, die Sie für den Rest Ihres Lebens nutzen können, und Sie werden feststellen, dass sie schon vom ersten Tag ihrer Anwendung an eine Veränderung bringen.

Es geht nicht nur um Gefahr

Die Ursprünge unseres Supersinns liegen tief in unserer Vorgeschichte. Wir Menschen waren in der Anfangszeit keine besonders vielversprechenden Geschöpfe, als wir in der Savanne herumschlichen und die von den Löwen liegen gelassenen Markknochen aufknackten oder an den Ufern afrikanischer Seen Schalentiere aussaugten.

Wir hatten ebenso scharfe Sinne und ein ebenso fein reguliertes Nervensystem wie ein Leopard oder ein Keilschwanzadler, aber wir hatten keine Klauen und Reißzähne, und wir waren nicht sonderlich groß oder stark. Unser Platz in der Nahrungskette hätte ziemlich weit unten sein können (d. h., wir wären Futter für andere gewesen!), doch eines sprach zu unseren Gunsten: Es war die Fähigkeit, die uns – buchstäblich – nach den Sternen greifen ließ. Diese Fähigkeit war der Schlüssel zu allem, was Menschen je hervorgebracht haben – von Medizin, Kunst und Musik bis zu Tandoori-Hähnchen-Pastete. Wir Mitglieder der Spezies *Homo Sapiens* sind wie geschaffen für die Kooperation. Unsere Art hat dadurch überlebt und sich ihren Platz in der Welt gesichert, dass sie eng miteinander verbundene Familiengruppen gebildet hat, die füreinander gesorgt und sich gegenseitig geschützt haben, zumindest die meiste Zeit. Allein waren wir Schwächlinge, aber wie so mancher Höhlenbär entsetzt erkennen musste, hatte er, sobald er sich mit einem einzelnen Menschen anlegte, die ganze Sippe am Hals.

Zusammenarbeit verlangt eine Menge Koordination und soziale Kompetenz. Schon ehe wir über Worte verfügten, mussten wir daher wissen, wie wir einander sicher einschätzen, Konflikte vermeiden, Ängste beruhigen und Spannungen beilegen konnten. Wir sind die einzigen Lebewesen, bei denen ständig das Weiße im Auge zu sehen ist, sodass wir die Blickrichtung anderer Menschen verfolgen können. Wir haben ein breiteres Spektrum an emotionalen Gesichtsausdrücken als jedes andere Geschöpf. Das unterstützt uns dabei, die Gemütslage anderer zu deuten, was uns einerseits gefährliche Unmutsausbrüche minimieren hilft, andererseits aber auch Intimität und Spaß ermöglicht, die eine starke Bindungskraft haben. Wir sind auch eine kreative, verspielte und liebevolle Spezies. Besuchern bei Jäger-und-Sammler-Gesellschaften oder anderen indigenen Völkern fällt unter anderem regelmäßig auf, wie viel Wärme, Überschwänglichkeit und unbefangene Zuneigung die Menschen an den Tag legen. (Das war zumindest meine Erfahrung in den 1970er-Jahren in Papua-Neuguinea. Es wird auch wiederholt in Jean Liedloffs Klassiker *Auf der Suche nach dem verlorenen Glück: Gegen die Zerstörung unserer Glücksfähigkeit in der frühen Kindheit* erwähnt, in dem es um die Kindererziehung bei einem indigenen Volk im Amazonasgebiet geht.) Seitdem der Westen zum ersten Mal mit der vorindustriellen Welt in Berührung gekommen ist, wurde zur Kenntnis genommen, dass diese Kulturen heutige Großstadtbewohner wie stocksteife Zombies wirken lassen. Sie haben etwas, das wir verloren haben.

Auch heute noch nutzen wir die blitzschnellen Verarbeitungsprozesse im Gehirn, auf die Andie sich verließ, wenn wir die winzigen Signale der Körpersprache anderer deuten, die Veränderungen ihres Gesichtsausdrucks, ihres Sprachgebrauchs und andere Kleinigkeiten, die nicht zusammenpassen. Daher wissen wir, wenn unserem Kind etwas zu schaffen macht oder es uns nicht die ganze Wahrheit sagt. Oder wenn unser Partner, unsere Partnerin uns etwas verbirgt – und sei es nur eine Geburtstagsüberraschung! Oder wenn ein Geschäftsabschluss oder eine Vereinbarung nicht ganz hasenrein ist. Dieses Signalsystem entstand lange bevor die Menschen die Sprache hatten. Daher ist die Sprache unseres Supersinns *körperlich, nicht verbal.* Sie können die Signale im Magen oder im Kiefer spüren, in den Schultermuskeln, in den Eingeweiden, in den Genitalien, buchstäblich überall im Körper. Wenn Sie Ihr »Bauchgefühl« finden wollen, dann lenken Sie einfach Ihre Aufmerksamkeit in den Körper, besonders entlang der Mittellinie – Herz, Verdauungstrakt –, aber es kann überall sitzen, *da ständig etwas in Ihnen vorgeht.* Selbst zum Glück gehört ein eigenes Bauchgefühl.

Wie das funktioniert? Ihre Sinne nehmen jeden Tag von morgens bis abends gewaltige Informationsmengen auf, viel mehr, als Sie bewusst wahrnehmen können. Tief in Ihrem Gehirn werden diese automatisch mit den Erinnerungen Ihres ganzen Lebens abgeglichen. Dann geschieht etwas Bemerkenswertes. Ihr Hippocampus (in dem Ihre Erinnerungen wohnen) spricht mit Ihrer Amygdala (in der Ihre Emotionen wohnen) und schickt Signale an Ihren Vagusnerv (der in Wirklichkeit ein gewaltiges Netzwerk von Nerven zu vielen Organen und darüber hinaus ist). Alles, was Sie davon mitbekommen, ist, dass plötzlich irgendwo etwas Körperliches geschieht – in Ihrem Bauch, Ihrer Kopfhaut, Ihren Schultermuskeln, den Muskeln rund um Ihr Herz oder sogar in Ihren Händen oder Füßen –, das Sie darauf aufmerksam macht, dass Ihr Unbewusstes Ihnen etwas zu sagen hat.

Teile Ihres Körpers werden aktiviert, und Ihr Bewusstsein kann das wahrnehmen und nachfragen. Was ist los? Was ist verkehrt? Das ist eine außerordentliche Fähigkeit, die nur darauf wartet, genutzt zu werden. Sie können jahrelang ein Ziehen im Magen spüren, das mit einem bestimmten Thema oder Aspekt Ihres Lebens zusammenhängt, und dann, wenn Sie eines Tages in sich hineinhorchen und fragen, was es damit auf sich hat, erfahren Sie es.

Die Zusammenarbeit Ihres limbischen Systems (das vollkommen nonverbal arbeitet) mit all den anderen vorbewussten Teilen Ihres Gehirns läuft genauso wie bei unseren Verwandten im Tierreich – wir haben die Wachsamkeit und die Instinkte von Fuchs oder Adler, aber wir haben auch einen

Neokortex, der rational denken und schlussfolgern kann. Diese beiden Seiten müssen wir zusammenbringen.

Der Supersinn macht niemals Pause, nicht einmal, wenn wir schlafen. Er befasst sich nicht nur mit der Außenwelt, sondern er reagiert auch auf unsere Gedanken und Ideen. Ich bin mir sicher, dass auch Sie das schon erlebt haben: Ein Gefühl nagt hartnäckig an uns und geht nicht weg. Es kann innerhalb von Minuten auftreten oder sich über Jahre hinweg aufbauen. Etwas ist nicht in Ordnung. Und dann bricht die Botschaft eines Tages in unser rationales, verbales Bewusstsein durch:

Dieser Freund ist kein Freund.
Diese Freundin ist keine Freundin.
Ich gebe mein Kind nicht mehr
zu diesem Betreuer/dieser Betreuerin.
Dieser Job ist nichts für mich.
Ich bin in meiner Ehe nicht sicher,
und es fehlt an Respekt,
das akzeptiere ich nicht mehr länger.

Im Laufe der Jahre wurden mir unzählige Beispiele dafür erzählt. Das folgende ist besonders bewegend. Eine Freundin, die heute Ende vierzig ist, bekam drei Monate nach ihrer Hochzeit Migräne und litt dann beinahe zwanzig Jahre daran. Eines Tages entdeckte sie, dass ihr Mann eine Geliebte hatte und dass die Affäre der beiden kurz nach der Heirat begonnen hatte. Schockiert und mit dem Gefühl, verraten worden zu sein, trennte sie sich wenige Wochen nach dieser Entdeckung von ihm. Die Migräneanfälle hörten auf und kamen nie mehr wieder.

Unser Körper ist erstaunlich, und er spricht ständig mit uns. Wenn wir nicht auf ihn hören, muss er schreien. Irgendwann schaltet sich auch Ihr schnarchnasiges Bewusstsein ein, und Sie überlegen, welche Schritte denn jetzt fällig sind. Aber erst einmal mussten Sie geweckt werden.

Klappt das immer?

Wichtig ist aber hier der Hinweis, dass dieses System für die Verarbeitung von Sinneseindrücken nicht unfehlbar ist und dass Sie unbedingt auch Ihr logisch denkendes Gehirn schnell einschalten müssen. Ihr Alarmsystem kann durch eine zufällig entstandene Erfahrung aus der Vergangenheit fehlerhaft voreingestellt sein, was zu atypischen Reaktionen führen kann.

Emma Shirer lebte als kleines Mädchen in London und war zur Zeit der deutschen Luftangriffe, des »Blitz«, sechs Jahre alt. Solange sie denken konnte, hatte man ihr verboten, jemals selbst die Toilettenspülung zu ziehen, weil sie noch zu klein war, um die Kette zu erreichen, ohne auf die Brille zu klettern. Sie fand das ungerecht und peinlich, und eines Abends zog sie die Kette trotzdem. In genau diesem Moment schlug eine deutsche Bombe im Nachbarhaus ein. Die ganze Außenmauer des Hauses, in dem Emma sich befand, wurde weggerissen, und sie stand da und starrte direkt in den offenen Himmel – noch immer mit der Hand an der Kette!

Ich lernte Emma kennen, als sie schon über siebzig war, und sie erzählte mir, sie hätte noch Jahre später Probleme damit gehabt, eine Toilettenspülung zu betätigen oder überhaupt in irgendeiner Weise auch nur minimal ungehorsam zu sein.

Manchmal wird jemand, dem wir begegnen, etwas in uns »triggern«, weil wir schon früher einmal Erfahrungen mit einer ähnlichen Person gemacht haben (das wird oft als »seelisches Gepäck« bezeichnet). Dann müssen wir sorgfältig überprüfen, ob wir richtigliegen oder nicht. Ich neige dazu, automatisch Menschen mit einem schottischen Akzent zu mögen und ihnen zu vertrauen, weil mir eine junge schottische Jugendarbeiterin namens Jean Grigor in den Teenagerjahren durch eine schwere Zeit half. Fans des Buches *Ich, Eleanor Oliphant* werden wissen, dass Schotten sehr freund-

*Und dann bricht die Botschaft eines Tages
in unser rationales, verbales Bewusstsein durch:
Dieser Freund ist kein Freund.
Diese Freundin ist keine Freundin.
Ich gebe mein Kind nicht mehr
zu diesem Betreuer/dieser Betreuerin.
Dieser Job ist nichts für mich.*

lich sein können, aber das ist kein universeller Charakterzug der Bewohner von Schottland!

Das erst kürzlich entdeckte Phänomen der »unbewussten Vorurteile« (durch die wir, ohne es überhaupt zu wissen, aufgrund von Geschlecht, Religion, Ethnie, Gesellschaftsschicht usw. alles Mögliche über andere Menschen annehmen, Gutes oder Schlechtes) ist ein sehr gutes Beispiel für dieses Gepäck. Zweifelsohne ist es sehr wichtig, unsere unbewussten Reaktionen auf diese und unzählige andere »Kategorien« unter die Lupe zu nehmen, in die wir andere vielleicht einsortieren.

Vor vielen Jahren habe ich einmal Vietnam-Veteranen behandelt, die aufgrund der Grausamkeit und des Schreckens dieses Krieges (bei dem man nie wusste, wer ein Feind war) verständlicherweise sofort extrem wachsam und alarmiert waren, sobald sie irgendwelche Asiaten sahen. Diese Männer mussten vietnamesische Flüchtlinge kennenlernen und sich mit ihnen anfreunden oder jetzt zu Friedenszeiten noch einmal nach Vietnam zurückkehren, um ihre Erinnerungen von diesen schlimmen Assoziationen zu lösen. Ihre Amygdala, der Ort im Gehirn, der für den Schrecken zuständig ist, musste umlernen und erleben, dass man mit Menschen mit asiatischen Gesichtszügen sicher und glücklich sein und Spaß haben konnte. Und dass man genießen konnte, was es in diesem Land zu sehen, zu riechen und zu hören gab. Die Frage »Ist das real, oder gehört das zu meinem seelischen Gepäck?« zu beantworten, ist für jeden wichtig. Dennoch sollten Sie niemals Ihr Alarmsystem übergehen, ohne sich ihm erst einmal zuzuwenden. Wir fahren am besten, wenn wir in eine Art Dialog mit unserem Supersinn treten und ihn befragen, um herauszufinden, was diesen Gefühlen zugrunde liegt. *Er hat uns immer etwas zu sagen,* und gelegentlich verändert seine Botschaft unser Leben.

Wenn Sie in diesem Buch nach und nach lernen, aufmerksamer auf die Signale Ihres Körpers zu hören, werden Sie davon entzückt sein, wie prompt, hilfreich und spezifisch seine Botschaften sind. Wenn Sie innehalten, um sich auf Ihren Supersinn einzustellen, werden Sie sich ein wenig mehr Zeit nehmen müssen, aber dafür auch viele zeitraubende Fehler vermeiden. Blicken Sie auf Ihr Leben zurück, werden Sie feststellen, dass fast jeder »Ausrutscher« und jedes Schlamassel von frühzeitigen Warnsignalen begleitet war, die Sie blindlings übergangen haben. Sie haben Ihren Supersinn ignoriert und einen saftigen Preis dafür bezahlt. Das gilt auch für die richtig großen Entscheidungen: Welches Fach möchte ich studieren, in welchem Beruf soll ich arbeiten, wo möchte ich wohnen und mit wem möchte ich ein Vertrauensverhältnis oder eine intime Beziehung eingehen? Aus diesem Grund sparen Sie in Wirklichkeit Zeit, wenn Sie sich Zeit nehmen, denn es verhindert zahlreiche Fehlentscheidungen. Und es wird Ihr Leben reicher machen – Entschleunigung beim Essen, in der Schule, in der Liebe, im Urlaub und beim Leben ganz allgemein kann zu überraschend aufregenden Erlebnissen führen, weil Sie spüren und wahrnehmen werden, wie für Sie der beste Weg, durchs Leben zu gehen, wirklich aussieht. Kurz, der Supersinn ist eine geballte Kraft und wartet nur darauf, dass Sie ihn wecken und sich von ihm leiten lassen. Er kann, solange Sie wach sind, jederzeit eingesetzt werden, und in den kommenden Kapiteln werde ich zeigen, wie das geht.

Zusammenfassung

Kurz gesagt, haben uns unsere Vorfahren eine wundervolle Ausstattung vererbt. Deren Kern bildet unser Supersinn, der alles erfasst und anschließend zusammensetzt. Die moderne Welt jedoch nutzt ihn nicht, wir wurden nicht dazu erzogen oder darin geschult, unsere eigenen Messinstrumente lesen oder auf unsere Mikrosignale hören zu können. Wahrscheinlich war ein achtjähriges Kind der Jäger und Sammler vor 250 000 Jahren erheblich alltagstüchtiger, fähiger und smarter als Sie und ich.

Diese Ausstattung zur Entfaltung zu bringen, ist die eigentliche Aufgabe echter Psychotherapie. Meine Patientin Andie musste, um gesund zu werden, Ressourcen aller Ebenen ihres Seins aktivieren – ihres Herzens, ihres Verstandes und ihres Gefühls der Verbundenheit mit dem Universum. In ihrem Inneren waren viele Emotionen ineinander verknäult. Nicht nur wegen ihres Erlebnisses auf dem Parkplatz, sondern infolge ihrer gesamten Konditionierung in der Kindheit. Sie musste ihr ganzes Denken über die Welt, in der sie lebte, revidieren. Und am Ende war sie nicht einfach nur »wiederhergestellt«, nicht nur wieder »normal« (was für eine langweilige Vorstellung), sondern ein eigenständigeres Individuum mit einem stärkeren Gefühl von Lebendigkeit, Sinnhaftigkeit und Interesse für ihre Mitmenschen. Und sie war spiritueller, aber in einem geerdeten, kraftvollen Sinne. Jeder in ihrer Umgebung konnte die Veränderung sehen. Sie war nicht nur kuriert, nicht mehr nur einfach ein guter Mensch, sondern hatte sich zu einer erstaunlichen Persönlichkeit entwickelt.

Alles, was in unserem Leben geschieht, sogar Schreckliches und Tragisches, kann dazu verwendet werden, uns höher hinaufzuführen und uns freier, weiser und einfallsreicher zu machen. Doch wir brauchen keine Schreckenserfahrung, um ganz lebendig werden zu können. Babys kommen so auf die Welt. Wir können lernen, die dafür nötigen Eigenschaften bei unseren Kindern zu erhalten, sie so zu fördern, dass sie wild und frei bleiben. Und wir können diese Lebendigkeit in uns selbst wieder erwecken. Darum wird es in den folgenden Kapiteln gehen.

Nachdenken über den Supersinn: Übung eins

Wenn Sie auf Ihr Leben zurückblicken, werden Sie in Bezug auf manche Entscheidung oder Situation, vor der Sie standen, sicherlich Bedenken oder ein nagendes Gefühl gehabt haben. Suchen Sie sich ein Beispiel aus, und beschreiben Sie es kurz, wie etwa:
»Diese Person, die ich damals in ... getroffen habe.«
»Die Entscheidung, die ich in Bezug auf ... getroffen habe.«
»Damals, als ich noch ein Kind war, und ...«
Wenn Sie sich damit wohlfühlen, beschwören Sie diese Erinnerung vor Ihrem inneren Auge etwas lebhafter herauf. Achten Sie darauf, ob Sie dabei irgendwelche körperlichen Signale oder Reaktionen wahrnehmen. Können Sie die körperliche Empfindung in Worte fassen – wo tritt sie auf, und wie ist sie beschaffen? Zum Beispiel »In meinem Magen zieht sich etwas zusammen ... ich habe ein drückendes Band um die Stirn ... mein Herz fühlt sich irgendwie flattrig an.« Üblicherweise wird sich eine bestimmte Stelle deutlich melden.
Lassen Sie sich etwa eine Minute Zeit, einfach bei diesem Gefühl zu bleiben, und achten Sie darauf, was es macht und wie es sich bewegt oder verändert, während Sie die Aufmerksamkeit darauf richten. Dann blinzeln Sie und schauen sich ein wenig um, spüren Ihre Füße auf dem Boden und atmen langsam ein und aus, um die Erinnerung loszulassen. Nehmen Sie wahr: Ja, ich habe diese »Warnlichter«, die in meinem Körper aufleuchten. Vielleicht könnte ich mehr auf sie achten? Sie helfen mir, gut zu leben.

Nachdenken über den Supersinn: Übung zwei

Denken Sie an eine Situation oder Herausforderung, die Sie derzeit in Ihrem Leben umtreibt. An irgendein großes oder kleines aktuelles Thema – bei der Arbeit, zu Hause oder im persönlichen Leben –, das Sie beschäftigt. Welche Körperempfindungen nehmen Sie wahr, während Sie daran denken? Wo treten sie auf – in den Schultern, im Hals, im Bauch, im Gesicht oder in der Brust? Jetzt suchen Sie sich ein Wort, das sie am treffendsten beschreibt: Enge, Hitze, Flattern, Spannung, Schwere, Reißen, Leere oder ein Loch. Es gibt Tausende von Wörtern dafür.

Bleiben Sie einfach mit der Aufmerksamkeit bei dieser Stelle, und nehmen Sie wahr, ob die Empfindung sich verändert oder gleich bleibt oder stärker wird, wenn Sie sie benennen. Später werden wir Ihnen helfen, diese Empfindungen zu verändern, während Sie herausfinden, was sie Ihnen zu sagen versuchen. Nehmen Sie gleich jetzt die Haltung ein, dass das Ihre weise Wildtierseite ist, die Ihnen etwas mitteilt und versucht, Ihnen eine Botschaft zu senden. Schicken Sie diesem Teil Ihrer selbst wohlwollende Gedanken – Sie werden gute Freunde werden, und er wird ein sehr hilfreicher Verbündeter für Ihr Leben werden.

2
Im inneren Haus leben

In fast jedem Beruf und an beinahe jedem Arbeitsplatz wird man heute von Zeit zu Zeit zu einem Fortbildungskurs geschickt. Diese Veranstaltungen sind tendenziell so todlangweilig, dass Sie bis zur ersten Teepause schon genauestens Ihre Aktentasche studiert haben. Ich weiß das, weil mich vor einigen Jahren Leute zu kontaktieren begannen, die mich fragten, ob ich ihrem Team einen Vortrag halten könnte. Bei diesen Teams konnte es sich um alles, von Hebammen, Lehrerinnen, Bestattungsunternehmern bis hin zu hochrangigen Polizeibeamten, handeln. »Warum gerade ich?«, erkundigte ich mich dann stets, und man konnte selbst am Telefon ein verschwörerisches Lächeln ahnen: »Weil wir gehört haben«, erklärte man mir vom anderen Ende der Leitung her, »dass bei Ihnen die Leute nicht einschlafen.«

Damals hatte ich eine Familie zu ernähren und nahm diese Aufträge gerne an. Aber ich hatte keine Ahnung von der Arbeit von Hebammen oder Bestattungsunternehmern. Was konnte ich ihnen beibringen, das für ihre hoch spezialisierten und anspruchsvollen Berufe hilfreich war? Die Antwort war nicht schwer zu finden und lautete »menschlich sein«. Soziale Kompetenz – sich selbst und andere verstehen – ist für einen Polizisten auf dem Land ebenso bedeutsam wie für ein Mitglied der Königsfamilie oder einen Anästhesisten.

Ich hatte es dabei mit klugen Menschen zu tun, oft wesentlich klüger als ich, daher war meine Grundhaltung stets, ihre Lebenserfahrung zu respektieren. Wenn der Tag da war und ich vor meinen Zuhörern und Zuhörerinnen stand, stellte ich ihnen nach den einleitenden Worten eine täuschend einfache Frage: »Was ist ein Mensch?« Die Leute sahen im ersten Moment verdutzt aus und begannen dann zu schreiben. Nach ein paar Minuten bat ich sie, in die Runde zu rufen, was sie notiert hatten.

Einige Antworten waren konkret und einfach: »Ein Mensch ist ein Tier«, »ein zweibeiniges Säugetier« oder etwas in dieser Art. Andere Zuhörer sagten, der Mensch sei ein soziales Wesen. Die eher Idealistischen im Raum fügten an, wir hätten ein riesiges Potenzial, wir würden wachsen und lernen. Manche wiesen darauf hin, dass wir Gefühle und Werte und Träume haben. Einige wagten sich auch in den Bereich des Spirituellen vor – wir seien von Gott erschaffen oder Kinder Gottes, oder säkular ausgedrückt, wir bestünden aus Körper, Geist und Seele.

Das ist keine triviale Übung, denn unsere Vorstellung davon, was ein Mensch ist, übt einen mächtigen Einfluss darauf aus, wer wir selbst sind und wie wir mit anderen umgehen. Ein depressiver Mensch wird eine deprimierende Vorstellung vom Menschen haben und ein freundlicher Mensch eine wohlwollende Einstellung. Eine Person voller Wut und Groll wird eine abscheuliche Weltsicht haben. Sie merken sofort, dass es hier um etwas Wichtiges geht. Wenn Sie nicht viel von anderen Menschen halten, *dann halten Sie in der Tiefe Ihres Herzens auch nicht viel von sich selbst.* Man kann unschwer erkennen, wie leicht das selbstverstärkend werden und völlig aus dem Ruder laufen kann. Ich wiederhole mich hier, weil ich auf keinen Fall möchte, dass Ihnen das entgeht: Wie Sie den Menschen betrachten, *ist wahrscheinlich das Allerwichtigste an Ihnen,* weil es darüber entscheidet, wie Sie mit all jenen umgehen, denen Sie je begegnen, und wie Sie mit sich selbst umgehen. Deshalb müssen Sie unbedingt dafür sorgen, dass Sie in diesem zentralen Punkt keine falsche Vorstellung haben.

Ich hatte schon viele Patienten, die als Kinder oder Teenager von ihren Eltern mit großem Nachdruck immer wieder zu hören bekamen, sie seien »dumm, faul und nutzlos« oder Schlimmeres. Nur wenige Menschen kommen aus einer solchen Kindheit ohne tiefe Narben heraus. Aber selbst ein Kind aus einer liebevollen Familie, in der es gut behandelt wird, muss noch mit den Botschaften der Welt im Großen fertigwerden. Die Kultur um uns herum verkündet uns, knapp gesagt, wir seien ein einziges großes Habenwollen oder ein einziges großes Ego. Wenn wir darauf hereinfallen – und nur wenige sind völlig immun dagegen –, werden wir niemals glücklich sein. Wollen wir ein erfülltes Leben haben, ist es entscheidend, dass wir die denkbar beste und umfassendste Sichtweise davon haben, was ein Mensch ist und was wir selbst sind. Der ganze Sinn dieses Buches besteht darin, Ihre Auffassung davon, was einen Menschen ausmacht, und was *Sie* ausmacht, entscheidend zu erweitern.

Die Teilnehmer meiner Ausbildungsseminare kommen regelmäßig und ohne Anstoß von außen zu dem Schluss, dass Menschen *zahlreiche Dimensionen haben*, dass es Schichten oder Ebenen in uns gibt. Und aus Sicht der Neurowissenschaften trifft das auch definitiv zu: Die Struktur unseres Gehirns und daher auch unser Bewusstsein – das die Arbeitsweise unseres Gehirns widerspiegelt – besteht aus mehreren Schichten. Alte, primitive Reptilienstrukturen liegen ganz unten, während die Schichten der Säugetiere (warmblütig und warmherzig) über diesen liegen, und dann folgen die im engeren Sinne menschlichen Schichten von Einsicht und Empathie ganz außen auf der Oberfläche. Das entspricht auch der Reihenfolge der Evolution – Eidechsen liebkosen und nähren ihre Babys nicht, Säugetiere aber wohl. Und Igel und Dachse machen sich keine Gedanken darüber, wie sie eine gute Schule für ihren Nachwuchs finden!

Wir haben also mehrere Ebenen – na und?

Vielleicht denken Sie: Ja, gut, das wusste ich schon irgendwie – ich bin ein vielschichtiges Wesen, sicher. Ich habe einen denkenden Teil in mir, einen fühlenden Teil usw. Aber was fange ich damit an? Die Antwort lautet, dass wir uns zwar theoretisch durchaus zu dieser Idee bekennen, aber in Wirklichkeit ignorieren oder vernachlässigen die meisten Menschen heute die Mehrzahl ihrer inneren Ebenen. Der durchschnittliche Mensch ist in einem winzigen Winkel seines Geistes gefangen, meist in einer Blase aus unerfreulichen und abgedroschenen Selbstgesprächen, die sich immer im Kreis drehen, während er die ganze Zeit von einem wunderbaren Reichtum an Lebendigkeit und Verbundenheit umgeben ist, den er nicht nutzt.

Unsere Kultur hat ganze Bereiche des Bewusstseins getilgt, die einem Menschen, der vor 50 000 Jahren gelebt hat, zugänglich gewesen wären und es in einigen noch erhaltenen Kulturen auch noch sind. Worauf wir unsere Aufmerksamkeit richten und was wir ignorieren, wird stark konditioniert, während wir heranwachsen, und häufig haben unsere Eltern zahlreiche Aspekte unserer Wahrnehmungsfähigkeit nicht beachtet oder gefördert, wenn sie überhaupt davon wussten. So werden in manchen Familien einfach nie Gespräche über Gefühle geführt. Themen dieser Art kamen in meiner Kindheit in den 1950er-Jahren gar nicht vor. Meine Frau Shaaron hatte eine wesentlich härtere Kindheit als ich; die Kinder bereiteten ihre Mahlzeiten meistens selbst zu und machten das Haus sauber, da die Eltern hart arbeiten mussten, um über die Runden zu kommen. Sie kann sich nicht erinnern, dass ihre Eltern sie ein einziges Mal gefragt hätten, wie es ihr ging oder wie ihr Tag gewesen war. Aber selbst heute noch wird in ganz gewöhnlichen Familien nicht danach gefragt, was im Inneren eines Kindes vor sich geht. Auch Teenager haben tiefgründige Fragen und spirituelle Sehnsüchte, die wir niemals anspre-

*Wie Sie den Menschen betrachten,
ist wahrscheinlich das Allerwichtigste an Ihnen,
weil es darüber entscheidet,
wie Sie mit all jenen umgehen,
denen Sie je begegnen,
und wie Sie mit sich selbst umgehen.*

chen. Wenn wir junge Leute nicht nach ihrer Innenwelt fragen, diese nicht bejahen und ihnen keine Sprache beibringen, mit der sie sie ausdrücken können, werden sie wie Tiger, die im Käfig großgezogen wurden; riesige Energien liegen brach, gewaltige Potenziale werden verschüttet. Die Innenwelt der meisten Menschen heute ist verkümmert und wird nicht ausgeschöpft.

Natürlich ergeht es den einen besser als den anderen. In meinem Buch *Mädchen! Wie sie selbstbewusst und glücklich werden* und in meinen Vorträgen zu diesem Thema erzähle ich die Geschichte eines Mädchens im Teenageralter, Genevieve, deren Freund sie zu drängen beginnt, sie solle mit ihm schlafen. Sie fühlt sich sehr unsicher und fragt ihre Mutter, was sie tun solle. Die Mutter gibt ihr eine sehr weise Antwort. Sie sagt: »Weißt du, Liebes, normalerweise weiß dein Körper irgendwo tief im Inneren genau, was für dich richtig ist.« Und das versteht die Tochter sofort. Sie hat liebevolle Gefühle für diesen Jungen, aber sie fühlt sich noch nicht bereit, mit ihm Sex zu haben. Das ist glasklar. Wenn ich das meinem Publikum erzähle, höre ich oft einen Seufzer durch die Reihen gehen, weil sich so viele darin wiedererkennen.

Aber die meisten Menschen werden nicht zur Wahrnehmung ihrer zahlreichen Ebenen erzogen (die physische ist nur eine von vielen). Überlegen Sie einmal, wie oft Sie im Leben etwas getan oder entschieden haben, obwohl ein großer Teil Ihres Inneren »Nein!« geschrien hat, oder wie oft Sie etwas nicht getan haben, obwohl ein großer Teil Ihres Inneren Sie zu einem »Ja!« gedrängt hat. So leben wir am Ende ein sehr unnatürliches und seltsames Leben, gehorsam und angepasst, und blenden riesige Bereiche unseres Bewusstseins aus. Hilfreiche Werkzeuge für unser Leben bleiben einfach ungenutzt.

Und dabei gibt es auch noch ein tieferes Problem. Wenn wir einen Teil von uns selbst ignorieren – unsere Gefühle, unseren Körper, unsere Werte, unsere Sexualität oder unsere Spiritualität –, hält dieser Teil nicht einfach in uns still. Er wirkt sich weiterhin stark auf uns aus, nur wissen wir nichts davon! Das ist wie eine innere Meuterei, die wir nicht deuten oder integrieren können. Und da einige dieser Anteile sehr mächtig sind, können wir am Ende völlig zerrissen sein, in tiefe Konflikte verstrickt und komplett verwirrt. Und wir finden einfach keine innere Einheit. Unser Leben wird keinen Sinn machen.

Wenn wir nicht Zugang zu allen Bereichen unseres vielschichtigen Geistes haben, verliert unser Leben seine Stimmigkeit. Andere erleben uns als widersprüchlich und nicht vertrauenswürdig. Wir werden zu Schlafwandlern in unserem eigenen Leben. Und da wir auf diese Weise unsere Kraft verlieren, lassen wir uns leicht versklaven.[1] Das hyperkapitalistische Leben – Hetze, Stress, Konsum – fordert einen schrecklichen Tribut von Familien, den wir einfach als normal hinnehmen. Und wenn das alles normal ist, dann kann doch mit uns – und unserer Familie – etwas nicht stimmen, weil wir nicht mithalten können. Genauso, wie die Frauen in den 1950er-Jahren dachten, es müsse etwas mit ihnen verkehrt sein, weil es sie nicht ausfüllte, mit der Küchenschürze angetan Scones zu backen, fühlen sich Männer und Frauen heute unzulänglich, weil sie das einsame, konkurrenzorientierte, harte Leben des 21. Jahrhunderts nicht aushalten können. Auch unsere Kinder wachsen in einer Welt auf, die immer härter und aggressiver wird und alle bestraft, die nicht unmögliche Standards in Bezug auf letztlich völlig unwichtige Dinge erfüllen können – wie etwa Mode, Figur und Besitz.

So viele wirklich schlimme Probleme, die die Leser wiedererkennen werden – Scheidung, Angst und Stress bei Kindern, Rebellion und Selbstverletzung bei Teenagern –, sind die direkte Folge dieser Lebensweise. Menschen, die integriert und mit ihrer Kraft in Verbindung sind, finden sich nicht mit der Lebensweise ab, die ihnen vorgegeben wird, sie suchen nach etwas Besserem. Sie fangen irgendwann an, nach ihrer eigenen

Richtschnur zu leben. Das sind die Menschen, die die Welt verändern. Unsere Hoffnung ruht darauf, dass immer mehr Menschen genau das tun.

Wenn wir lernen, sämtliche Ebenen unseres Menschseins zu verwirklichen und zu nutzen, können erstaunliche Dinge geschehen, wir finden unseren eigenen Rhythmus und unsere eigene Kraft. Jetzt ist es an der Zeit, dass ich Ihnen darlege, welche Ebenen und Schichten es gibt und wie man sich in ihnen bewegt. Es ist Zeit, dass ich Ihnen das vierstöckige Haus erläutere.

Die vier Stockwerke des inneren Hauses

Unser Geist ist eine komplexe Angelegenheit, daher brauchen wir einfache und handliche Werkzeuge, um mit ihm umzugehen – mit einem Griff, der uns das Zupacken ermöglicht. Ich habe viele Jahre darum gerungen, eine Sprache und einen Weg zu finden, die Erkenntnisse der Neurowissenschaften einerseits und die Methoden der Psychotherapie andererseits in ein einziges System zu bringen, das jeder und jede in jeglicher Situation nutzen kann. Ein Modell oder Konzept, das so einfach ist, dass man es einem kleinen Kind erklären kann, und so flexibel, dass man an einem schlechten Tag oder in einem Notfall darauf zugreifen und augenblicklich Hilfe bekommen kann. Und eines Tages stieg die Lösung aus der Tiefe meines Kopfes auf – die Metapher des vierstöckigen Hauses.

Mir gefiel diese Idee gleich von Anfang an, und ich nutze und lehre sie seither ständig. Wie wahrscheinlich auch Sie musste ich im Leben mit einigen harten Brocken fertigwerden, und dieses Modell hat mich bisher getragen. (Und da sich die Menschheit in der Krise befindet und ich selbst älter werde, wird es jeden Tag wichtiger für mich.)

Beginnen wir also unseren Rundgang. Probieren Sie bitte gleich jetzt, während Sie dasitzen und dieses Buch lesen, einmal Folgendes aus: Nehmen Sie wahr, wie Sie sitzen, wie bequem oder unbequem Ihre Haltung ist. (Wenn Sie sich ein wenig zurechtrücken möchten, tun Sie das ruhig.) Dann nehmen Sie Ihre allgemeine körperliche Verfassung wahr. Welche Empfindungen können Sie in Ihrem Bauch spüren? Im Rücken? Welchen Ausdruck hat Ihr Gesicht? Atmen Sie?

Die Grundlage Ihres Daseins, das Erdgeschoss des Hauses, ist der physische Leib, den Sie mit den Säugetieren gemeinsam haben und der handelt und empfindet. Er braucht Nahrung, er braucht Schlaf, er muss sich bewegen und tanzen und spielen können. Er braucht Sex und muss Musik machen können. Er muss in der Natur sein dürfen. All das liegt ja eigentlich auf der Hand, aber dennoch ignorieren oder vernachlässigen die Menschen diese Aspekte ihres Lebens oft und wundern sich dann, dass es bei ihnen nicht gut läuft. Später werden wir ein Kapitel dem Ziel widmen, bessere neuronale Zugänge zu Ihrem körperlichen Selbst zu aktivieren und zu entwickeln, und Sie werden feststellen, dass Ihr Körper eine belebtere Ressource werden wird, die Ihnen mehr Lust schenkt und zugleich ein Weg ist, ganz unterschiedliche Schwierigkeiten zu verarbeiten und Balance und Wohlbefinden wiederherzustellen. Für den Moment genügt es, dass Sie wahrnehmen: Das Erdgeschoss ist Ihr Körper. Er ist immer da, und er ist immer einen Besuch wert!

Lassen Sie uns nun ein weiteres Stockwerk in Ihrem mehrstöckigen Haus erklimmen. Als Nächstes folgt eine Ebene, die sich aus unserem Körper speist, aber ein eigenes Stockwerk innehat, die emotionale Ebene mit einem »Herz« voller Gefühle. Gefühle steigen im Körper auf, aber sie unterscheiden sich von reinen Empfindungen. So können Sie zum Beispiel Hunger haben, aber zugleich zufrieden sein, weil Sie gerade eine Diät machen oder heilfasten, und es läuft gut. Oder Sie können Hunger haben und wütend sein, weil Sie Ihre Sachen während eines Strandspaziergangs zurückgelassen und die Möwen Ihr Mittagessen stibitzt haben. Oder Sie können Hunger und Angst haben, weil Sie auf einer Wanderung sind, sich verirrt haben und Ihr Proviant bald zu Ende geht. Die jeweils gleiche Empfindung, aber Gefühl und Bedeutung sind verschieden.

Die Ebene der Emotionen ist klarer und intensiver als die der reinen Empfindung. Gefühle bedeuten etwas, und zwar etwas Wichtiges, das Sie ergründen müssen. Emotionen – Angst, Wut, Trauer und Freude – offenbaren Ihnen häufig gleich hier und jetzt die tiefe Wahrheit über etwas. In gewisser Weise verleihen sie Ihnen auch Energie, die Ihnen hilft, eine Situation durchzustehen. Emotionen sind eine Art von Intelligenz, und ganz besonders wichtig sind sie für unsere Beziehungen zu anderen. Sie bekommen im Kapitel über das erste Stockwerk eine erstklassige Hinführung zu Ihren Emotionen an die Hand gegeben, damit Sie Ihre Gefühle *für* Sie arbeiten lassen können, statt gegen Sie.

Bauchgefühl und Emotionen können sich widersprechen

Es ist wichtig, dass Sie klarsehen: Ihr Supersinn ist nicht mit Ihren Emotionen gleichzusetzen. Er reicht tiefer als Ihre Emotionen, wenn Sie so wollen, er ist umfassender und ganzheitlicher. Hier ein Beispiel:
Roisin ist 32 Jahre alt und hat seit mittlerweile drei Jahren eine Beziehung mit Iain. Er ist freundlich, umgänglich, und sie vertraut ihm. Aber immer wieder plagt sie der Gedanke, er sei nicht der richtige Mann für sie. Sie findet ihn, kurz gesagt, langweilig. In letzter Zeit haben diese Gefühle zugenommen. Etwas in ihr sagt einfach »igitt!«, wenn sie

daran denkt, den Rest ihres Lebens mit ihm zu verbringen. Ihr Bauch sagt ihr im Grunde: Du brauchst jemanden mit mehr Feuer und einem klareren Lebensziel. Aber sobald dieser Gedanke auftaucht, signalisieren ihre Gefühle Angst vor dem Verlust der Beziehung und vor dem Alleinsein. Folglich sagen ihre Gefühle »Bleib!«, aber ihr Supersinn flüstert ihr zu: »Du wirst mit diesem Mann niemals glücklich werden.« Diese Botschaft scheint aus größerer Tiefe zu kommen und ist weiser, aber leiser als die Emotionen.

Wenn wir solche konkurrierenden Botschaften in uns haben, geht es nicht darum, dass die eine richtig und die andere falsch ist, sondern eher um einen Prozess, dem man sich zuwenden und der sich entfalten dürfen muss. Roisin hört weiterhin auf ihr Inneres, ist offen und ehrlich zu ihrem Partner und achtet darauf, wie die Dinge laufen.

Nach einiger Zeit trennen sich Roisin und Iain tatsächlich, und sie tun es freundschaftlich und ohne gegenseitige Anschuldigungen. In den folgenden Monaten spürt Roisin immer deutlicher, dass diese Beziehung nicht die richtige für sie war, und sie ist glücklicher, authentischer und stärker, seit sie wieder allein ist. Es ist eine Herausforderung für sie, allein zu sein, und sie hofft noch immer, eines Tages in einer Beziehung leben zu können, die besser zu ihr passt. Aber sie muss stimmen. Interessanterweise kündigt Iain nach ihrer Trennung seinen Job und bricht ebenfalls zu einigen Abenteuern auf, um sein Leben zu erweitern. (Familientherapeuten, die das lesen, werden schmunzeln, weil sie wissen, dass kein Mensch »langweilig« ist, aber wir alle können uns in einem System verfangen, in dem wir unser Selbst nicht voll entfalten können.)

Die wichtigste Botschaft hier lautet: Wenn Roisin allein auf ihre Gefühle gehört hätte, wäre sie in der Beziehung stecken geblieben. Ihr Supersinn hatte eine andere Botschaft für sie. Es dauerte eine Weile, bis sie sie herausgefunden hatte, aber dann bewirkte sie den entscheidenden Schritt. Keine Etage unseres inneren Hauses verfügt über das ganze Bild, aber wenn wir alle Ebenen zurate ziehen, läuft es mit größerer Wahrscheinlichkeit gut für uns.

Jetzt wollen wir noch ein Stockwerk höher hinaufsteigen, in Ihren Kopf. Hier, in der zweiten Etage, die oben auf Ihrem Körper und über Ihren Emotionen liegt, haben Sie ein Gehirn, das denkt (wenn auch nicht immer sehr klar). Das ist Ihr präfrontaler Kortex, Ihr ausführendes und analytisches Gehirn. Die meisten Menschen denken an ihre Gedanken, wenn sie an sich denken. Ich denke, also bin ich. Aber nichts könnte weiter von der Wahrheit entfernt sein! Wir müssen unbedingt klarer denken können, und ich hoffe, dieses Buch wird Ihnen einige wirksame Werkzeuge an die Hand geben, mit denen Sie diese Fähigkeit schärfen und fördern können. Über das Denken verleihen wir unserem Leben Sinn und kommunizieren mit anderen um uns herum – wir fassen Inhalte in Worte und senden sie nach draußen. Wenn wir auf die Gedanken anderer hören und uns als Reaktion darauf ändern, verhilft uns das zu guten Beziehungen und auch dazu, unsere eigene Sichtweise auf einen neuen Stand zu bringen oder infrage zu stellen. Worte sind eine Brücke zur übrigen Menschheit. Im zweiten Stockwerk unseres inneren Hauses geht es lebhaft und munter zu. Aber eine wichtige Botschaft hier ist: Das Denken ist nicht einmal entfernt alles, was Sie ausmacht. Es ist einfach ein Werkzeug, und das, was Sie eigentlich sind, ist sehr viel mehr als Ihre Gedanken. Ganz ähnlich wie in einem großen Unternehmen kommt es zwar auf den CEO an, aber nur, wenn alle vor Ort sich vollständig einbringen und mit den anderen zusammenarbeiten. Wenn Ihr rationales Gehirn lernt, all Ihre anderen Teile zu respektieren, kann das Leben wirklich rundlaufen.

Aufs Dach hinauf

Nachdem wir jetzt diese drei Stockwerke unseres Hauses erkundet haben, würden wohl viele Menschen sagen: Das war's. Körper, Gefühle, Gedanken, das ist alles, was den Menschen ausmacht. Aber das stimmt nicht – da ist noch mehr! Statt in sich selbst hineinzuhorchen, denken Sie jetzt bitte einmal nach draußen, an die Welt um Sie herum – an die Menschen, die Dinge und darüber hinaus an den Himmel und die Sterne. Dann denken Sie an den endlosen Lauf der Zeit, der vergangenen und der zukünftigen, und an die Kette von Lebewesen, die vor Ihnen da waren und die nach Ihnen kommen werden. Von dieser Warte aus können Sie unschwer erkennen, dass Sie ein sehr kleines Ereignis in einem sehr großen Universum sind.

Aber wenn die Menschen das wahrnehmen – und früher oder später tun das alle –, machen sie oft zwei große Fehler. Erstens fühlen sie sich dann völlig bedeutungslos. Und zweitens denken sie, sie seien ganz allein in einer großen, gleichgültigen Welt. Von dort aus ist es nicht mehr weit bis zu einer tiefen Depression. Selbstmord, das tragischste und sinnloseste Ende eines Lebens, ist im Grunde genommen ein Tod aus Einsamkeit. In den meisten modernen Ländern ist Selbstmord ein gewaltiges Problem, das jedes Jahr Tausende von Menschenleben kostet. Auch viele andere, kleinere Probleme – Gier, Sucht, Angst, Egoismus – sind ebenfalls das Ergebnis dieser irrigen Selbstsicht.

Lassen Sie mich daher gleich klipp und klar sagen: Sie sind weder von allem anderen abgetrennt noch bedeutungslos. Sie sind ebenso ein Teil von allem wie ein Blatt Teil eines Baumes ist oder ein Regentropfen Teil eines Ozeans. Ohne die Blätter gibt es keinen Baum. Ohne die Regentropfen keinen Ozean. Wenn wir in unserem Leben realistisch und vernünftig denken wollen, ist es also äußerst wichtig, das in den Blick zu nehmen. Wir sind ein Teil von etwas Großem, unterwegs zu einem großen Ziel, und unser Leben wird aufblühen – und Bedeutung haben –, wenn wir in die Melodie einstimmen. Das Leben ist ein Tanz, ein Fest, bei dem wir erwartet werden, und es ist auch ein Projekt, das unseren Beitrag braucht – das Projekt des Gedeihens der Menschheit.

Dieses Buch wird Ihnen Wege aufzeigen, das nicht nur intellektuell zu begreifen (denn das wäre ein dürftiger Trost), sondern durch die Sie ein Gefühl dafür bekommen, wie es ist, ganz in der Fülle der Natur aufzugehen, und ebenso eines für die Verbundenheit zwischen den Menschen, sodass Sie sich nie wieder allein zu fühlen brauchen.

Die Liebe bildet den Kern aller großen religiösen Traditionen – was zwar oft verschüttet ist, aber immer noch durchschimmert –, und auch Sie sind geliebt.

Das dritte Stockwerk unseres inneren Hauses – in dem wir uns mit allem verbinden – ist der Sitz unserer Spiritualität. Der Ort, an dem wir – sei es durch Glück oder Gnade oder harte Arbeit – das Gefühl haben, dass wir mit allem um uns herum verbunden sind, an der heiligen Einheit von allem teilhaben. Das ist keine Frage des Glaubens, sondern einfach ein direktes Gefühl der Gemeinschaft und der Zugehörigkeit zur Welt, das wir mit auf die Welt bringen und das uns hoffentlich weiterhin erhalten bleibt, während unser Leben sich entfaltet.

Dass die Spiritualität im *obersten* Stockwerk wohnt, hat seinen Grund: Dieses Gefühl ist entscheidend dafür, dass unser leibseelisches System so arbeiten kann, wie es gedacht ist. Genauso, wie Ihr Mobiltelefon ziemlich wenig kann, wenn es nicht mit dem Netz verbunden ist, hat Ihr Leben nur Sinn, wenn es auf das Leben in Ihrem weiteren Umfeld abgestimmt ist.

Das oberste Stockwerk ist nicht wie die anderen. Es ist ein Dachgarten, zum Himmel hin offen. Spiritualität ist notorisch schwer in Worte zu fassen, weil Worte dazu gedacht sind, kleine, einzelne Dinge zu bezeichnen – Löffel, Hund, Nasenlöcher – und keine großen Mysterien. Aber können Sie sich daran erinnern, sich als Kind einmal ganz wunderbar gefühlt zu haben? Vollständig frei und lebendig? Ich kann mich erinnern, wie ich als kleiner Junge manchmal an einem windigen Strand entlanggerannt bin: Über mir kreisten die Möwen, neben mir toste die Brandung, draußen über dem Meer türmten sich Wolken auf, und ich fühlte mich absolut, vollkommen frei und irgendwie auch als Teil von alledem. Können Sie sich erinnern, sich jemals auch so gefühlt zu haben? Völlig sicher, ohne Begrenzung oder Befangenheit irgendeiner Art? Wo war das? Wie alt waren Sie damals?

Bei der Spiritualität geht es darum, dieses Gefühl von Freiheit und Einheit und von alledem, was daraus folgt, zurückzugewinnen. Mitgefühl. Frieden. Kreativität. Die Auflösung der Anstrengung, ein Ego verteidigen zu müssen. Eine mühelose Harmonie mit dem Leben. Und von daher der Wunsch, das Leiden zu beenden und ein Anwalt der Menschen und der Natur zu werden – denn Sie sind ja mit allem verbunden. Und wer würde nicht für einen Teil seiner selbst sorgen?

Es gibt viele Übungen und Denkansätze, die Sie in diesem Buch entdecken werden, um zur Spiritualität zu gelangen. Sie können fest auf dem Dach Ihres Hauses stehen, während Sie weit hinausschauen und allmählich erkennen, dass Sie das Haus nicht einmal brauchen. Sie können ohne Furcht leben und die ungewöhnlichsten Dinge tun. Es wird ein ganzes Buch nötig sein, um diesen Gedanken zu entfalten, aber nun haben wir den ersten Schritt getan. Die Reise hat begonnen.

Ihre Etagen zur Übereinstimmung bringen

Da ist noch etwas, das Allerwichtigste, das wir bis zum Schluss aufgehoben haben. Wenn Sie beginnen, in allen vier Etagen Ihres inneren Hauses zu leben, wird eines sehr schnell offenkundig werden: Bei fast allen werden diese Stockwerke manchmal, oder vielleicht sogar häufig, uneinig sein. Unsere Gefühle passen nicht zu unserem Handeln. Unser Körper möchte etwas haben, von dem uns unser Kopf sagt, das könne er nicht bekommen. Unser Gehirn hört nicht auf unsere Seele. Mit anderen Worten: Ihr Leben ist nicht stimmig. Die nun folgende Information ist von zentraler Bedeutung: Seien Sie also ganz Ohr …

An dem Tag, den ich jeweils mit Hebammen, Bestattungsunternehmern, Chirurgen oder Soldaten verbringe und ihnen das vierstöckige Haus erläutere, fordere ich die Anwesenden als letzten Schritt auf, sich auf eine Herausforderung einzulassen. Ich bitte sie, sich mit zwei oder drei anderen zusammenzusetzen und über die Frage »Wie stimmig ist Ihr Leben?« zu sprechen. Das Ergebnis sind ausnahmslos Diskussionen, die fast nicht mehr zu stoppen sind. Oft kann ich sie nicht mehr steuern. Die Leute stecken eifrig die Köpfe zusammen, die Gesichter sind bewegt, hier und dort im Raum weint jemand, und andere trösten ihn. Diese Frage ist einfach eine der tiefgründigsten überhaupt.

Die Unstimmigkeit in Ihrem Leben zu erkennen, ist – selbst wenn Sie dabei vor Verzweiflung weinen – ein Teil der Heilung. Sie brauchen noch nicht im Einzelnen zu wissen, was Sie tun sollen. Das wird sich zeigen. Ein Mensch strebt, ebenso wie jedes andere Lebewesen, nach der Einheit all seiner Teile.

Und auch das Universum strebt danach. Wir können das unterstützen, indem wir unsere Aufmerksamkeit auf Stellen richten, an denen wir Konflikte oder Unbehagen spüren. Dann wird unser System einen Weg finden, das zu heilen.

Wir brauchen nichts anderes zu tun, als es wahrzunehmen. Und weiterzuatmen. Und mit unserem Leben weiterzumachen und tapfer alle vier Stockwerke zu bewohnen, hell erleuchtet, mit eingeschaltetem Licht. Unser wunderbares leibseelisches System wird anfangen, uns zu sagen, was wir tun sollen und wie wir es tun sollen. Wir werden uns wieder zusammenfügen, wie lange es auch immer dauern mag. Und das bringt einen Unterschied wie Tag und Nacht.

Im inneren Haus leben – Übungen zum Nachdenken, eins bis sieben

1. Sind Sie sich darüber im Klaren, dass Ihr Bewusstsein mehrere Ebenen hat? Haben Sie vor der Lektüre dieses Buches im Alltag regelmäßig und aktiv mit diesen Ebenen Verbindung aufgenommen und in sie hineingespürt?
2. Eine zentrale Fähigkeit, die Sie in diesem Buch erwerben werden, ist Bewegungsfreiheit nach oben und unten in Ihrem inneren Haus, ganz so, als würden Sie mit einem Aufzug hinauf- oder hinunterfahren. Können Sie leicht in Ihren Körper »hinabsteigen« und Empfindungen wahrnehmen? (Zunächst einmal ganz einfache Dinge – körperliches Wohlbefinden, Muskelanspannung, Temperatur, Entspannung?)
3. Sind Sie normalerweise in Kontakt mit Ihren Emotionen, während Sie sie haben?
4. Fällt es Ihnen leicht, sich zu beruhigen und klar zu denken, Dinge mit Vernunft anzugehen?
5. Haben Sie einen Zugang zur Spiritualität, zu dem Gefühl, im Universum geborgen und zu Hause zu sein? Zum größeren Ganzen zu gehören, zur Natur ebenso wie zur menschlichen Gemeinschaft? Nur ein bisschen oder sehr stark? Oder ist Ihnen diese Vorstellung fremd?

6. Kurz gesagt, welche Ebenen – Körper, Gefühle, Intellekt und Geist – bewohnen Sie, und welche beachten Sie meist nicht?
7. Und vor allem: Gibt es eine Ebene, auf der Sie tendenziell stecken bleiben? Schränkt Sie das in Ihrer Lebensführung ein?

Wenn Sie nicht alle Ihre Ebenen im Blick hatten, werden Sie eine Menge Spaß und Freiheitsgefühl dabei erleben, sie zu erkunden, und Ihr Leben wird dadurch bedeutend leichter werden. Gönnen Sie sich, auf der Gefühlsebene ein bisschen Freude zu spüren. Atmen Sie, und geben Sie ihr Raum!

3
Das Erdgeschoss

Ihr Körper

Ich sitze einem Klienten gegenüber, der unter einer schweren Posttraumatischen Belastungsstörung leidet. Als Soldat war er in einigen der schlimmsten Kriegsgebiete der Welt im Einsatz, sodass sehr verständlich ist, was er erlebt. Aber die Hilfe, die er bislang bekommen hat, war unzureichend. Er war mehrmals im Krankenhaus, viele Male in großer Gefahr, Selbstmord zu begehen, und seine Familie litt sehr unter den heftigen Emotionen, die auch heute noch immer wieder in ihm wüten.

Im Augenblick schildert er sehr eindringlich seine Situation, aber ich nehme noch etwas Wichtigeres wahr, das meine Aufmerksamkeit auf sich zieht. Es ist seine Körperhaltung: Er sitzt ganz vorne auf der Stuhlkante, als wolle er jeden Moment davonlaufen. Seine Hände sind zu Fäusten geballt. Sein Atem geht flach und schnell.

Sobald ich kann, frage ich ihn sanft, ob ich ihn unterbrechen dürfe. Ich frage ihn, wie sich sein Körper anfühlt, welche Empfindungen er gerade hat. Plötzlich schaut er verdutzt drein, als wäre ich meilenweit vom Thema abgewichen. Ich sage leise: »Können Sie bitte einmal darauf achten, ob Sie bequem auf Ihrem Stuhl sitzen?«

Zögerlich lehnt er sich zurück und lässt sich von dem großen, komfortablen Stuhl tragen. Ich frage weiter, ob er eine kleine Redepause einlegen könne, nur für ein paar Sekunden, und atmen. Er lächelt, und sein Gesicht bekommt etwas Farbe. Er ist ein intelligenter Mann und schnell von Begriff. Er lächelt, weil er blitzartig erkennt, dass er aufgrund seiner Sitzhaltung, seiner Atmung und seines Sprechens an einem Ort unter Angst litt, an dem er ganz und gar sicher war. Sein Geist hatte sich selbstständig gemacht und steckte in der Vergangenheit fest. Das wurde für ihn zum Ausgangspunkt für die Einsicht, dass sogar etwas so Komplexes wie eine Posttraumatische Belastungsstörung (PTBS) im Kern ein körperliches Problem ist und dass er, wenn er seinem Körper Aufmerksamkeit schenkt, kleine Verbesserungen erzielen kann, die mit der Zeit zu einer großen Veränderung führen.

Dass die Hilfe, die dieser Mann und Tausende andere mit einer Posttraumatischen Belastungsstörung erhalten haben, gescheitert ist, liegt teilweise daran, dass man sich dabei allzu sehr auf die Kognitive Verhaltenstherapie und die Vorstellung verlassen hat, das Denken könne die Gefühle kontrollieren. Natürlich ist es wichtig, etwas gegen fehlerhaftes Denken zu unternehmen, aber das reicht selten aus, denn unser Gehirn ist weitgehend umgekehrt verdrahtet. Sehr oft nämlich lenken Emotionen das Denken. Aus diesem Grund ist es wichtig, auch auf der Ebene der Körperwahrnehmung anzusetzen und hinter die Gefühle zum Supersinn zu gelangen, von dem sie ausgehen. Man muss dem Körper die Chance geben, die Schwierigkeiten auf einer Ebene nach der anderen zu lösen und dabei von unten nach oben mit dem vierstöckigen inneren Haus zu arbeiten. Dadurch ermöglicht der Therapeut dem Klienten die unmittelbare Erfahrung, dass er an einem sicheren Ort ist, sowohl räumlich als auch in der Beziehung. Damit unsere Klienten heil werden können, müssen wir Therapeuten mit einer Intensität (mit Konzentration und Entschlossenheit – letztlich mit Liebe) für sie sorgen, die der Schwere der erlittenen Verletzung entspricht.

Dabei wird dem Klienten in jedem Heilungsstadium sein Körper als Verbündeter helfen. Wenn er zu seinen inneren Empfindungen zurückkehrt, sodass sie sich beruhigen und klären können, und das durch körperliche Betätigung wie Ge-

*Damit unsere Klienten heil werden können,
müssen wir Therapeuten mit einer Intensität
(mit Konzentration und Entschlossenheit –
letztlich mit Liebe) für sie sorgen,
die der Schwere der erlittenen
Verletzung entspricht.*

hen oder Schwimmen, Yoga oder Tai-Chi ergänzt, dann erdet ihn das im Hier und Jetzt. Sein Körper wird ihm einen verlässlichen Weg bieten, zeitweilig Zuflucht zu finden. Dann, und erst dann, können wir mit der Flut der nicht ausgedrückten Gefühle, den verworrenen Denkmustern und mit Fragen nach dem Sinn und dem Seelischen arbeiten, und das müssen wir tun, um eine dauerhafte Veränderung und ein Herauswachsen aus der schrecklichen Verfassung zu bewirken, in der er ist. Aber mithilfe seines Supersinns kann er zu seinem Körper zurückkehren und wird immer einen sicheren Anker haben, auf den wir jederzeit zurückgreifen können. Atmen Sie. Öffnen Sie die Augen. Spüren Sie den Boden unter Ihren Füßen, der Sie trägt. Seien Sie ganz im Hier und Jetzt.

Mein Klient ist nicht der Einzige, der seinen Körper ignoriert und infolgedessen hoffnungslos in Erinnerungen und Ängsten gefangen ist. Tatsächlich haben sogar die meisten Menschen ein Stück weit dieses Problem. Keine andere Kultur hat im Laufe der Geschichte den Körper so sehr missachtet wie unsere. Die moderne Welt der Flugzeuge, Autos und Supermärkte wurde von einer ganz bestimmten Art von Männern und Frauen aufgebaut. Die calvinistischen Gründer des Kapitalismus kamen aus einer europäischen, protestantischen Tradition der kalten und strengen Unterdrückung jeglicher Lust, die auf einem starken Fundament selbstquälerischer katholischer Schuldgefühle ruhte. Oft war sie noch zusätzlich von mehreren anderen Ethnien gefärbt, die ihre eigenen Probleme mitbrachten. Die Nordeuropäer gehörten noch nie zu den sanges- und tanzfreudigsten Völkern der Welt. Und sooft sie in andere Teile der Welt kamen (meist, um zu kolonisieren und die Menschen dort ins Elend zu stürzen), waren die Einheimischen stets entsetzt, wie verklemmt und ganz generell verkorkst sie waren.

Dass wir diese Art von Hintergrund haben und ihn für normal halten – also vom Körper, den Emotionen und der Spiritualität abgeschnitten sind und somit drei ganze Stockwerke unseres inneren Hauses so gut wie unbewohnt lassen –, bedeutet, dass wir sehr schlecht gerüstet sind, die Traumata, die das Leben unvermeidlich mit sich bringt, zu verarbeiten. Das Problem ist aber nicht das Trauma an sich, sondern dass wir nicht fähig sind, unsere natürlichen Heilkräfte ihren Dienst tun zu lassen.

Wie wir den Kontakt zu unserem Körper verloren haben

Es war nicht die Schuld meines Klienten, dass er von Kindheit an mit einer Unfähigkeit zu fühlen aufgewachsen war. Es war das Erbe ganzer Generationen verkorkster Vorfahren. Das gesamte Leben unserer Urgroßeltern beruhte auf emotionaler Unterdrückung. »Sitz still, sei ruhig, hör auf zu plärren. Reiß dich zusammen. Mit sechs kommst du ins Internat, ich hab das auch überlebt, und es hat einen Mann aus mir gemacht.« Das Erwachsenenalter war einfach mehr desselben. Die Männer mussten damals als Kanonenfutter für das Empire herhalten und wurden entsprechend geprägt. Frauen wurden dazu konditioniert, ein Leben der Mühsal und der sexuellen Frustration zu führen. Das verlangte die massive Unterdrückung der wahren Gefühle. Und diese Unterdrückung erfordert harte Arbeit, denn man muss dafür die Signale aus dem Körper ausblenden und die Muskulatur anspannen. Die in England geläufige Durchhalteparole »to keep a stiff upper lip« [was hierzulande in etwa dem entspricht, »die Ohren steifzuhalten«, A.d.Ü.], war nicht nur eine Redensart, sondern wurde Soldaten als Ratschlag mitgegeben, damit sie ihren tiefen Schmerz ertragen konnten, wenn sie zuschauen mussten, wie ihre Freunde von Geschossen zerfetzt wurden. »Halt dich gerade, beiß die Zähne zusammen. Mach weiter. Denk an England.«

Wie sich ein Jahrhundert der Albträume in unsere Körper eingeschrieben hat

Wir nehmen heute an, dass die Menschen der westlichen Welt – besonders die Engländer – schon immer zugeknöpfte wandelnde Zeitbomben voll unterdrückter Emotionen waren. Aber tatsächlich ist das weitgehend ein Ergebnis der jüngsten Geschichte. Und es spiegelt sich außerordentlich intensiv in unserem Körper wider. Die Spannung, die aus der Unterdrückung der Gefühle entsteht, ist so schmerzhaft, dass man fast alles tut, um sie loszuwerden. Dieser körperliche Schmerz ist wahrscheinlich auch der Grund für die im Westen erstaunlich weitverbreitete Abhängigkeit vom Alkohol. Die Nachkriegsgeneration der *Mad Men* in den 1950er- und 1960er-Jahren schwamm geradezu in Alkohol. Für Engländer der Arbeiterklasse gehörte es zur Routine, jeden Abend nach der Arbeit noch eine Stunde oder mehr im Pub zu verbringen und sich volllaufen zu lassen. (Frauen tranken allein zu Hause, und zwar Mengen, die uns heute schockieren würden.) In den 1960er-Jahren war Valium das in der westlichen Welt am häufigsten verschriebene Medikament; es diente der Muskelentspannung und wurde als Beruhigungsmittel verabreicht. Diese Strategien der Selbstmedikation betäubten den Schmerz, trugen aber nichts zur Lösung des Problems bei.

Um die Zeit des Vietnamkriegs, in der abends in den Nachrichten die Opferzahlen verkündet wurden wie groteske Sportergebnisse und Söhne und Brüder in Leichensäcken nach Hause kamen, setzte ein fundamentaler kultureller Wandel ein. Er begann an der amerikanischen Westküste, bekam neuen Schwung in Swinging London, schwappte über nach Rishikesh und dann zurück nach Woodstock und am Ende fast über die ganze Welt. Junge

Menschen wagten es, die Motive ihrer Politiker infrage zu stellen, und erkannten angesichts des Massakers an der Kent State University, dass sie recht hatten. Das Vertrauen in die Autorität, das bis dahin in einer heute kaum noch vorstellbaren Weise geherrscht hatte, schwand dahin. Die Schuld an der kritischen Einstellung dieser neuen Generation zur Autorität gab man dem Kinderarzt Dr. Benjamin Spock, der den bekanntesten Erziehungsratgeber seiner Zeit verfasst hatte; allerdings erhob man die Vorwürfe erst, nachdem er begonnen hatte, die Antikriegsbewegung zu unterstützen, und als er die Mitte der amerikanischen Bevölkerung hinter sich gebracht hatte. Vielleicht spielte der liebevollere Erziehungsstil der Nachkriegsgeneration tatsächlich eine Rolle. Dabei ging es nicht nur um einen Wandel in Kleider- und Haarmoden, vielmehr wurde die Grundlage einer ganzen Kultur angefochten, die auf Anpassung und Angst beruhte. Und der Prozess lief auch 50 Jahre später noch weiter, angefangen bei Pussy Riot in Russland bis zu den blutbefleckten Pflastersteinen des Tiananmen-Platzes in Peking. Und weiter zu Greta Thunberg mit ihrem »Schulstreik für das Klima« bis hin zur Black-Lives-Matter-Bewegung. In den 1960er- und 1970er-Jahren nahm ein erheblicher Anteil junger Menschen Verbindung zu ihren Herzen und ihren Werten auf und auch zu ihrer Liebe und Naturverbundenheit, und damit war der Geist aus der Flasche. Daraus erwuchs der Feminismus, die Umweltbewegung, die Bewegung für die Rechte der Schwulen und Lesben, der Indigenen und der Tiere. Wir erkannten, dass das ein Kampf der Kräfte für das Leben gegen die Kräfte des Todes war. Der Klimanotstand ist vielleicht der letzte Kampf dieser Art, aber wir haben schon eine große Strecke zurückgelegt und dürfen mit gutem Grund hoffnungsfroh sein.

Aus der Kälte nach drinnen

Heute haben wir mehr Vertrauen in unseren Körper und genießen ihn mehr. Wir freuen uns, wenn Kinder lachen und spielen und laut sind (solange es sich in Grenzen hält). Wir sind glücklich, wenn unsere Teenager surfen oder tanzen, musizieren oder sich künstlerisch betätigen oder sich ein bis zwei Jahre Zeit nehmen, zu reisen und die Welt kennenzulernen. Eine beglückende Sexualität wird befürwortet und erwartet (und ist sogar fast eine Pflicht, aber das ist eine andere Geschichte). Genuss und Freude sind endlich in Ordnung. Die Natur wird als unsere Heimat aufgefasst, nicht als etwas, das es zu erobern und bis zum Gehtnichtmehr auszubeuten gilt. Und irgendwie haben wir, was für all dieses zentral ist, emotional viel mehr Spielraum. Wir erlauben uns, zu weinen – manchmal sogar Männer.

Aber wir haben noch einen weiten Weg vor uns. Verglichen mit der Flexibilität und Sensibilität eines kleinen Kindes sind Erwachsene immer noch steif und stumpf, und neue Formen von Druck und Anpassungsnötigung kommen uns aus den sozialen Medien und dem wettbewerbsorientierten Konsumdenken entgegen. Wir sind noch immer dramatisch unverbunden mit unserem inneren Leben. Es braucht mehr als ein oder zwei Generationen, um jahrhundertelange Prägungen zu durchbrechen. Aber wir müssen sie durchbrechen, wenn wir wieder in den Garten gelangen wollen, auf den hin unser Leben ursprünglich angelegt war, wenn wir wieder ein Mindestmaß an seelischer Gesundheit und Wohlbefinden erlangen wollen, von einer nachhaltigen Erde, auf der ausgeglichene Menschen zusammenleben, gar nicht zu reden. Wir müssen uns selbst erforschen und befreien. In diesem Buch werden wir Ihnen helfen, in dieses Land des Inneren zu reisen. Und wenn Sie Eltern sind, werden wir Ihnen helfen, dafür zu sorgen, dass Ihre Kinder es gar nicht erst verlassen.

Die Rückkehr zu Ihrem Körper

Im restlichen Teil dieses Kapitels werden wir Ihnen beibringen, wie Sie die Bereiche Ihres Gehirns aktivieren können, die Ihren Körper wahrnehmen, interpretieren und lenken. Dieser Prozess ist sehr bemerkenswert, denn gleich südlich von Ihrem Hals spielt ein ganzes Sinfonieorchester, und die Musik ändert sich ständig. Ihr Körper ruft Sie, weil er Ihnen helfen möchte, Ihr Leben zu leben. Er ist ein weises, wildes Geschöpf, das Ihr Freund sein will.

Ihre Seele und Ihr Leib sind auf Gesundheit und Glück hin angelegt, aber sie brauchen etwas von Ihnen, um ordentlich funktionieren zu können – Ihre Aufmerksamkeit. Ihre Aufmerksamkeit ist das, was sich durch die vier Stockwerke Ihres inneren Hauses bewegt, das auf Ihren Supersinn lauscht.

Stellen Sie sich eine kleine Gestalt mit einer Taschenlampe vor, die herumläuft und die Lichter einschaltet! Während Sie dieses Buch lesen, werden Sie Hunderte von Malen erleben, wie Sie immer bewusster wahrnehmen, wohin sich Ihre Aufmerksamkeit gerade wendet, und Ihre Wahlmöglichkeiten werden zunehmen. Wenn Sie mit dem Licht Ihrer Wahrnehmung in Ihr eigenes Inneres hineinleuchten, ganz beiläufig und natürlich, zu verschiedenen Zeiten während des Tages, werden Sie allmählich feststellen, dass sich alles zu bessern beginnt – so einfache Dinge wie die Verdauung oder die Haltung, so tiefe Dinge wie Seelenfrieden und Heiterkeit und lebensverändernde Erkenntnisse. Dieser kleine, tanzende Laserstrahl ist Ihre Freiheit. Sie wählen die Richtung, in die Sie gehen wollen!

Anfangen

Wir fangen sofort an – hier kommt etwas zum Ausprobieren. Spreizen Sie jetzt sofort, ohne Ihr Buch oder Ihren E-Book-Reader wegzulegen, einfach den kleinen Finger Ihrer rechten Hand ab (wie es in England beim Teetrinken üblich ist). Gut so. Jetzt machen Sie das einige Male und achten darauf, ob Sie *irgendwo sonst in Ihrem Körper eine Bewegung oder Empfindung wahrnehmen.* Ich warte solange! Natürlich spüren Sie vielleicht ein paar leichte Veränderungen in der Hand, aber wie sieht es mit der anderen Hand aus? Mit Ihren Füßen? Mit Ihrem Rumpf?

Zuerst spüren Sie vielleicht überhaupt nichts. Aber seien Sie einmal ganz aufmerksam und scannen Sie Ihren Körper von oben bis unten. Was verändert sich noch, und wenn es nur eine Winzigkeit ist? Wenn Ihnen das schwerfällt, probieren Sie es mit einer etwas größeren Bewegung. Heben Sie Ihren ganzen rechten Arm hoch. Wo können Sie sonst noch eine Empfindung registrieren, eine leichte Anspannung der Muskeln, eine kleine Bewegung?

Aufgrund elektrischer Messungen von Muskelpotenzialen wissen wir, dass selbst dann, wenn wir nur den kleinen Finger bewegen, jeder andere Muskel im Körper eine kleine Anpassung vornimmt. Selbst die Zehen Ihres linken Fußes verlagern sich ein ganz kleines bisschen, um die Gewichtsverschiebung in Ihrer Hand auszugleichen oder eine mögliche nächste Bewegung aufzufangen. Muskelbewegungen beginnen so subtil, dass selbst dann, wenn Sie einem Tennismatch oder einem Tanzturnier lediglich zuschauen, Teile Ihres Körpers die Bewegungen proben, die Sie sehen.

Häufig haben wir keine Ahnung, wie wir uns bewegen. Wenn Sie den Arm heben, geht die Bewegung genau genommen nicht vom Arm selbst aus. Versuchen Sie es noch einmal und sehen Sie selbst. Ihr Arm wird von den Schultern und den

Rückenmuskeln angehoben. Jede Bewegung in Ihrem Körper bezieht Ihren gesamten übrigen Körper mit ein.

Wahrscheinlich sitzen Sie gerade, dann können Sie Folgendes ausprobieren: Machen Sie nichts, rühren Sie sich nicht, aber stellen Sie sich vor, Sie würden aufstehen. Proben Sie den Bewegungsablauf in der Vorstellung. Sofort werden kleine Veränderungen in Ihrem Hals, Ihrem Rücken und Ihren Beinen stattfinden, die sich auf die Ganzkörperbewegung vorbereiten, die dafür erforderlich wäre. Machen Sie sich keine Gedanken, sollten Sie dies nicht spüren; bis zum Ende des Buches werden Sie sich gelockert haben.

So faszinierend das auch ist, ist es doch nicht die Richtung, die wir hier einschlagen werden. (Dieses Wissen verdanke ich Moshe Feldenkrais, dem israelischen Physiker und Judo-Meister, dessen System zur Körperwahrnehmung mit seinen Übungen das Leben Tausender Menschen verändert hat.) Die größte Bedeutung dieser Fakten liegt für unsere Zwecke darin, dass sie Sie darauf aufmerksam machen, wie viel in jeder Sekunde Ihres Lebens in Ihnen geschieht.

Dabei sind Muskeln nur die oberflächlichste Ebene. Auch Organe bewegen und verändern sich, oft als Reaktion auf Dinge, die um uns herum geschehen. Unser Magen krampft sich zusammen. Unser Mund wird trocken. Diese Veränderungen können leicht und vorübergehend oder auch länger anhaltend und stärker sein. Norwegische Wissenschaftler haben herausgefunden, dass sich bei einem schwerwiegenden Verlust – dem Tod eines geliebten Mannes, einer geliebten Frau oder eines Kindes – sogar die Form unseres Herzens verändert. Es verengt sich in der oberen Hälfte und bleibt auch bis zu einem Jahr so. Was geschieht da? Bricht uns buchstäblich das Herz? Höchstwahrscheinlich handelt es sich um eine Art Einschränkung, eine Drosselung, aber ist das ein Zeichen von gesunder Trauer oder von unterdrückter – von entgleister Trauer? Schließlich verleihen die Menschen in der westlichen

Welt ihrer Trauer eher wenig Ausdruck, verglichen mit anderen Teilen der Erde. Wenn wir schluchzen, jammern und wehklagen könnten, umgeben von Verwandten und Freunden, die das alle ebenfalls tun, wie es in manchen Kulturen der Fall ist, würde sich das Herz dann immer noch zusammenziehen? Sicher wissen wir nur, dass der Körper sich erinnert. Die Frage ist nicht belanglos – ein Mensch, der einen Verlust erlitten hat, ist im ersten Jahr danach um ein Vielfaches stärker gefährdet, an völlig natürlichen Ursachen ebenfalls zu sterben.[2,3] Das gilt ganz besonders für die ersten Tage und Wochen.

In unseren Organen gibt es zahlreiche Nervenendigungen – besonders im Verdauungstrakt und im Magen –, und obgleich der Grund dafür noch unklar ist, muss es doch einen geben. Er steht auch fast sicher hinter dem Ausdruck, den es in so vielen Sprachen gibt: »Bauchgefühl«. Wenn wir starke Erfahrungen machen, dann beschreiben wir sie als »*bewegend*«; wir erleben beinahe alle Emotionen als große Wogen oder Turbulenzen in unserem Körper. Das kann buchstäblich überwältigend sein und uns auf die Knie zwingen, sodass wir keine Kontrolle mehr über den Körper haben, bis die Emotion sich vollständig entladen und ihre Aufgabe erfüllt hat.

Manchmal mögen wir starke Gefühle sogar und freuen uns an ihnen. Das Ende eines großartigen Films oder Buchs oder Musikstücks kann uns mit Emotionen überschwemmen, und es wird viel Mühe und Können darauf verwendet, das herbeizuführen. Emotionen erleben zu können lockt uns ins Kino, bringt uns dazu, Romane zu lesen oder Konzerte zu besuchen. Noch Jahre später erinnern wir uns an das intensive, mitreißende Gefühl, wenn die Musik aufrauscht und der Abspann beginnt. Sie sind gerettet. Sie liebt ihn wirklich. Die Hobbits haben überlebt und werden von allen in Mittelerde gepriesen.

Und sofern es uns nicht an Herzblut fehlt, haben wir diese Momente auch in unserem eigenen Leben. Und wir spüren sie in unserem Körper. Wenn wir uns verlieben, jemanden begehren, uns Sorgen um unsere Kinder machen und von unseren Enkeln hingerissen sind, löst das tief im Körperinneren sitzende Gefühle aus.

Vor langer Zeit haben meine Frau und ich auf einer großen Schaffarm unterhalb der Great Western Tiers von Tasmanien gelebt. Oft machten wir schon am frühen Morgen einen Spaziergang. Als die gerade erst erwachten Schafe uns unerwartet mitten in ihrer Weide sahen, leerten die meisten erst einmal ihre Blase, ehe sie davonrannten. Wenn Hunderte von Schafen gleichzeitig Wasser lassen, ist das ein urkomischer Anblick, der heftig an die Niagarafälle erinnert! In seinem Bestseller *Der Zorn der Wölfe,* schildert der chinesische Schriftsteller Jiang Rong (er schreibt unter Pseudonym und heißt eigentlich Lü Jiamin), wie die Wölfe in der mongolischen Steppe das Wild in der Morgendämmerung überraschen, weil die Tiere dann aufgrund ihrer vollen Blase nicht schnell weglaufen können. Angesichts einer drohenden Gefahr Wasser und Kot auszuscheiden, hat also praktische Gründe: Es verringert das Gewicht! Auch Menschen haben diese Reaktion, wenn etwas Schreckliches droht. Australische Schuljungen machen Witze über »Hosenkacker«, aber in der Wildnis ist eine spontane Entleerung praktisch und nützlich. Unsere Körperreaktionen können massiv sein, denn auch das Leben selbst kann für Menschen extrem sein. Tragischerweise kann sehr großer Stress auch vorzeitige Wehen auslösen. Wir wurden für harte Zeiten konzipiert.

In der modernen Welt können wir auch allzu sicher sein, uns so dumpf und gelangweilt fühlen, dass wir uns zur Belebung mit einer künstlichen Gefahr aufputschen wollen. Die Krimis, die alte Leute lieben, beginnen stets mit dem Nervenkitzel eines grässlichen Mordes. Dadurch gebührend in Erregung versetzt, lassen sich die Zuschauer auf das Vergnügen ein, in Kreuzworträtselmanier herauszufinden, wer der Mörder war. Jüngere Leute holen sich ihre »Kicks« im wahren

Leben; Teenager fahren zu schnell Auto oder – was gesünder ist – stürzen sich in die Brandung oder wagen sich auf Mountainbike-Trails. Junge Paare fahren Achterbahn. Hervorragend ausgebildete Spezialisten im Bereich der Medizin fühlen sich oft zu Extremsportarten oder Outdoor-Aktivitäten hingezogen, die sogar ihr Leben in Gefahr bringen können. Alle schauen sich die Abendnachrichten an; wir sagen, das täten wir, um informiert zu sein, aber in Wirklichkeit fühlen wir uns dadurch einfach lebendiger. (Möglicherweise müssten wir uns mehr auf die Bedürfnisse von realen Menschen in unserer Umgebung einlassen, wenn wir uns Not, Elend und Tragödien als Unterhaltung anschauen.) Aber der Punkt ist, dass wir körperliche Wesen sind, deren Körper reagiert. Und zwar auf alles.

Das ist unsere erste und elementarste Lektion – denn wahrscheinlich haben Sie bis zum heutigen Tag nicht so gedacht oder gehandelt. Ihr Körper hat ein ganz eigenes Leben. Er erfüllt seine Aufgabe rund um die Uhr ganz hervorragend. Er liefert Motivation, ob zum Guten oder zum Schlechten, und beeinflusst Sie, ob Sie das anerkennen oder nicht. Er gibt Ihnen entscheidende Hinweise. Er lenkt Sie zu Gesundheit und Lebendigkeit hin. Ihr Leben kann glatter laufen, wenn Sie auf seine Stimme hören, nicht nur, wenn er Sie anschreit, sondern wenn er leise spricht, was er im Laufe des Tages häufig tut.

Ihr Körper ist auch Ihr Geist – die Technik des Focusing

Die moderne Psychologie begann nicht mit Ratten in Labyrinthen oder mit Menschen auf der Couch, die über ihre Mutter sprachen, sondern mit einem Mann namens Carl Rogers. Rogers war ein heller Kopf, aber auch ein warmherziger Mann, und er weigerte sich zu glauben, dass Herz und Verstand getrennt werden sollten. Er überließ die Psyche nicht länger den kalten Händen der Männer in weißen Kitteln, sondern gründete eine Richtung, die man heute Humanistische Psychologie nennt. Im Wesentlichen erfand Rogers mit einer Handvoll Kollegen die moderne Form der Therapie.

Rogers wusste etwas, was für das menschliche Wohlbefinden fundamental ist – dass wir, um die schlimmsten Phasen unseres Lebens durchzustehen, alle jemanden brauchen, der uns wirklich intensiv zuhört und uns nicht mit seinen eigenen Angelegenheiten unterbricht. Wenn Sie sich je bei einem Therapeuten gut aufgehoben gefühlt haben oder einen Arzt hatten, der Ihnen Zeit und seine volle Aufmerksamkeit gewidmet hat, dann haben Sie das Rogers zu verdanken.

Mit Carl Rogers arbeitete jedoch ein Mann zusammen, der noch einen Schritt weiterging und dessen Arbeit erst jetzt allmählich umfassend anerkannt wird. Eugene Gendlin war in meinen Augen und in denen vieler anderer, die ihn kannten, ein Genie. Er ist im Grunde der Großvater des Buches, das Sie gerade in den Händen halten.

Gendlin und Rogers stellten fest, dass manche Menschen gleich von Anfang an sehr gut auf Beratung und Therapie ansprachen, andere hingegen nicht. Daraufhin nahmen sie Bänder mit Videoaufnahmen von Sitzungen ganz genau unter die Lupe, um herauszufinden, was sie unterschied. Die Klienten, die heil wurden, wuchsen und vorankamen, taten etwas ganz Spezifisches. Wenn der Therapeut sie etwas fragte, legten sie nicht einfach los und ratterten irgendeine Antwort herunter, sondern sie taten etwas anderes – sie hielten inne und *gingen in sich,* um die Antwort zu finden ...

»Sind Sie wütend auf Ihren Mann?« Pause, sie denkt nach. »Nein, also schon, aber noch mehr ist es ein Gefühl der

Verzweiflung, so Richtung ›*Kann er sich überhaupt ändern?*‹. Ich fühle mich ein bisschen hoffnungslos und auch traurig für ihn ...«

In jedem einzelnen Fall, in dem jemand in der Therapie kurz vor einem Wachstumsschritt oder einer neuen Erkenntnis stand, gab es eine Stelle, an der er in sich gehen und dort nach dem suchen musste, was denn eigentlich stimmte. Er wusste nicht, was seine wahren Gefühle waren, und das war der Schlüssel, der das Tor zu einer inneren Veränderung öffnete. Zuerst war die Antwort häufig diffus, unklar, aber nach einer etwas längeren Fokussierung wurde sie plötzlich klar. Der Klient, die Klientin suchte nach Worten, griff bei seinen tastenden Versuchen ein paarmal daneben, verwarf sie wieder, und dann war – pling! – die Antwort da. Das stimmige Wort oder das rechte Verständnis war gefunden, und es trat eine körperliche Erleichterung ein.

Klienten müssen sich in einer Therapie sicher fühlen, und wenn sie das tun, können sie auch ehrlich sein, aber *sie können nur ehrlich sein, wenn sie selbst wissen, was in ihrem Herzen vor sich geht.* Manche Menschen gehen durchs Leben, ohne das je zu erfahren. Meine Mutter war so: Sie sagte immer, es sei alles in Ordnung, selbst wenn sie fuchsteufelswild war, weil man sich in ihrer Kindheit niemals beklagen oder Ärger ausdrücken durfte, und Wut erst recht nicht. Das war nicht ladylike oder unchristlich oder einfach nicht normal.

Wenn Sie nicht üben, in sich zu gehen, vergessen Sie bald, dass Sie überhaupt ein Innenleben haben. Und das ist ein Problem. Menschen, die anderen Böses antun, sind durchweg solche, die nicht mit ihrem eigenen Inneren umgehen können und deshalb versuchen, sich ein besseres Gefühl zu verschaffen, indem sie andere verletzen. Denken Sie nur an gewalttätige Partner. Denken Sie an Terroristen und Amokläufer. Denken Sie an Tyrannen und Drogensüchtige. Aber auch an viele, viele Menschen, die sich nur einfach verloren und verwirrt fühlen. Ein Mangel an Selbstwahrnehmung ist die fataleste Behinderung, die ein Mensch haben kann.

Gendlin wusste, dass diese Fähigkeit, auf sein Inneres zu horchen, für das Wohlbefinden entscheidend war, und er machte sich daran, den Menschen zu helfen, diese Kunst zu erlernen. Sein Buch zu diesem Thema mit dem einfachen Titel *Focusing* verkaufte sich eine halbe Million Mal. Mit der Zeit gelangte Gendlin zu der Überzeugung, dass wir einen zweiten Wahrnehmungsort haben, der natürlich genau dem entspricht, was ich »Supersinn« nenne. Bei jedem Dilemma, vor dem wir im Leben stehen, gibt es eine Körperempfindung, die es erfasst und die Sie leiten kann.

Focusing anwenden

Um zu verstehen, was ich meine, probieren Sie bitte Folgendes aus: Setzen Sie sich bequem hin, und denken Sie dann einfach an ein Problem, das Sie derzeit beschäftigt. (Die meisten haben so viele, dass sie über reichlich Auswahl verfügen! Aber bleiben Sie für diese Übung nur bei einem einzigen.) Vielleicht denken Sie an jemanden aus der Familie, der Ihnen Sorgen macht, oder irgendein Thema, das Ihnen gerade Schwierigkeiten bereitet. Bleiben Sie einfach mit Ihrer Aufmerksamkeit bei diesem Menschen oder diesem Thema.

Dabei werden Sie beinahe sicher irgendwo in Ihrem Körper eine Empfindung haben, die mit diesem Problem einhergeht. Sie wird schwer zu beschreiben sein, aber sie ist körperlich – irgendwo spannt sich etwas an, fühlt sich hohl an, wird heiß oder zuckt ein bisschen, oder es gibt einen plötzlichen Schmerz. Das ist die Stelle, um die es geht. Sie haben sie gefunden. (Wenn Sie nicht gleich etwas spüren, machen Sie sich keine Sorgen, manche Menschen brauchen eine Weile, um ruhig genug zu werden, und dann kommt es: »Oh, *das* da.« Selbst das Gefühl, da sei »nichts«, ist ein Gefühl, beginnen Sie also genau damit.) Wenn Sie noch immer Mühe haben, gibt es auch die Möglichkeit, eine entgegengesetzte Aussage zu machen, im Stillen oder auch laut ausgesprochen, also etwa: »Alles in meinem Leben ist wunderbar«, und dann auf den beinahe augenblicklichen Einspruch von irgendwoher in Ihrem Körper zu hören: »Ach, wirklich?«

Wenn Sie nicht üben, in sich zu gehen, vergessen Sie bald, dass Sie überhaupt ein Innenleben haben. Und das ist ein Problem.

Wenn Sie dieses Gefühl aufmerksamer betrachten, werden Sie bemerken, dass es sich frisch anfühlt, wie etwas Unfertiges, das gerade erst entsteht. Das ist ein lebendiger Teil Ihres Unbewussten, das mit der Physiologie Ihres Körpers zusammenarbeitet, um Ihnen eine Botschaft des Supersinns zu schicken. Gendlin spricht bei dieser Empfindung vom »undeutlichen, verschwommenen Rand«, weil ihre Bedeutung knapp außerhalb unserer Reichweite liegt. Ähnlich wie Sie sich bei einer Yoga-Position noch sanft eine Winzigkeit weiter strecken können, wenn Sie Ihre Grenze erreicht haben, sind Sie hier am Rand Ihres Bewusstseins, an der Grenze, an der Sie sich als Mensch weiterentwickeln (und Sie dachten, Sie hätten nur Verdauungsprobleme!).

Haben Sie diese Empfindung erst einmal gefunden, besteht der nächste Schritt darin, sie zu »befragen«, zu schauen, ob Sie sie benennen können und wie sie sich anfühlt – wie ein Zögern, Angst, Zorn, Frustration, Einsamkeit oder Enttäuschung. Spüren Sie den Bezeichnungen

*In jedem einzelnen Fall,
in dem jemand kurz vor einer neuen
Erkenntnis stand, gab es eine Stelle,
an der er in sich gehen und dort suchen musste.
Zuerst war die Antwort häufig diffus,
aber nach einer längeren Fokussierung wurde
sie plötzlich klar. Das stimmige Wort war gefunden,
und es trat eine körperliche Erleichterung ein.*

für verschiedene Gefühle nach, aber seien Sie dabei sehr genau. Es ist wichtig, dass Sie der Empfindung den Namen geben, der ihr so nahe wie möglich kommt – selbst wenn es nur »eng« oder »leer« oder »zusammengekrümmt« ist –, und Ihr Körper wird Ihnen »sagen«, ob es das richtige Wort ist. Das gibt Ihrem Verstand einen Ansatzpunkt, einen »Griff«, mit dessen Hilfe er sich mit der Botschaft Ihres Supersinns in diesem konkreten Moment verbinden kann.

Das ist beinahe, als würden Sie vorsichtig die Hand nach einem wilden Tier in Ihrem Inneren ausstrecken, um eine Beziehung aufzubauen und sein Vertrauen zu gewinnen. Wenn Sie dieser Körperstelle Aufmerksamkeit schenken, *begrüßt* sie es, dass Sie sie wahrnehmen. Und das Erstaunlichste daran ist: Wenn Sie die Empfindung zu benennen suchen, wird sie Ihnen »sagen«: »Ja«, »nein«, »mach weiter«, »du bist nahe dran«. Während Sie die Namen durchprobieren, verändert sich die Empfindung oft, und auch die Botschaft verändert sich. Denn das ist der springende Punkt dabei: Wenn Sie auf Ihr Inneres hören, verrät es Ihnen, wie Sie etwas ändern können und wo die Antwort liegen könnte. Und wenn Sie die Botschaft wirklich »erfasst« haben, und sei es nur, dass Sie ihr wortlos Raum geben, verändert sie sich häufig. Sie spüren eine Veränderung in Ihrem Körper, die positiv, entlastend, belebend ist, und wissen, dass sich etwas bewegt hat, dass Sie jetzt anders sind.

* * *

Focusing ist eine subtile Kunst, und am besten lesen Sie das Buch von Gendlin oder schauen sich einige der zahlreichen Vorträge und Demonstrationen dazu auf YouTube an. Aber wenn Sie sich einfach einmal ein Stück weit darauf einlassen, tun sich unermesslich viele Möglichkeiten auf, denn auf diesem Weg ist der Supersinn jederzeit verfügbar bzw. die ganze Zeit, und das erlaubt Ihnen, ihn wirklich intelligent dafür zu nutzen, Ihr Leben zu beeinflussen.

Gendlin (der ein hoch angesehener Philosophieprofessor war) glaubte, zwischen Körper und Geist gebe es keinen Unterschied. Jeder Zentimeter unseres Körpers sei zugleich Geist. Nerven, Hormone und Muskeln sprechen miteinander, sie sind eine Einheit. Unser Körper ist keine biologische Maschine (wie man uns beigebracht hat), sondern ein Bewusstsein, das aus der Natur entstanden ist und vom Körper unserer Mutter und der Erziehung geprägt wurde, die wir bekommen haben, sowie von allen unseren Beziehungen im Leben seither. (Fred Rogers, Moderator für Kinderprogramme beim Fernsehen, fragte die Leute gerne: »Wer waren die Erwachsenen, die Sie im Leben geliebt haben?«) Große Bereiche Ihres Gehirns wachsen nur, wenn Sie geliebt und stimuliert werden. Das ist keine Metapher. Ihr Körper ist zugleich Ihr Geist. Unser »Felt Sense«, unser Supersinn, lässt uns das direkt erleben, und unsere dünne, orangenschalenähnliche Hirnrinde, die in Worten denkt, ist zwar ein wesentlicher, aber doch nur *ein* Teil.

Das genügt für den Augenblick. Ich wollte Ihnen einen Blick auf die Tragweite all dessen ermöglichen und denen Anerkennung zollen, die sie verdienen. Vielen Dank, Carl und Eugene. Ihr habt die Welt verändert.

Die praktische Anwendung

Die Körperwahrnehmung zu nutzen ist für manche Leser vielleicht ein vollkommen neuer Gedanke und ganz sicher bei noch vielen weiteren unterentwickelt (oder schlicht nicht geschätzt), daher werden wir uns Zeit nehmen, Ihnen bei der Entwicklung dieser Kunst zu helfen. Zunächst sollten Sie wissen, dass dabei sowohl geradezu belustigend alltägliche Körpersignale eine Rolle spielen als auch solche mit tieferer Bedeutung. Man kann das nicht trennen, weil der Körper ein einheitliches System ist. Aber Sie müssen all diese Dinge wissen, um im Alltagsleben fokussiert sein zu können.

Nehmen wir ein praktisches Beispiel. Zufälligerweise schreibe ich diesen Teil des Buches in einer Bibliothek. Zwischendurch bin ich hinunter ins Café gegangen, um ein Sandwich zu essen, und habe dann am Tisch weitergeschrieben. Ich war in Versuchung, dort auch zu bleiben und weiterzumachen, weil der Stoff so spannend ist! Aber der Stuhl im Café ist sehr hart und unbequem. Nach kurzer Zeit werde ich beginnen, weniger ansprechend zu schreiben, ob ich es merke oder nicht, oder ich werde aufhören wollen. Mein Gedankenfluss wird eingeengt werden und dann ganz versiegen. Ich habe das gemerkt und eine Entscheidung getroffen. Ich bin wieder nach oben gegangen, wo die Stühle weicher sind. Und jetzt sitze ich erneut hier und bin wieder im Flow!

(Sie wissen vielleicht nicht, dass es in manchen Cafés spezielle Stühle gibt, die eigens so gestaltet sind, dass sie sich beim Sitzen hart anfühlen. Der Grund ist klar – Sie sollen nicht zu lange auf ihnen verweilen. Gemütlich in der Sonne sitzende Typen in Fahrradkluft, die ihr Tässchen Cappuccino längst ausgetrunken haben, sollten bitte schön wieder auf ihre Räder steigen und Platz für die Nächsten machen.)

Auch das können Sie gleich mal ausprobieren. Nehmen Sie hier und jetzt wahr, wie Sie gerade auf Ihrem Stuhl sitzen. Die Chancen stehen 100 zu 1, dass Ihre Haltung ein wenig unbequem ist, denn wir sind eigentlich gar nicht für das Sitzen geschaffen und müssen uns bewegen, um uns gut zu fühlen. Der Punkt ist, dass Sie das bisher nicht wahrgenommen haben. Und dass es Ihre Stimmung beeinflusst. Atmen Sie einmal tief durch. Lassen Sie Ihre Schultern fallen. Lockern Sie Ihren Bauch. Bewegen Sie sich ein wenig auf Ihrem Stuhl, sodass Ihre Haltung harmonischer ist. (Oder gehen Sie mal zur Toilette, wenn das nötig ist, seien Sie kein Schaf.) Ihre Stimmung wird sich bessern.

Die soziale Ebene

Falls ich schon wie ein Botschafter für die Wahrnehmung von Sitzflächenkomfort klinge, wollen wir das Ganze jetzt auf einen wesentlich erbaulicheren und wichtigeren Bereich übertragen. Während Sie im sozialen Kontext durch Ihren Tag gehen und sich auf Familienmitglieder oder Arbeitskollegen und -kolleginnen beziehen, bewertet Ihr Körper in Echtzeit fortlaufend die Situation und liefert Ihnen seine Interpretation der Dinge.

Das tut er auf mehrfache Weise. Auch hier können Sie wieder mit einem einfachen, beinahe lächerlichen Versuch anfangen. Wenn Sie gerade allein sind, dann rufen Sie bitte mal das Wort »Ja« aus. Wenn Sie können, tun Sie das mit Nachdruck. Also: »Ja!« Jetzt nehmen Sie bitte wahr, welche weiteren Empfindungen oder Regungen damit einhergehen, im Gesicht, in der Brust oder wo immer. Wenn Sie im Zug oder Flugzeug lesen oder neben Ihrem Partner/Ihrer Partnerin im Bett liegen, machen Sie die Übung vielleicht besser in der Vorstellung!

Wenn Sie das ein paarmal gemacht haben, probieren Sie das entgegengesetzte Wort aus: Sagen Sie »Nein« oder mit Inbrunst: »Nein!« Und achten Sie auch hier wieder darauf, was dabei im Körper passiert, im Gesicht oder auch an anderen Stellen, wie es Ihre Stimmung oder Ihre Gedanken beeinflusst. Fast alle, die das ausprobieren, nehmen ein Gefühl der Verengung, des Zusammenziehens wahr, wenn sie »Nein« sagen,

*Jeder Zentimeter unseres Körpers
ist zugleich Geist.
Und diese Erkenntnis eröffnet eine weitere,
noch viel erstaunlichere Möglichkeit – dass jeder
Zentimeter von allem
Geist ist.*

und eine Ausdehnung und eine Aufhellung beim »Ja«. Wenn Sie eine Übung für Fortgeschrittene ausprobieren möchten, sagen Sie »Nein« mit einem Ja-Gefühl oder »Ja« mit einem Nein-Gefühl. (Leser mit einer passiv-aggressiven Tendenz werden feststellen, dass ihnen das ziemlich leichtfällt!) Wir können auch mit offenem Herzen »Nein« sagen. In unserem ersten Buch *Das Geheimnis glücklicher Kinder* haben meine Frau Shaaron und ich den Trick mit dem »leisen Neinsagen« erklärt, der die Spannung verringert, wenn Sie Ihrem Kind einen Wunsch abschlagen – beispielsweise nach Süßigkeiten an der Supermarktkasse. Es ist schwer, jemandem gegenüber voll aufzudrehen, der zwar »Nein« sagt, aber nur leise und liebevoll!

Wenn Sie anfangen, dem mehr Aufmerksamkeit zu schenken, werden Sie feststellen, dass Ihr Körper zu beinahe allem »Ja« oder »Nein« sagt. Jeder einzelne Satz, den ein anderer Mensch äußert, sei es im wahren Leben oder im Fernsehen oder schriftlich, ruft in Ihrem Körper eine elementare Zustimmung oder Ablehnung hervor, eine Ja- oder Nein-Reaktion irgendwo in Ihrem Inneren. Auf diese Weise kommuniziert Ihr Körper. Erstens zieht er sich entweder zusammen oder entspannt sich. Und er fühlt sich entweder belebt oder gedämpft (was mit sich bringt, dass man eine Winzigkeit größer wird oder zusammensinkt, dass sich Herzschlag und Blutdruck ändern, dass Blutgefäße sich weiten oder verengen). Wenn Menschen sehr glücklich sind, fangen sie an zu hüpfen, und Sie können sich energetisch aufladen, indem Sie genau das tun. Selbst einfach nur zu lächeln setzt Serotonin frei, das Glückshormon, das wir für Gesundheit und Wohlbefinden brauchen.

Ihr Körper bewegt sich auch auf der Angstskala nach oben und unten, von panisch bis ruhig. Er kann Angsthormone in Ärger und Wut einspeisen, wenn er die dafür nötigen Schlüsselaspekte wahrnimmt (etwa, ist dieser Mensch größer oder kleiner als ich, stärker oder schwächer?). Ihre Stimme verändert sich in der Tonhöhe. Der Radiosprecher und Kolumnist Richard Glover merkte in seinem Buch *The Mud House* an, dass er mit einer besonders tiefen Stimme spricht, wenn er mit Handwerkern und Leuten in Kneipen auf dem Land redet.

Wie können Sie all das praktisch nutzen? Die pauschale Antwort wird Ihnen gefallen. Und sie wird in diesem Buch noch viele Male wiederkehren: Sie brauchen nichts Besonderes zu tun. Sie brauchen nur wahrzunehmen. Ihr Körper-Geist-System wird den Rest machen. Wenn Sie in Ihrem inneren Haus vorübergehend das Stockwerk des Denkens verlassen, ins Erdgeschoss hinuntergehen und sich dort umschauen, bekommen Sie allmählich mehr Informationen, und das wird Sie automatisch verändern, ohne dass Sie sich in irgendeiner Weise anstrengen müssen. Das wird ganz natürlich und von selbst geschehen. Dieser Mensch ärgert mich, oder mir ist unwohl bei seiner Bitte, mein Auto/Haus/Geld leihen zu dürfen. Ich wollte schon zustimmen, aber es fühlt sich nicht richtig an.

Wenn Sie Ihrem Körper Aufmerksamkeit schenken, hilft Ihnen das, zur Ruhe zu kommen. Bewusst wahrzunehmen, dass Sie richtig Angst haben (sagen wir, wenn Sie eine Rede halten oder mit jemandem über ein Problem sprechen müssen), ist hilfreich, weil Sie sie sowieso hatten, aber jetzt haben Sie etwas, woran Sie sie packen können. Es hilft Ihnen, diesem Körpersignal ein paar Sekunden lang mehr Beachtung zu schenken. Wenn Sie beispielsweise Angstsymptome spüren, wie Kurzatmigkeit oder einen nervösen Herzschlag, dann bleiben Sie einfach einen Augenblick lang still stehen und lassen sich auf diese Empfindungen ein. Daraufhin stellt sich eine universelle Abfolge von Reaktionen ein. Zuerst wird es sich anfühlen, als würden die Empfindungen stärker; einfach, weil wir ihnen mehr Aufmerksamkeit widmen, nehmen wir sie auch intensiver wahr. Das kann beunruhigend sein, aber bleiben Sie dabei. Denn ein oder zwei Sekunden später werden sie stets nachlassen, beinahe als würden wir die Empfindungen verdauen, sie in den restlichen Körper aufnehmen. Wenn Sie damit Schwierigkeiten haben, können Sie den Prozess auch dadurch unterstützen, dass Sie den Druck Ihrer Füße auf den Boden wahrnehmen oder spüren, wie der Stuhl Ihr Gesäß und Ihren Rücken hält. Die Teile Ihres Körpers, denen es gerade gut geht, helfen die Stellen zu beruhigen, die in Nöten sind.

Jedes Mal, wenn ich einen Vortrag halte, habe ich eine kleine Panikattacke, während ich dasitze und darauf warte, anfangen zu können. Ich ziehe mich dafür sogar extra zurück und setze mich an einen ruhigen Ort, damit ich dabei allein sein kann! Ein kleiner Adrenalinstoß durchflutet mich, und ich lächle nur und nehme ihn zur Kenntnis, weil er jedes Mal wieder abklingt. In einem großen Vortragssaal voller Menschen zu sprechen – von denen manche kilometerweit gefahren sind und viele Bedürfnisse und große Hoffnungen für ihre Familie haben –, ist natürlich eine Situation, die Druck erzeugt. Es wäre verrückt, einfach auf die Bühne zu marschieren und loszulegen, ohne ein bisschen Adrenalin im Blut zu haben. Und wenn bei dem Vortrag etwas gründlich schiefgeht – ein Mikrofon ausfällt, jemand aufspringt und Zeugnis für Jesus ablegt, plötzlich Wehen bekommt oder beginnt, mit seinem Partner zu streiten (was alles schon vorgekommen ist), oder wenn mir flau wird oder ich vergesse, was ich sagen wollte –, dann gilt genau dasselbe. Spüren Sie es einfach. Atmen Sie weiter. Für einen Moment fühlt es sich schlechter an, dann vergeht es.

Den Körper zu nutzen – ins Erdgeschoss zu gehen –, ist auch gut in Notfällen, wenn Sie anderen Menschen helfen müssen. Vielleicht gerät ein Mensch, der Ihnen wichtig ist, oder ein Kind, für das Sie sorgen, in Panik, ist erregt oder verzweifelt und dreht durch. (Früher hätte man ihm dann einen Klaps gegeben.) Fordern Sie diesen Menschen auf, sich hinzusetzen und langsamer zu atmen. Fragen Sie ihn, was gerade in seinem Körper geschieht. Was erlebt er innerlich? Dann sagt er vielleicht: »Mein Herz rast«, »Ich hab so ein enges Gefühl in der Brust« oder »Meine Beine wollen wegrennen«. Um Ihre Frage beantworten zu können, wird die Person aus ihrem Kopf heraus- und in ihren Körper hineingehen und automatisch anfangen, sich zu beruhigen. Das wird ein Weilchen dauern. Dann ist sie wieder »geerdet«, wie wir das nennen, und wenn das geschehen ist, können Sie reden, und Ihr Gegenüber kann klarer denken. Aber solange es Ihnen nicht gelingt, die Person ins Erdgeschoss zu leiten, wo sich der ganze Dampf aufgebaut hat, können Sie nicht vernünftig mit ihr reden, und sie wird sich nicht sicher fühlen.

Erdung

Wenn die Angst nicht gleich wieder weggeht, können Sie ein Verfahren anwenden, das sich »Erdung« nennt und das Sie im Wesentlichen ins Erdgeschoss bringt, indem Sie direkte Sinneswahrnehmungen nutzen. Zuerst nehmen Sie drei Dinge wahr, die Sie sehen können, achten Sie auf die Details – sehen Sie sie wirklich.
Dann nehmen Sie zwei Dinge wahr, die Sie hören können, und danach etwas, was Sie riechen können. Bleiben Sie ein paar Sekunden dabei, damit Sie die Eindrücke wirklich aufnehmen und nicht einfach die Liste abhaken. Dann fühlen Sie die Temperatur der Luft, die Ihr Gesicht umgibt, und spüren zu guter Letzt noch den Druck, mit dem Ihre Füße auf der Erde stehen. Sie werden plötzlich präsent sein. Bleiben Sie bei diesem Gefühl, und nach ein paar Sekunden werden Sie etwas wie eine Art Absinken in Ihrem Körper spüren, wie wenn Blätter fallen oder Schneeflocken in einem stillen Wald zu Boden schweben. Ihr Atem wird langsamer und runder werden. Die Angst wird

sich legen und Ruhe einkehren. Erdung ist eine erste Hilfe in Notfällen, und es ist eine prima Sache, sie schon Kindern beizubringen.

Angst – und wie Sie sie loslassen können

Angst ist, wie Sie wahrscheinlich wissen, heute ein gewaltiges Problem. Die Gründe dafür sind vielfältig und komplex – sie reichen von Sorgen wegen der Darmflora, Angst, man bewege sich im Autismus-Spektrum und sei von sozialen Interaktionen überfordert, bis hin zu Traumata und der Hetze und der Beunruhigung, die einem die sozialen Medien bescheren. Angst ist ein zentraler Aspekt des Menschseins, da sie ein Signal dafür ist, dass wir uns übernommen haben und den Dingen erlauben müssen, sich zu beruhigen. Es gibt eine ganze Reihe von Wegen, das zu bewerkstelligen.

Stoppen Sie die Informationsflut

Elektronische Medien sind ein sehr unnatürliches Phänomen. Sie faszinieren, verleiten aber unser steinzeitliches Nervensystem zu dem irrigen Glauben, was sich da abspielt, geschähe uns.
Es ist grotesk, dass wir erschreckende Ereignisse in der realen Welt – die Nachrichten und das aktuelle Zeitgeschehen – als eine Art Unterhaltung nutzen und dass viele Familien sich einfach angewöhnt haben, sie fortwährend in ihrem Wohnbereich zu verfolgen.
Die sozialen Medien – die wiederum unseren natürlichen Wunsch nach Verbindung ausbeuten – bringen uns eine geschwätzige und gefühllose, wenn nicht gar feindselige

Meute von Fremden in unser Schlaf- oder Wohnzimmer. Unser mentales Ökosystem, das von Haus aus darauf ausgerichtet ist, rund ein Dutzend Mitglieder eines Clans von Jägern und Sammlern zu umfassen, mit denen wir uns natürlich vertragen müssen, ist plötzlich auf Hunderte oder sogar Tausende von Menschen angeschwollen, die uns beurteilen.

Und zusammen ersetzen diese beiden Dinge den Rhythmus der Natur – und die Beruhigung der Sinne durch das, was es in der Natur zu sehen und zu hören gibt, durch Pflanzen, Tiere, die Chance, uns an der frischen Luft kräftig zu bewegen, und die Zeit und Ruhe, einfach nur nachzudenken. Wir sind große, sensible Säugetiere, und so sollten wir eigentlich leben.

Diese mediale Überflutung putscht uns auf. Besonders schlecht ist sie für heranwachsende Kinder. Ich habe in meinem Buch *Mädchen! Wie sie selbstbewusst und glücklich werden* darüber geschrieben: Jedes fünfte Mädchen im Teenageralter in der westlichen Welt nimmt eine Zeit lang Medikamente gegen Angst. Und die Jungen liegen nur unwesentlich dahinter zurück, allerdings zeigen sie ihre Angst eher durch Aggressivität oder Wut.

Wir können unsere Umgebung viel, viel besser für unser Gehirn machen, wenn wir diese Dinge ändern – weniger Stimulation, beruhigende Gewohnheiten in unserem Leben (das Gehirn liebt Vorhersagbarkeit), Musik und Bewegung, selbst Singen kann unserem Gehirn helfen herunterzukommen, weil es ein Muster hat und Wiederholungen enthält, die uns zur Ruhe bringen.

Tiefer gehende Strategien

Eine Notfallhilfe gegen Angst können zwei sehr unterschiedliche, jedoch äußerst wirksame Ansätze bieten; einer stammt von dem britisch-schweizerischen Philosophen Alain de Botton, der die *School of Life* gegründet hat, und einer von der australischen Ärztin Dr. Claire Weekes, einer Pionierin der Heilung von Angst.

Alain de Botton ist ein interessanter Mann. Er glaubt (und ich denke, er hat recht), dass wir Angst oft in unserem Kopf *anstelle von etwas anderem erzeugen, das uns noch mehr Angst macht*. Dass sie im Grunde eine Ablenkung, eine Übersprunghandlung ist. Eine Art Leerlauf. Er formuliert diese Idee in Form einer Frage:

»Wenn ich meinen Kopf im Moment nicht mit diesen ängstigenden Gedanken füllen würde, worüber müsste ich dann stattdessen gerade nachdenken?«

Als Hilfestellung bietet er einige Beispiele an:

»Dann würde ich vielleicht erkennen, wie traurig und einsam ich bin.«

»Dann würde ich vielleicht erkennen, wie wütend ich auf meinen Partner/meine Partnerin bin.«

»Dann würde ich vielleicht erkennen, wie verlassen ich mich fühle.«

Bei den meisten Menschen wird mindestens einer dieser drei Sätze eine Resonanz auslösen. Der Punkt ist, dass das sehr unangenehme Erkenntnisse sind, die eine Menge Emotionen wachrufen. Aber wenn Sie mit dem vierstöckigen inneren Haus arbeiten, entdecken Sie bald, dass Emotionen in Ordnung sind. Sie erfüllen ihre Aufgabe und sagen uns, in welche Richtung wir gehen sollen. Sie können uns nicht schaden. (Als wir noch Kinder waren, haben sich unsere Eltern oft so verhalten, als müssten Emotionen um jeden Preis vermieden werden – als wären sie tiefe, klaffende Löcher, in die wir hineinfallen würden und nie wieder herausklettern könnten.) Ich möchte noch einmal wiederholen, dass Emotionen Ihnen nicht schaden werden, *sie nicht zu spüren aber vielleicht schon.*

Angst habe Ähnlichkeit mit einer geringfügig ausgeprägten chronischen Furcht, was ein Stück weit stimmt, aber vielleicht haben Sie nur Angst vor sich selbst. Alain de Botton lädt uns ein, unsere Angst gegen eine andere und lohnendere Art des Leidens einzutauschen – eine Form, die einen weiterbringt –, nämlich gegen eine »Konfrontation mit der tatsächlichen Ambivalenz und Komplexität des Lebens«. Na denn.

Wenn Sie das nicht hilfreich finden, ist vielleicht Claire Weekes das Richtige für Sie. Sie wird von vielen Therapeuten als *die* Expertin zum Thema »Angst« angesehen, die es im letzten Jahrhundert gab – und sie hat selbst Angst erlebt. Sie war zunächst eine Pionierin der biologischen Forschung und hat dann Medizin studiert. Sie litt unter lähmender Angst, sodass sie sehr motiviert war, sich selbst zu heilen. Sie beobachtete, dass jede Panikattacke zwei Stadien hat. Zuerst kommt eine Woge von Furcht in bestimmten Situationen, die wir alle haben, wenn wir unsere Komfortzone verlassen.

Das ist einfach etwas Natürliches, das jedem mit einem empfindlichen Nervensystem passieren kann (und im Normalfall ist es gut, eine solche Reaktion zu haben). Aber weil wir Emotionen so wenig verstehen, sind die Betroffenen zunächst einmal verunsichert: Was ist los mit mir? Habe ich einen Herzinfarkt? Werde ich verrückt? Und dann geraten sie natürlich wegen dieser Gedanken in Panik. Sie haben Panik vor der Panik. Und diese zweite Welle von selbst erzeugter Panik sorgt dafür, dass die Symptome bleiben. Anstatt im Prozess der Angst zu bleiben, damit sie sich auf natürliche Weise auflösen kann, blockieren ängstliche Menschen sie dadurch, dass sie sie abzustellen versuchen.

Das ist, als versuche man Wasser dadurch zur Ruhe zu bringen, dass man draufschlägt.

Claire Weekes stellte fest, dass die alten Methoden der Verhaltenstherapie eindeutig falsch waren. Wenn man versuchte, die Angst durch Entspannung zum Verschwinden zu bringen, hieß das, dass man sie bekämpfte, statt sie zuzulassen.

Sie riet zu einem vierstufigen Vorgehen:

1. **Stellen Sie sich.** Gehen Sie in Situationen hinein, die Ihnen Angst machen (solange sie sicher sind), und fürchten Sie sich nicht davor, eine Panikattacke zu bekommen. Sie müssen solche Attacken sogar haben, um sich an sie zu gewöhnen, um selbst zu entdecken, dass sie keine Rolle spielen. (Wichtige Anmerkung: Heute würden Therapeuten raten, dass Sie sich nicht zwingen, sich allein in angstbesetzte Situationen zu begeben, sondern jemanden zur Unterstützung mitnehmen und in kleinen Schritten vorgehen, sich die Situation am Anfang sogar nur vorstellen, damit sich Ihr Körper an die Adrenalinstöße gewöhnen kann. Sie können Ihre vier Stockwerke nutzen, um die Panik zu verdauen und ihr zu erlauben, sich aufzulösen.)
2. **Akzeptieren Sie** die Panikgefühle (anders gesagt, beobachten Sie einfach alles, was Ihr Körper macht – das Zittern, das Herzrasen, das verschwommene Sehen usw.). Bekämpfen Sie nichts davon, und machen Sie sich keine Sorgen darüber. (Wenn Sie gerade auf einer stark befahrenen Straße unterwegs sind, kann es natürlich sein, dass Sie kurz anhalten und abwarten müssen!) Lassen Sie alles durch sich hindurchlaufen, und nehmen Sie es als reine Empfindung wahr. Weekes schreibt, Akzeptanz sei ein konkreter physiologischer Prozess, der nach

und nach beruhige. Das brauche allerdings Zeit und müsse öfter erlebt werden, weil es eine Weile dauere, bis die neue Haltung der Akzeptanz als Frieden erfahren werde.
3. Haben Sie der Panik erst einmal erlaubt, sich voll zu entfalten, **lassen Sie sich ganz einfach hindurchtreiben.** Weekes beschreibt das so, dass man sich nicht anspannen oder starr werden solle, sondern, so gut man kann, seine Muskulatur lockert, so weit, dass man beinahe »erschlafft«. Man solle mehrmals tief Luft holen und den Atem langsam wieder ausströmen lassen. Und sich vorstellen, man schwebe durch diese Erfahrung wie eine Wolke. Man versucht nicht, das Erleben der Panik zu stoppen, sondern geht quasi auf Abstand dazu.
4. **Geben Sie sich Zeit.** Ihr Körper wird den Adrenalinausstoß beenden und dann auf natürliche Weise wieder zur Ruhe kommen. Lassen Sie sich nicht davon beunruhigen, wie lange es dauert. Allmählich werden die Attacken seltener werden.

Dr. Weekes weist nachdrücklich darauf hin, dass das Zeit brauchen wird, weil es eine große Veränderung Ihrer Haltung ist, die mit einer Neuverdrahtung im Gehirn verbunden ist. Sich ständig besorgt zu fragen: »Geht es mir schon besser?«, führt nicht weiter. Die beste Einstellung ist: »Es kommt nicht darauf an, wie lange es dauert, weil die Panikattacken überhaupt keine Rolle spielen. Sie werden bald vorbei sein.«

Zehntausende Menschen sind überzeugt, Claire Weekes habe ihnen das Leben gerettet. Ihre Bücher und ihre Tonaufnahmen mit ihrer großmütterlichen Stimme und dem liebevollen, aber vernünftigen Ton, sind noch heute eine wunderbare Hilfsquelle.

Noch ein letzter Punkt: Angst hat nicht immer psychische

Ursachen. Sie kann definitiv auch die Folge realer und schädlicher Lebensumstände sein – unmöglicher Anforderungen eines Jobs oder einer Rolle in der Familie, einer unglücklichen Ehe, eines schlechten Wohnumfelds, eines Mangels an Zeit und Raum, sich zu entspannen. Und so entdecken Sie möglicherweise, wie Alain de Botton anfangs sagte, dass sich in Ihrem Leben etwas ändern muss. Es ist nicht alles nur in Ihrem Kopf.

Hören Sie im Laufe des Tages häufig auf Ihren Körper. Es macht Spaß, ist interessant und wird Ihnen immer mehr Wahrheiten über sich selbst und Ihr Leben erzählen. Sie werden ungute Gefühle längst bemerken – und sie sich auch eingestehen –, ehe sie sich zu schwerwiegenden Problemen auswachsen. So kann es sein, dass Sie jedes Mal, wenn ein bestimmtes Thema angesprochen wird, ein Zucken an den Schläfen bekommen, oder es sträuben sich Ihnen die Nackenhaare, oder Sie spüren, wie Ihnen Angst in den Bauch fährt. Oder Sie spüren eine Wärme im Lendenbereich, oder Ihnen hüpft das Herz – nicht alle Themen sind unangenehm!

Nutzen Sie diese Empfindungen als Leitfaden dafür, wie Sie sich hinter der höflichen Fassade tatsächlich fühlen. Wenn jemand Sie fragt, wie Sie zu einer Idee, einem Plan oder einer Entscheidung stehen – wohin es im Urlaub gehen soll, ob eine teure Anschaffung gemacht werden soll, welchen Job Sie annehmen sollen, ob das der richtige Arzt für Sie ist –, dann lassen Sie Ihren Körper urteilen und beziehen ein, was er Ihnen mitteilt. Ihre Sprache wird sich ändern. Sie werden anfangen zu sagen: »Das fühlt sich aus irgendeinem Grund nicht richtig an für mich, gib mir ein bisschen Zeit zum Nachdenken«, oder: »Ich habe kein gutes Gefühl bei dieser Idee, aber ich weiß noch nicht richtig, warum. Ich melde mich wieder bei dir.«

Auch Ihre Familie und Ihre Kinder werden bald anfangen, diese Sprache zu verwenden. Das wird ihre Intuition und ihre

Fähigkeit zum klaren Denken schärfen. Eines Tages wird Ihr Sohn oder Ihre Tochter mit Freunden im Urlaub sein, in Amsterdam oder Bangkok oder Chicago. Es ist schon spät, alle haben etwas getrunken. Sie wollen gerade in ein Auto einsteigen. Ihr Sohn oder Ihre Tochter wird mit einer Hand an der Autotür und einer Flasche in der anderen Hand zu den Gefährten sagen: »Wisst ihr was? Eigentlich bin ich ziemlich müde. Ich gehe schon mal nach oben ins Zimmer und lege mich früh schlafen.« Und das kann den Unterschied zwischen Sicherheit und einer Katastrophe ausmachen.

Noch ein Letztes

Ich habe noch ein Letztes anzumerken. Manche von uns wurden durch unsere Erziehung so konditioniert, dass wir unsere körperlichen Zustände vollständig verleugnen. Wir denken, es gehe uns gut, aber nur deshalb, weil wir so betäubt sind. Männer machen das oft, weil man ihnen von klein auf gesagt hat, sie müssten tapfer sein, Frauen, weil man ihnen eingeschärft hat, zuerst an andere zu denken. Manchmal brauchen wir von jemandem einen Tritt in den Allerwertesten, um überhaupt zu merken, wie es um uns steht.

Ich habe eine gute Freundin, die sehr früh spürt, ob ich in einer guten Verfassung bin oder nicht. Sie ist autistisch, daher gilt ihre Sorge halb mir und halb ihr selbst; sie fühlt sich einfach nicht wohl, wenn jemand in ihrer Umgebung unausgesprochene drückende Emotionen hat – sie verwirren sie und machen ihr Angst.

Dann sagt meine junge Freundin mit großer Anteilnahme: »Du bist nicht glücklich.« »Doch, bin ich«, erkläre ich. »Mir geht's gut.« »Nein, stimmt nicht.« Nachdem ich ein Weilchen in mich hineingehorcht habe, gebe ich schließlich zu, dass ich mich tatsächlich irgendwie ein bisschen unwohl fühle. Und ein paar kleinere Sorgen habe. Die sich dann im Laufe des Gesprächs als ziemlich große Sorgen entpuppen. Und wir besprechen, wie ich sie angehen könnte. »Hab ich's doch gewusst«, sagt sie dann und ist danach ganz entspannt!

Das ist im Grunde das, was Therapeuten machen. Der Patient geht, unterstützt von der ehrlich teilnahmsvollen – und sanft drängenden – Frage eines anderen Menschen nach innen (wendet sich den Empfindungen seines Körpers zu) und gibt schließlich zu, dass er sich tatsächlich traurig (wütend, angstvoll, aufgeregt, abenteuerlustig) fühlt oder verliebt ist, und dann kann er losgehen und etwas Entsprechendes unternehmen. Menschen zu helfen, eine Harmonie in ihrem eigenen Inneren herzustellen, sich gut aufzustellen, ist das Wichtigste, was wir für sie tun können. (Außer dass wir ihnen etwas Gutes zu essen kochen oder auf ihre Kinder aufpassen.) Aber es ist praktisch, wenn Sie das selbst machen können, und wenn Sie erst einmal damit angefangen haben, schaffen Sie das auch meistens.

Ihr Körper – Übungen zum Nachdenken, eins bis vier

1. In Bezug auf die Körperwahrnehmung gibt es riesige Unterschiede zwischen den Menschen. Wenn Sie eine Kategorie wählen sollten, würden Sie dann von sich sagen, Sie seien:
a) völlig abgeschaltet und sich Ihres Körpers kaum bewusst;
b) durchschnittlich bewusst, manchmal ja, manchmal nein;
c) sehr stark in Kontakt mit Empfindungen und Bewegungen, fühlen sich fast die ganze Zeit in Ihrem Körper wohl und sind sich seiner bewusst?
Zu den wichtigsten Dingen, die unser Körper macht, gehört das Einfordern von Aufmerksamkeit, da wir nicht funktionieren können,

wenn wir uns nicht ordentlich um ihn kümmern. Manchmal macht er das so, dass wir Schmerzen spüren oder irgendeine Funktionsstörung haben, die wir nicht ignorieren können. Das kann alles von Verdauungsbeschwerden bis zu Knieproblemen, von Kopfschmerzen bis zu Halsweh sein.

2. Reagieren Sie und unternehmen etwas, wenn Ihr Körper Ihnen Signale sendet? Halten Sie inne und ruhen sich aus oder machen ein Schläfchen, wenn Sie müde sind? Bewegen Sie sich, wenn Sie sich steif fühlen? Oder übergehen Sie normalerweise Ihren Körper und machen einfach weiter?

   Haben Sie Körperteile, die Ihnen immer wieder oder häufig wehtun oder die nicht sehr gut zu funktionieren scheinen? (Machen Sie sich klar, dass es auch medizinische Gründe dafür geben kann und dass es auf alle Fälle wichtig ist herauszufinden, was da los ist, und bei Bedarf ärztliche Hilfe in Anspruch zu nehmen.)

3. Ihre Körperwahrnehmung kann ganz einfachen Dingen gelten, wie etwa Müdigkeit oder Bauchschmerzen, weil Sie zu hastig gegessen und Luft geschluckt haben, oder etwas so Komplexem wie einer eingezogenen Brust oder einer angespannten Kehle, weil Sie einen gewalttätigen oder emotional geschädigten Elternteil hatten, mit dem Sie als Kind fertigwerden mussten.

4. Glauben Sie, Sie hätten vielleicht körperliche Spuren von harten Zeiten zurückbehalten, die nicht richtig heilen konnten?

Gehen Sie hinauf in Ihr zweites Stockwerk – das des Denkens – und machen Sie sich sanft wieder Mut; Sie haben bis jetzt überlebt und sind gut gediehen, und Sie kümmern sich in intelligenter Weise um die Schwierigkeiten Ihres Lebens. Mit den Werkzeugen in diesem Buch können Sie vielleicht manches besser verstehen, den Heilungsprozess beschleunigen und in Zukunft Ihren Körper wesentlich besser wahrnehmen und liebevoller mit ihm umgehen.

4
Das erste Stockwerk
*Emotionen und wie sie Ihr
Leben antreiben*

Im Frühling 1987 erwarteten wir ein Baby. Wir hatten schon einen kleinen Jungen von drei Jahren und warteten sehnlichst auf unser zweites Kind. Im vierten Schwangerschaftsmonat bekam meine Frau jedoch plötzlich Wehen. Voller Angst fuhren wir so schnell wie möglich ins Krankenhaus. Alles, was ich von damals noch in Erinnerung habe, ist, dass Shaaron weinend unter der Dusche stand und dass kleine Fetzen eines gallertartigen Gewebes aus ihrem Körper herauskamen, während ich selbst vollständig bekleidet, doch ohne mich um die Nässe zu kümmern, die Arme in die Dusche streckte, um Shaaron zu stützen und nach diesen Fetzen zu greifen und nach Anzeichen für unser erhofftes Kind zu suchen. Es war traurig und schrecklich, aber im Moment fokussierte ich mich darauf, Shaaron in meiner unbeholfenen Weise zu trösten und mich um das Praktische zu kümmern. Es war Freitagnachmittag, und am nächsten Tag musste ich ein Ausbildungsseminar für 14 Teilnehmer und Teilnehmerinnen halten, was intensiv und anspruchsvoll war. Ich erzählte ihnen im Laufe des Wochenendes, was uns gerade zugestoßen war, aber meine Aufgabe war, für sie da zu sein, und das war ich auch.

In den darauffolgenden Wochen fühlte ich mich wie betäubt. Wir waren auf einem Weg voller Vorfreude auf unser Baby gewesen, und jetzt hatte er sich im Nichts verloren. Shaaron zog sich in ihren eigenen Raum zurück, und als ich sie darauf ansprach, sagte sie, das wolle sie so. Die Zeit war wie eingefroren, das Leben war grau, und die Tage dehnten sich zu

Wochen. Dann ging ich eines Nachmittags in den Seminarraum hinüber, den wir auf unserer Farm errichtet hatten, einen sehr schönen Raum, der an eine Kapelle erinnerte. Ich nahm meine Gitarre vom Haken und setzte mich im Schneidersitz auf den Boden; Sonnenlicht flutete herein. Ich tat, was viele Musiker tun, wenn sie Muße haben: Ich ließ die Lieder einfach von innen kommen, wie sie mir einfielen. Ein paar absichtslose Akkorde gingen allmählich in den Song »Ruby Tuesday« von den Rolling Stones und Melanie Safka über, und ich begann ihn leise vor mich hin zu singen: »While the sun is bright, or in the darkest night, no one knows, she comes and then she goes ...«

Und dann war es um mich geschehen. Ein tiefes, klagendes Schluchzen brach stoßweise aus mir heraus, ich weinte nicht nur, sondern aus meinen Augen flossen Ströme von Tränen. Ich beugte mich so weit über meine Gitarre, dass mein Kopf beinahe den Boden berührte, und schaukelte vor und zurück. »Goodbye Ruby Tuesday, who could hang a name on you?« Der Text sollte ganz gewiss nicht unsere Situation beschreiben, da bin ich mir sicher, aber der Geist ist etwas Wunderbares. Ich wusste jetzt, was ich verloren hatte, ein Mädchen, eine Tochter, und der Kummer ging so tief. Ich hatte einfach keine Ahnung gehabt.

Selbst jetzt, da ich diese Geschichte 30 Jahre später aufschreibe, kann ich die Gefühle noch spüren, und ich bin dankbar, dass ich sie freisetzen und mit ihnen mitgehen und wieder lebendiger werden konnte, nicht noch stumpfer wurde, weil ich mehr über mein eigenes Herz erfuhr.

Heute habe ich eine wunderbare Tochter, und Shaaron und ich haben gelernt, uns auch in schweren Zeiten näher zu sein. Zudem habe ich einiges darüber gelernt, wie man Männern in schweren Lebenssituationen beistehen kann. Aus dieser Zeit erwuchs mein Buch *Männer auf der Suche*, das anderen Männern ermöglicht hat, auf eigene Heilreisen zu gehen. Es lohnt sich eindeutig, stets eine Gitarre zur Hand oder zumindest ein Lied im Hinterkopf zu haben.

* * *

Emotionen sind ebenso zentral für das Menschsein wie das Atmen oder Gehen. Wir alle haben fortwährend Gefühle, und neue Forschungsarbeiten zeigen, dass sogar unsere Träume – die oft intensiv emotional sind – einen wesentlichen Anteil daran haben, unsere Ängste und Befürchtungen zu beruhigen und zu lösen. Emotionen sind »eine innere Reaktion auf etwas, das außen geschieht«, und sind dazu gedacht, uns in einer Situation von ungewöhnlicher Intensität (die gut oder schlecht sein kann) mit Energie zu versorgen, damit wir wieder ins Gleichgewicht kommen können. Bis vor Kurzem haben erstaunlich wenige Menschen wirklich verstanden, warum wir Gefühle haben, selbst viele Psychiater nicht, und mehrere Jahrhunderte lang haben nordeuropäische Kulturen wie die britische versucht, ohne sie zu leben. Das Ergebnis war eine Menge Unglück und eine große Portion Langeweile!

Emotionen sind die Quelle unserer Vitalität und treibende Kraft für Sinn, und zum Glück lernen wir endlich, sie bereitwillig anzunehmen. Dieses Kapitel wird Sie auf dem vibrierenden Tanzparkett willkommen heißen, das das erste Stockwerk Ihres vierstöckigen inneren Hauses bildet – wo Ihr Herz wohnt und Ihre Lebenskraft darauf brennt, freigelassen zu werden.

Wie Emotionen funktionieren und warum wir sie haben

Viele Menschen sehen bei dem Gedanken an Emotionen gleich ein Problem vor sich. Aber wenn wir uns mit ihnen anfreunden, erkennen wir, dass sie sehr hilfreich sein können. Sie funktionieren folgendermaßen:

Stellen Sie sich einmal einen Tag vor, der wie jeder andere beginnt. Sie wachen auf, frühstücken, geben Ihren Lieben einen Abschiedskuss und machen sich auf den Weg zur Arbeit. Bald fahren Sie mit dem Auto zügig die Landstraße entlang und überlassen sich Ihren Gedanken. Dann fällt Ihnen plötzlich weiter vorne etwas ins Auge. Ein Auto auf der Gegenspur ist aus irgendeinem Grund außer Kontrolle geraten und kommt jetzt auf Ihrer Seite direkt auf Sie zu, schleudernd und mit quietschenden Reifen.

Jeder Muskel in Ihrem Körper spannt sich an, Sie treten voll auf die Bremse, Ihre Augen sind weit aufgerissen, und Sie brüllen Ihr Lieblingsschimpfwort! Sie haben keine Ausweichmöglichkeit und nur noch Zeit zu denken »Oh, nein!«, und dann kurvt unerwartet nur Meter vor Ihnen der andere Fahrer auf seine eigene Spur zurück und fährt problemlos vorbei. Sie können nicht viel anderes machen, als einfach weiterzufahren. Vibrierend wie ein angeschlagener Gong schaffen Sie es bis zu Ihrem Arbeitsplatz, wo Sie dann Mühe haben, Ihre Kaffeetasse ruhig zu halten.

Das Merkwürdige an dieser Geschichte ist, dass in einem gewissen Sinn nichts passiert ist. Sie sind nicht ums Leben gekommen, Sie haben nicht einmal einen Kratzer am Auto. Aber psychisch ist eine Menge passiert. Ihr Gehirn hat registriert, dass Sie hätten sterben oder schwer verletzt werden können und dass sich Ihr Leben für immer hätte ändern können. Sie haben dem Tod ins Auge geblickt und mussten sehr plötzlich handeln, weit über Ihr übliches Maß hinaus. Und dann war alles wieder vorbei.

Aber Sie haben jetzt noch eine »Restladung« im Körper, mit der irgendetwas geschehen muss. Erinnern Sie sich daran, was eine Emotion ist – *eine Veränderung im Inneren als Reaktion auf ein äußeres Ereignis.* Und diese Veränderung ist notwendig und nützlich. Es ist, als hätte Sie ein Blitz getroffen, und jetzt hätten Sie die elektrische Ladung in sich. (Tatsächlich handelt es sich um eine massive Ausschüttung von Hormonen wie Adrenalin, Noradrenalin, Cortisol und Endorphinen, aber lassen Sie uns bei der Metapher der Elektrizität bleiben, denn sie zeigt, wie Sie sich fühlen – Sie sind aufgeladen!)

Da die Autos am Ende doch nicht zusammengestoßen sind und da es in dieser Sache letztlich nichts zu tun gab, bleiben Sie in einer ziemlich merkwürdigen Verfassung zurück. Sie haben diesen plötzlichen Überschuss an Energie in Ihrem System, die nirgendwohin kann. Wenn Sie an Ihrem Arbeitsplatz ankommen, werden Sie diese Energie wahrscheinlich durch Reden entladen: »Ihr glaubt ja nicht, was mir gerade passiert ist ...« Wenn Sie zu Ihren Lieben nach Hause kommen, schildern Sie ihnen vielleicht alles haarklein. Wenn Sie ein emotional offener Mensch sind und die anderen um Sie herum sind vertrauenswürdig und liebevoll, brechen Sie vielleicht in Tränen aus oder bitten darum, dass jemand Sie in den Arm nimmt, und dann zittern oder schlottern Sie, wenn Sie die aufgestaute Ladung aus Ihrem Körper abfließen lassen. Sie werden den ganzen Tag lang den »Blitz« nach und nach entladen.

Wenn Sie das nicht tun oder keine Möglichkeit dazu haben, *wird die Ladung in Ihrem Körper bleiben*. Und sie wird zu anderen nicht entladenen Emotionen, die Sie vielleicht schon vorher hatten, hinzukommen. Diese Akkumulation von unausgedrückten Gefühlen ist das, was wir als Posttraumatische Belastungsstörung bezeichnen – der Stress, der zurückbleibt, nachdem das Trauma vorbei ist. Aber das Merkwürdige ist: Wir Menschen sind gut *für traumatische Ereignisse gerüstet*. Für unsere Vorfahren war das Leben oft sehr beängstigend und dramatisch, und wir haben uns so entwickelt, dass wir das handhaben können, indem wir unsere Gefühle herauslassen. In vielen Kulturen weinen und schluchzen die Menschen und trösten einander, wenn etwas Schlimmes passiert ist, und sie sprechen viel mehr aus dem Herzen heraus als wir, sodass sie eine Menge verkraften können. Und auch die alten Kulturen schufen dafür Zeit und Raum.

Eine Posttraumatische Belastungsstörung ist nicht die natürliche Folge eines Traumas, sie entsteht, wenn gehäuft gravierende Dinge passieren, ohne eine Chance zur Heilung dazwischen. Weil unsere Kultur dem keine Aufmerksamkeit geschenkt hat, ist daraus ein massives Gesundheitsproblem für Millionen von Menschen geworden, oft für die, die die wertvollste – aber gefährliche – Arbeit für uns machen, wie Rettungskräfte, Friedenstruppen, Soldaten, Polizisten, Journalisten, Ärzte und Krankenschwestern. Jahrelang galt im Bereich dieser Berufe die Devise, man solle keine Emotionen zeigen, und dies stellte sich als denkbar schlechtester Ansatz heraus. Alte Kulturen, von den Maori bis zu den Griechen, hatten Rituale und Zeremonien, die ihren Kriegern gezielt helfen sollten, nach der Entmenschlichung durch den Krieg wieder heile Menschen zu werden. Wir bieten ihnen nur Bier an.

Um zu verhindern, dass Sie eine Posttraumatische Belastungsstörung bekommen, sollten Sie als Erstes daran denken, dass Ihre Gefühle normal und *vielleicht sogar nötig waren*. Wären die beiden Autos mit quietschenden Reifen zum Stehen gekommen, im Abstand von wenigen Zentimetern, haarscharf vor einem Zusammenstoß, und ein paar Teenager wären ausgestiegen und hätten Sie ausgelacht, hätten Sie vielleicht einen Scheinwerfer ihres Autos mit der Faust eingeschlagen, um ihnen einen Denkzettel zu verpassen. Das hätte Ihnen geholfen, sich besser zu fühlen, weil es dem Aspekt der Wut darüber Ausdruck verliehen hätte, dass Sie so gedankenlos einem Risiko ausgesetzt wurden. Hilfreicher wäre es vermutlich gewesen, wenn Sie ein ernstes Wort mit ihnen gesprochen und darauf bestanden hätten, erst die Polizei zu rufen, ehe Sie weiterfahren, denn das hätte die Welt sicherer gemacht. Es wäre ein Zeichen von Schwäche und Hilflosigkeit gewesen, den

Vorfall einfach auf sich beruhen zu lassen. Man braucht Wut, um stark und fokussiert zu sein, und wir alle brauchen eine Portion Wut in Reserve, auf die wir sofort zugreifen können. Wäre es zu einem Zusammenstoß gekommen, wären ebenfalls Emotionen nötig gewesen. Wenn es kracht und Ihr Auto steht in Flammen, müssen Sie sich vielleicht aus den Trümmern herauskämpfen, rennen, bis Sie in Sicherheit sind, oder Hilfe für verletzte und eingeklemmte Personen holen. Das Adrenalin würde Sie außergewöhnlich stark und schnell machen. In diesem Fall wäre die Angst Ihre Freundin gewesen, hätte Sie mit Energie aufgeladen und Ihr Schmerzempfinden ausgeschaltet, solange Sie getan hätten, was nötig war.

Wenn im schlimmsten aller Fälle jemand zu Tode gekommen wäre, sagen wir, ein unbeteiligter Dritter, dann hätte Ihre Ankunft im Büro ganz anders ausgesehen. Schock und Kummer und stark verlangsamte Gefühlsreaktionen hätten es Ihnen sehr schwer gemacht, Ihre Arbeit zu tun. Wahrscheinlich hätten Sie nach Hause gehen müssen und therapeutischen Beistand gebraucht.

Dennoch ist es so (und dieser Gedanke ist eine Herausforderung, das weiß ich), dass der ganze schreckliche Vorfall, wenn man angemessen mit ihm umgegangen wäre und Ihr Körper ihn vollständig hätte verarbeiten können, *am Ende eine nutzbringende und lebensfördernde Erfahrung geworden wäre.* Sie wären dadurch gewachsen und künftig ein gütigerer und weiserer Mensch gewesen. Oft sagen mir meine Klienten gegen Ende eines Heilungsprozesses nach sehr belastenden Erlebnissen, dass sie nicht bedauern, was geschehen ist, weil sie daraus viel über das Leben gelernt haben. Das ist sogar ein guter Indikator dafür, dass sie geheilt sind.

Posttraumatisches Wachstum

Das Wissen darum, wie zerbrechlich das Leben ist – dass der Tod uns immer nah ist –, ist ein Kernelement eines weise und gut gelebten Lebens. Ein Freund von mir ist ein bekannter Journalist und war immer stolz darauf, dass er Dutzenden von albtraumhaften Situationen standhielt, bis eines Tages das Unvermeidliche geschah und er mit Angstsymptomen zusammenbrach – das quälende Wiedererleben traumatischer Ereignisse, Albträume, unkontrollierbare Wutausbrüche und ganze Flutwellen von Schuld- und Angstgefühlen. Da er selbst in den besten Therapieeinrichtungen nicht die Hilfe finden konnte, die er brauchte, bildete er sich selbst darin weiter, wie man ein Trauma heilen kann.

Das tat er, weil er andernfalls nicht mehr als Vater oder Ehemann hätte funktionieren können und sich sehr wahrscheinlich das Leben genommen hätte – diesen Schritt zog er oft in Betracht, weil seine Symptome ihn so fürchterlich quälten. Er lernte allmählich, dass es einen Ort jenseits all dessen gab, aber es ist nicht die Normalität. Man erreicht ihn über einen sowohl spirituellen als auch kognitiven Schritt zu einem umfassenderen Menschsein hin. Der buddhistische Lehrer Stephen Levine nannte ihn »das Herz in der Hölle öffnen«. Sie wissen, was Sie wissen, und können sich dennoch dafür entscheiden, zu vertrauen und zu lieben und gelassen zu sein. Das ist nicht leicht, aber es ist eine reale Möglichkeit.

Therapeuten bezeichnen das inzwischen als »posttraumatisches Wachstum«. Meine allererste Botschaft an die Therapeuten und Therapeutinnen, die ich ausbilde, lautet, dass sie aufhören sollen, ihre Traumapatienten zu pathologisieren, und niemals lediglich anstreben sollen, dass sie »wieder normal werden«. Normalität ist der Trostpreis, und wenn Sie eine herzzerreißende Erfahrung durchlebt haben, sollten Sie sie niemals dadurch vergeuden, dass Sie wieder »der/die Alte«

*Erinnern Sie sich daran, was eine Emotion ist –
eine Veränderung im Inneren als Reaktion
auf ein äußeres Ereignis.
Und diese Veränderung ist notwendig und nützlich.
Es ist, als hätte Sie ein Blitz getroffen,
und jetzt hätten Sie die
elektrische Ladung in sich.*

werden. Das können Sie sowieso nicht. Gehen Sie weiter und lassen Sie sich davon auf eine höhere Ebene führen. Welchen Sinn hat Leiden, wenn nicht den, dass Sie sich davon in einen Menschen verwandeln lassen, der zutiefst Anteil am Leben anderer nimmt und sehr dankbar dafür ist, dass er lebendig ist?

Wenn Sie lernen, Emotionen ihre Aufgabe erfüllen zu lassen, werden sie Sie durch die jeweilige Situation hindurchtragen und auch durch die Nachwirkungen, während Sie weiterhin aus dem lernen und an dem wachsen, was geschehen ist. Das kann sehr tief gehen: Sie sind sterblich. Wie verändert das Ihre Pläne? Ein alltäglicher, aber sehr nützlicher Gedanke kann etwa sein: Die Menschen verhalten sich im Straßenverkehr oft dämlich. Sollte das Ihren Fahrstil beeinflussen? Und so weiter.

Emotionen sind also sehr wichtige Phänomene, die Ihnen während eines Ereignisses und hinterher helfen. Sie helfen Ihnen, Ihr Selbstgefühl in der Welt wieder zusammenzusetzen. Aber was sind sie? Wie funktionieren sie? Das sollte jeder Mensch in jedem Alter über sich wissen. Also dann ...

Die vier großen Emotionen

Emotionen hängen damit zusammen, dass wir Säugetiere sind – und manche, wie Kummer und Trauer, gehen damit einher, dass wir höher entwickelte Tiere sind, die sich erinnern können (selbst Elefanten und große Affen empfinden Trauer). Sicherlich wird es Sie freuen, zu erfahren, dass Emotionen etwas ganz Einfaches sind. Wie bei den Primärfarben ist jede Färbung und Schattierung menschlicher Emotionen aus einer Handvoll Primäremotionen zusammengesetzt. Es gibt nur vier Basisemotionen: Freude, Wut, Trauer und Angst. Alles andere – all die komplexen Emotionen, die Menschen haben können, wie Eifersucht, Sehnsucht, Neid und natürlich Liebe – sind Kombinationen von diesen vier. Gemischte Gefühle können uns allerdings in unterschiedliche Richtungen ziehen, und das macht es schwer, ihnen auf den Grund zu kommen. Beispielsweise ist Eifersucht Wut, die mit Angst gemischt ist. Nun sendet Wut aber die Botschaft »Abstand halten«, während Angst darum bittet, dass ein Mensch näher kommt. So überrascht es nicht, dass diese Mischung fast immer eine Katastrophe ist. Wenn wir eifersüchtig sind, ist es besser, die Angst auszudrücken und auf die eine oder andere Weise damit fertigzuwerden. Wann immer Gefühle gemischt sind, wird eines das Primäre sein, und wenn Sie bei diesem Gefühl bleiben, werden Sie eher einen Ausweg finden.

Ein guter Therapeut wird Ihnen dabei helfen, diese komplexen Emotionsmischungen in ihre Grundbestandteile zu zerlegen und diese dann einzeln der Reihe nach zu bearbeiten. Das ist kein schlechter Weg, alles anzugehen, was Sie aufgewühlt oder aufgeregt hat. Setzen Sie sich hin und schreiben Sie auf, was los ist – worüber sind Sie in dieser Situation traurig? Worüber sind Sie wütend? Wovor haben Sie Angst? Was gibt Ihnen ein gutes Gefühl? Das beschert einem oft überraschende Erkenntnisse, ist sehr kathartisch und kann Ihnen auch zu dem Wissen verhelfen, was Sie als Nächstes tun sollten. Üblicherweise ist eine dieser vier Emotionen stärker als die anderen, und um diese sollten Sie sich dann auch zuerst kümmern. Dann rückt vielleicht eine andere stärker in den Vordergrund. Wenn man sich Gefühlen erst einmal zugewandt hat, fangen sie an, sich zu sortieren und auszugleichen. Nach und nach werden Sie sich entwirren, wie wir auf den folgenden Seiten zeigen werden.

Ich habe einmal einer wunderbaren therapeutischen Intervention meiner Lehrer Bob und Mary Goulding zugeschaut. Ein junger Mann sprach darüber, dass er Angst hatte, sich einer potenziellen Partnerin so zu zeigen, wie er wirklich war. Auf die Frage nach dem Grund erwiderte er: »Weil ich fürchte, dann abgelehnt zu werden.« Mary Goulding, eine resolute Siebzigerin mit einem Akzent wie ein New Yorker Taxifahrer, sagte: »Aber wenn sie Ihr wahres Wesen nicht mag, sind Sie doch besser dran, wenn Sie das gleich wissen. Dann können Sie sich verabschieden und Ihrer Wege gehen!« Als sie sah, dass die Idee bei ihm ankam, lächelte sie ihn voller Wärme an. »Es gibt eine Menge positive, warmherzige Frauen in der Welt, die darauf brennen, einen Mann mit einem guten Herzen zu finden.« Dann wandte sie sich den Frauen im Publikum zu und war sichtlich zufrieden, wie viele lächelten und nickten.

Jedes Primärgefühl hat eine Aufgabe zu erfüllen. Beginnen wir mit dem einfachsten und primitivsten. Angst hilft uns, auf unsere Sicherheit zu achten, sie hält uns davon ab, riskante oder gar lebensgefährliche Dinge zu tun. Wenn wir heil davonkommen, ist das Problem gelöst. Haben wir dauerhaft Angst – vor etwas, dem wir uns stellen müssen –, brauchen wir Menschen, die uns Hilfestellung geben.

Eine Umarmung ist ein guter Anfang, weil er unseren Körper beruhigt – ich habe Verbündete und Hilfe gleich hier zur Hand. Dann kommt unser Gehirn ins Spiel – wir müssen uns Informationen besorgen und einen Plan machen, um eine Struktur neu aufzubauen, mit deren Hilfe wir bewältigen können, was uns zugestoßen ist. Wir müssen uns Zeit lassen und die Dinge durchdenken. Sobald sichergestellt ist, dass wir die Weichen richtig gestellt haben, klingt die Angst ab. Sie hat ihre Aufgabe erfüllt.

Auch Wut ist eine ziemlich klare Sache. Ihre Aufgabe besteht darin, uns mit der Energie zu versorgen, die wir brauchen, um unseren Raum zu verteidigen, unseren Platz zu behaupten oder unsere Identität zu bewahren, damit sie nicht verschluckt wird. Wütenden Menschen muss man Raum geben. Ihre Botschaft hören. Sie ernst nehmen. Wut ist allerdings keine Lizenz dafür, anderen Angst einzujagen oder Gewalt anzuwenden – wir werden in Kürze darauf zurückkommen. Der Schlüssel für den Umgang mit unserer eigenen Wut ist oft, dass wir lernen, rechtzeitig den Mund aufzumachen und nicht zu warten, bis wir rotsehen.

Erfahrene Eltern werden ab und zu so tun, als wären sie ärgerlich, um ihre Kinder auf Trab zu bringen; sie erheben die Stimme oder schlagen einen scharfen Ton an, aber ohne tatsächlichen Groll. (Die Kinder werden beide Ebenen spüren – ihr Gehirn sagt ihnen: »Wir sollten uns besser beeilen«, aber ihr Supersinn signalisiert ihnen keine Bedrohung.) Wenn man jemanden auffordert, sich einen wütenden Menschen vorzustellen, dann sehen die meisten einen großen Mann mit rotem Gesicht vor sich, der sich vor ihnen aufbaut und bedrohlich wirkt. Aber das ist eine dysfunktionale, missbrauchte Wut. Der Ärger eines gesunden Menschen kann laut und klar sein, aber er sollte niemand anderen in Gefahr bringen. Er sollte einfach dazu genutzt werden, Grenzen zu ziehen, und das kann ganz ruhig geschehen.

Trauer ist ein länger anhaltender und tieferer Prozess. Sie hat den Sinn, das Loslassen von Menschen und Dingen zu erleichtern, die uns kostbar sind, wenn uns keine andere Wahl bleibt. Wenn wir darüber sprechen können, setzt das den Prozess normalerweise in Gang, aber wenn wir mit dem Schmerz des Loslassenmüssens kämpfen, haben wir es leichter, wenn ein Mensch, dem wir vertrauen, bei uns ist oder uns sogar im Arm hält, während wir die Trauer durch uns hindurchfließen lassen. Und auch viel Zeit außerhalb unseres gewohnten Lebens, in der wir nachdenken und traurig sein können, tut gut. Erstaunlicherweise setzt Weinen Hormone im Körper frei, die Schmerz reduzieren, und das hilft den starken mentalen Schmerz zu heilen, den der Verlust eines Menschen oder eines Teils unserer Welt verursacht. Weinen ist nicht das Problem, es ist die Lösung, und es bedeutet, dass sich etwas zu bessern beginnt.

Doch obwohl sich Trauer nicht vermeiden lässt, helfen einige überraschende Dinge, sie leichter zu machen. Tanzen, Musik, lange Spaziergänge und Zeit zum Nachdenken können hilfreich sein. Das Schlimmste, was wir tun können, ist, Betäubung zu suchen, und nichts verdirbt einen Trauerprozess so gründlich wie Alkohol oder Drogen oder jegliche zwanghafte Aktivität, mit der wir ihm zu entfliehen suchen. Wir müssen uns der Trauer stellen. Trauer ist die Emotion, deren Verarbeitung am längsten braucht und die sehr langsam vorankommt, weil sie mit sich bringt, dass wir große Teile unseres Gehirns neu verdrahten, um uns an den Verlust anzupassen. Und das Ergebnis wird Wachstum sein, kein Schrumpfen. Wir sollten nicht einfach weitermachen, als sei nichts gewesen, das würde uns etwas rauben.

Während wir trauern, bauen wir Teile der jeweiligen Person oder Situation als kostbare Erinnerungen in unser Gehirn ein, versehen mit dem Etikett »von uns gegangen, aber nicht vergessen«. Diese Erinnerungen bleiben uns als Ressource ein Leben lang erhalten. Allmählich spüren wir Reichtum und Wertschätzung in uns, wenn wir uns an den Menschen erinnern, der einmal zu unserem Leben gehört hat. Traurigkeit erfasst uns, wie alle Emotionen, in Wellen, und diese Wellen gehen dann über in eine Art süße, wiegende Bewegung, die uns daran erinnert, dass wir lebendig sind.

Und schließlich noch die Freude. Worum geht es bei der Freude? Glück in all seinen Schattierungen – Aufregung, Vergnügen, Überschwang, Zufriedenheit – hilft uns, unser Leben zu feiern und dankbar zu sein. Wir sollten Wege und Gelegenheiten suchen, Freude zu spüren und auszudrücken, sooft wir können. Tanzen, lachen, herumalbern oder nur still wahrnehmen, welch ein Wunder die Welt ist. Glück überflutet unseren Körper mit Hormonen, die das Immunsystem stärken, Verletzungen heilen und unserem Gehirn helfen zu wachsen. Aber wer braucht schon solche Gründe?

Emotionen sind so starke physiologische Zustände, dass wir sie als sehr tief empfinden können, und sie fungieren sowohl als Kompass, der uns zeigt, was wir brauchen, als auch als Energiequelle, die uns dort hinbringt. Es gibt keine »negativen« Emotionen – alle sind dazu gedacht, uns zu helfen, uns zu beschützen und unser Leben mit Energie aufzuladen. Ohne sie wären wir ziemlich langweilig oder könnten vielmehr gar nicht überleben.

Der bekannte Neurowissenschaftler Antonio Damasio hat festgestellt, dass Menschen, die den Zugang zu ihren Emotionen verlieren (durch einen Unfall, der das Gehirn schädigt, oder eine Operation), möglicherweise intellektuell unbeeinträchtigt sein und dennoch große Schwierigkeiten haben können, sich zu entscheiden oder zum Handeln zu entschließen. Er erzählt die tragische Geschichte eines herausragenden Wissenschaftlers, der wegen eines Tumors den Teil seines Gehirns entfernen lassen musste, der für die Emotionen zuständig ist. Anschließend trafen ihn seine Kollegen bei der Arbeit immer wieder starr und reglos an, weil er eine Kleinigkeit nicht entscheiden konnte, etwa, wohin er zum Mittagessen gehen sollte. Emotionen helfen uns bei Entscheidungen. Das zeigt sich implizit in unserer Sprache – »Ich habe Lust auf einen Spaziergang«, »Ich fühle mich unruhig«. Emotionen helfen uns zu erkennen, was wir schätzen. Sie bilden ein Team mit unserem rationalen Denken und ergänzen es, sodass es weiser wird. Allerdings können sie auch außer Kontrolle geraten und unser Denken ins Chaos stürzen, deshalb sollten wir ihnen nie die alleinige Verantwortung überlassen. (Mehr darüber später.)

Ein trauerndes Kind

Das Leben ist oft hart. Es wird immer Dinge geben, die uns traurig machen, ängstigen oder entmutigen. Manchmal brauchen wir von denen, die uns lieben, am allermeisten einfach nur, dass sie das verstehen und für uns da sind ...
Eines Morgens wirkte der fünfjährige Darius auf dem Spielplatz sehr allein, und seine Lehrerin Janelle, die Aufsicht hatte, ging zu ihm hin.
»Wie geht's dir heute, Darius?«
»Ich bin ein bisschen traurig, Miss.«
»Warum bist du denn traurig?«
»Ich vermisse meine Mama.«
Janelle spürte, wie sich ihr Magen zusammenzog. Denn die Mutter von Darius war vor sechs Wochen nach langer Krankheit gestorben. Die Schule wusste davon, und die Lehrkräfte hatten ein Auge auf den Jungen, um möglichst dafür zu sorgen, dass es ihm gut ging.
Janelle wusste, wie sie ihren Körper bei starken Gefühlen stabilisieren konnte; sie spürte ihre Füße auf dem Boden, atmete ruhig und schaute dem kleinen Kerl ins Gesicht. Sie fragte: »Was fehlt dir denn heute besonders?« Darius fiel die Antwort nicht schwer. »Wenn ich mir wehgetan hatte, hat sie es mit einem Kuss wieder heil gemacht.« Janelle stellte sich neben ihn, nah, aber außerhalb seines Blickfelds. »Möchtest du, dass *ich* es mit einem Kuss wieder heil mache? Hilft dir das?« Er sagte nichts, sondern streckte ihr nur seine Hand hin, die kurz zuvor bei einem Sturz ein paar Schrammen bekommen hatte. Sie küsste sie sanft und schaute ihm in die Augen. »Danke, Miss«, sagte er und rannte sofort los und gesellte sich zu den anderen Kindern.
Janelle wusste etwas Wichtiges – dass sich *ein großer Kummer eigentlich aus vielen kleinen Kümmernissen zusammen-*

setzt. Und jeder kleine Schmerz braucht Zeit, muss gefühlt, erkannt und versorgt werden. Nicht alles kann in Ordnung gebracht werden, aber alles kann »gehalten«, anerkannt, gewürdigt werden. Gefühle lösen sich von alleine, denn so sind sie angelegt, aber es braucht andere, denen man am Herzen liegt, damit das reibungslos gehen kann. Jemanden aufmuntern zu wollen oder ihm zu sagen, er solle sich nicht so fühlen, oder etwas allzu schnell in Ordnung bringen zu wollen, was nicht in Ordnung gebracht werden kann, blockiert den Prozess nur und erschwert die Heilung. Menschen können mit schrecklichen Dingen fertigwerden, aber nur, wenn die anderen um sie herum mit starken Gefühlen gut umgehen können und für sie da sind.

Emotionen unterscheiden

Emotionen beginnen im Körper, aber sie sind spezifischer und weiter entwickelt als die Empfindungen, von denen wir im »Erdgeschoss« gesprochen haben. Die Magenschmerzen Ihrer Tochter können einfach nur ein Verdauungsproblem sein, können aber auch ein Zeichen dafür sein, dass sie in der Schule gemobbt wird. Vielleicht hat sie Angst, weiß aber nicht recht, wie sie Ihnen das beibringen soll. Sie braucht Ihre behutsame Hilfe, um den Dingen auf den Grund gehen zu können. Ein erheblicher Teil der Erziehung besteht darin, Kindern bei ihren Gefühlen zu helfen – man braucht nicht immer eine Lösung zu bieten, sollte aber immer ein offenes Ohr haben und sich kümmern und sie zulassen.

Gefühle sind Bündel von Körperempfindungen – beispielsweise zusammengepresste Kiefer, ein Gefühl von Hitze, angespannte Schultern, ein Energiestrom Richtung Kopf und Gesicht –, die häufig gemeinsam auftreten und etwas ganz Spezifisches, Klares signalisieren: eine Emotion. In diesem Fall Wut.

Denken Sie immer daran: Eine Emotion ist eine *Gemütsbewegung;* sie führt irgendwohin. Wenn Sie in einer Emotion feststecken, stimmt etwas nicht. Darüber zu sprechen, hilft fast immer. Dann nutzen Sie Ihren Supersinn, um einen Weg durch sie hindurch zu finden. Achten Sie darauf, wo die Emotion in Ihrem Körper angesiedelt ist, normalerweise gibt es eine spezifische Stelle dafür, oft auch mehrere Stellen. Trauer halten wir häufig in den Augen oder Schläfen fest, Wut in den Schultern oder im Kiefer und Kummer im Bauch, aber das ist nicht festgelegt, weil jeder Mensch anders ist.

Als ich im Teenageralter Karate lernte, brachte man uns bei, wie wir die Faust ballen sollten, um eine maximale Wirkung zu erzielen. Wenn ich bedroht werde (wobei ein unfreundlicher Kommentar auf Facebook das Schlimmste ist, was in meinem Universum vorkommt), ist das erste Zeichen dafür, dass sich meine Hand ganz von selbst zur Faust ballt. Meine Hand scheint zu wissen, dass ich wütend bin, ehe ich es merke!

Zu jeder Emotion gehört ein ganz eigener Satz von Körperreaktionen. In einer unvergesslichen Szene des Films *Der Soldat James Ryan* bringt ein Kraftradmelder ein Telegramm zu einem entlegenen Bauernhaus. Steven Spielberg hat diese Szene aus großem Abstand und ohne Ton gefilmt, sodass man keine Gesichter sieht. Eine Frau, die eine Schürze umgebunden hat, kommt an die Tür, nimmt das Telegramm, liest es und fällt auf die Knie. Das ist alles, was man zu sehen braucht, um zu wissen, was geschehen ist. Kummer ist ein Urgefühl und universell – ein offener Mund, aus dem Klageschreie kommen, tiefes Schluchzen aus dem Bauch heraus, Augen, aus denen Tränen rinnen, ein Leib, der sich vornüberbeugt oder zu Boden fällt. Trauer ist etwas Ganzkörperliches, wir können sie nur bewältigen, indem wir uns ihr hingeben und sie ihre Aufgabe erfüllen lassen.

Die Botschaft von Mr Rogers

Wenn Sie in Großbritannien, Australien oder sonst irgendwo außerhalb der USA aufgewachsen sind, ist Ihnen etwas wirklich Sehenswertes entgangen – eine Fernsehserie für Kinder namens *Mr Rogers' Neighborhood*. Sie lief 33 Jahre lang und gehörte eine ganze Generation lang fest zum Leben kleiner Kinder.

Die Arbeit von Fred Rogers wurde in einem kürzlich gedrehten Film mit Tom Hanks in der Hauptrolle gewürdigt *(A Beautiful Day in the Neighborhood;* dt. *Der wunderbare Mr. Rogers)* und auch in einer gefeierten und sehr bewegenden Dokumentation auf Netflix mit dem Titel *Won't You Be My Neighbor?* Wenn Sie sich einen der beiden Filme anschauen, werden Sie eine Menge darüber lernen, was Menschlichkeit ist.

Rogers, der zunächst Musik studierte und sich später zum Pastor der Presbyterianischen Kirche weihen ließ, sah als Student 1951 erstmals im Hause seiner Eltern einen Fernsehapparat. Er war entsetzt darüber, wie sehr es den Kindersendungen der damaligen Zeit an Respekt für die Menschenwürde mangelte. Und das ist natürlich seither nicht viel besser geworden.

Rogers arbeitete mit den führenden Köpfen der Kinderpsychologie seiner Zeit zusammen und entwarf eine tägliche Fernsehsendung, in der es um Emotionen, gute zwischenmenschliche Beziehungen und ein positives Selbstwertgefühl ging. Die Sendung mit den originellen Puppen, einem langsamen, kinderfreundlichen Tempo und der Präsenz des sanften Mr Rogers wurde zu einem der erfolgreichsten Programme in der Fernsehgeschichte.

Die Botschaften, die Rogers an die Menschen herantrug, sind eine Grundlage für seelische Gesundheit in jedem Alter:

1. Konzentriere dich auf den Menschen, mit dem du gerade zusammen bist. Sei ganz und gar bei ihm. (Der Zauber von Rogers auf der Bühne, aber auch im Persönlichen entstand daraus, dass er sich mental auf ein einziges Kind einstellte und Pausen machte, damit es ihn verstehen konnte, wobei er Wohlwollen und einen zarten Respekt ausstrahlte – man spürte, dass auch er ein schüchternes Kind in sich hatte, jedoch schlicht die Freuden menschlicher Verbundenheit entdeckt hatte und sie einem anbot.)
2. Jeder auf der Welt, von den kleinsten Kindern bis hin zu Massenmördern, hat es nötig, bedingungslos geliebt zu werden (wenn Massenmorde oder andere schreckliche Dinge geschahen, hat Rogers auch immer klargestellt, dass das der Grund war – die Täter waren nicht so geliebt worden, wie sie es gebraucht hätten, und hatten deswegen das Gefühl, sie müssten »etwas Bedeutendes« tun). Rogers sprach beispielsweise die Ängste der Kinder zur Zeit der Kennedy-Morde an; er scheute nicht vor dem zurück, was sie in jenen turbulenten Jahren hörten und bewältigen mussten, wie er wusste. Er verstand die zutiefst radikale Botschaft – die wahrscheinlich der wichtigste Faktor für die kindliche Entwicklung ist –, dass wir uns nur dann, wenn wir geliebt und geschätzt werden, »wie wir sind«, zu dem entwickeln können, was in uns steckt. Dass bedingungslose Liebe (die auch gezeigt wird) das ist, was Kindern die Freiheit gibt, zu wachsen.
3. Wir alle haben ein schüchternes und nervöses Kind in uns, das leicht ängstlich oder zornig wird und Hilfe für den Umgang damit braucht. »Was machst du mit der Wut, die du spürst?«, war ein regelmäßiges Thema der Sendung und auch der Titel eines ihrer einprägsamsten Songs *(What do you do with the mad that you feel?)*. Ro-

gers merkte an, dass Kinder, die gerne mit Spielzeuggewehren oder -schwertern spielten (und man könnte ergänzen, auch Politiker oder Diktatoren, die in Waffen vernarrt sind), voller Angst waren, weil sie sich der Welt gegenüber so schwach fühlten. Und er sagte den kleinen Jungen, sie seien innerlich stark, wonach sie dann natürlich strebten. Und fähig zu sein, sich verletzlich zu zeigen und mit jemandem, dem man vertraut, über Gefühle zu sprechen, sei der Inbegriff von Mut.

4. Kummer und Trauer sind völlig normal und gehören unvermeidlich zum Leben, aber sie lassen irgendwann nach, und die Freude kehrt zurück. Kummer kann sich zuerst unerträglich anfühlen (viele Kinder, die die Sendung anschauten, hatten ihre Eltern verloren, auch Scheidung war ein häufiges Thema, und natürlich hatten Kinder in jener Zeit auch zahlreiche unheilbare Krankheiten), aber es gab nichts im Leben, dem man sich nicht stellen konnte und das man nicht auf ein menschliches Maß bringen konnte. Rogers verstand, dass die Verbundenheit der Menschen das Leben erträglich machte, und deshalb musste man mit den Kindern über ihre Gefühle und Ängste sprechen. Er drückte es ganz einfach aus: »Wenn man es sagen kann, kann man auch damit fertigwerden.« Und das war nicht einmal so schwer. Man musste sich einfach darauf einstellen, dass einem auch einmal etwas sehr zu Herzen geht.

5. Und schließlich haben wir Erwachsene eine ungemein wichtige Aufgabe – wir müssen gegen das kämpfen, was Kinder kaputtmacht und sie ausbeutet, etwas, das es immer in der Welt geben wird. Wir müssen die Kindheit schützen, damit sie die Zeit der Entwicklung und Entfaltung sein kann, als die sie gedacht war, und damit die Kinder stark werden können.

Warum tun wir uns mit Gefühlen schwer?

Wenn Gefühle so einfach sind, warum haben wir dann so viel Mühe mit ihnen? Es ist kein Geheimnis: Das 20. Jahrhundert – besonders die erste Hälfte – war ein Albtraum: zwei Weltkriege, massive Wirtschaftskrisen, gewaltige Flüchtlingsströme um den ganzen Globus herum. Unsere Urgroßeltern erlitten massive Traumata. Oft blockierten sie einfach alle Emotionen, denn genau das tut man in einem Notfall. Aber dann fanden sie nicht mehr ins Helle zurück. Sie verstanden noch nichts von dem Vorgang, den wir heute »Triggern« nennen, und ertrugen es folglich nicht, den Ausdruck von Emotionen bei ihren Kindern zu sehen oder zu hören, und bestraften sie, wenn sie sie zeigten. Unsere Eltern wurden von diesen Eltern großgezogen, und obwohl die Nachwirkungen von alldem allmählich an Einfluss verloren, gab es noch immer zahlreiche Familien, in denen das Leben zu gefährlich war – Alkohol spielte eine Rolle, es gab gewalttätige Väter oder Mütter, die einfach überfordert waren, Kinder wurden sexuell missbraucht, aber darüber wurde nie ein Wort verloren. Daher konnten selbst die Erwachsenen jener Zeit, in der wir Kinder waren, häufig nicht damit umgehen, dass wir Gefühle zeigten. Wenn wir uns schlecht fühlten und es unseren Eltern sagten, haben sie uns daher vielleicht gemaßregelt, und dann fühlten wir uns doppelt schlecht.

Seine wahren Gefühle zu zeigen, *macht* einen verletzlich, denn der/die andere missbilligt das vielleicht, mag einen nicht oder man ist ihm/ihr gleichgültig. Aber vielleicht geschieht auch das Gegenteil – er/sie ist davon berührt und möchte helfen. Wie kann Sie jemand überhaupt wirklich kennen, wenn Sie keine Gefühle zeigen? Die wunderbare Geschichtenerzählerin Brené Brown hat das sehr gut erklärt: Wenn Sie keine Verletzlichkeit zeigen können, so argumentiert sie, wenn Sie keine Risiken eingehen können, dann kann auch nichts Gutes

*Das Gespräch zwischen Menschen, die sich
im Leben tief aufeinander eingelassen haben,
geht nach dem Tod nicht nur weiter,
sondern vertieft sich und wächst.
Tief in unsere Neuronen eingewebt,
bleibt der andere sehr lebendig.*

geschehen – keine Liebe, keine Intimität, kein Vertrauen, keine Kreativität, keine echte Freude. Nehmen Sie sich einen Augenblick Zeit, das in Ruhe in sich aufzunehmen: *Nichts Gutes im Leben geschieht je ohne Verletzlichkeit.* Es ist also wirklich wichtig, dass Sie zumindest über Ihre Gefühle sprechen können, so unbehaglich sich das anfangs auch anfühlen mag. Es wird leichter.

Warum Trauer keinen Abschied bedeutet

Manchmal kann eine Idee, die zunächst hilfreich ist, sich ihrerseits in etwas Hemmendes verwandeln. Ein sehr gutes Beispiel dafür ist das Konzept, etwas abzuschließen.
In den 1970er-Jahren trat eine schweizerisch-amerikanische Psychiaterin namens Elisabeth Kübler-Ross, die klipp und klar ihre Meinung kundtat, energisch den Ansichten der damaligen Zeit über Tod und Sterben entgegen. Heute kann man kaum glauben, dass noch vor einer Generation Ärzte und Angehörige routinemäßig todkranken Patienten eine Krebsdiagnose verschwiegen haben. Millionen von Menschen litten in ihren letzten Tagen qualvoll unter der Vorspiegelung falscher Tatsachen, Verwirrung und emotionaler Ferne, weil man ihnen einfach nicht die Wahrheit sagte.
Ich erinnere mich noch an die Fassungslosigkeit einer jungen Klientin von mir, die mit einem Arbeitsvertrag für zwei Jahre nach Australien gekommen war, ohne zu wissen, dass zu Hause in Irland ihr innig geliebter Bruder an Krebs im Endstadium litt. Seine Frau und seine Ärzte *hielten es vor ihm und allen anderen geheim.* Daher erhielt meine Klientin eines schrecklichen Tages einfach nur die Nachricht, dass ihr Bruder gestorben war. Sie hatte keine Gelegenheit gehabt, sich von ihm zu verabschieden. Und

noch nicht einmal genügend Zeit, um zu seiner Beerdigung nach Hause zu fliegen.

Elisabeth Kübler-Ross änderte diesen Stand der Dinge radikal. Sie überzeugte die Welt davon, wie notwendig und gut es ist, viel Zeit mit dem sterbenden Menschen zu verbringen, sich von ihm zu verabschieden und »unerledigte Geschäfte« zu Ende zu bringen. Sie erklärte, Trauer sei normal und gut und durchlaufe mehrere Stadien, die alle ein notwendiger Teil des Loslassens seien. Aber zusammen mit diesen positiven Botschaften schlich sich irgendwie auch die Idee ein, dass es eines Tages mit der Trauer vorbei sei. Dass sie endgültig abgeschlossen sei.

Nun ist es natürlich sinnvoll und wertvoll, etwas zu verarbeiten und abzuschließen. Heute dürfen Mütter und Väter totgeborene Babys in den Arm nehmen und halten, solange sie das brauchen. Ihre winzigen Fingerchen und Gesichter betrachten. Sie an sich drücken und zusammen um sie weinen. Eine der tiefsten menschlichen Tragödien wird auf diesem Wege abgemildert, auch wenn sie dadurch intensiv spürbar wird, und nach einem Tag oder einer Woche merken die Eltern dann, dass sie von ihrem Kind Abschied nehmen können. Weil sie sich ihre Gefühle erlaubt haben, konnte ihr Herz das Erlebte überstehen.

Etwas abzuschließen heißt nicht, es zu vergessen. Dass Trauer mehrere Phasen hat, bedeutet daher nicht, dass sie eines Tages zu Ende ist oder dass wir das überhaupt wollen. Das hieße, gründlich misszuverstehen, was Menschen einander bedeuten. Wir sind keine Objekte, die ausgemustert werden, wenn wir keinen Nutzen mehr haben. Eine Beziehung endet nicht, wenn ein Mensch physisch nicht mehr da ist. Traditionelle Gesellschaften, die sehr viel über das Wesen der menschlichen Seele wussten, beschäftigten sich erheblich mehr mit den Toten – sie behielten sie emotional und intellektuell bei sich.

Wir müssen also eine grundlegende Frage stellen: Wie wäre es, wenn der Trauerprozess gar kein Loslassen ist? Wenn er eine *Integration* eines Menschen in Ihr eigenes Herz bedeutet? Sie haben einen Partner/eine Partnerin oder einen Freund/eine Freundin vielleicht 40 oder 50 Jahre lang geliebt. Er/sie hat Ihr Leben unermesslich bereichert, Sie getröstet, erfreut und hat Sie geliebt und Sie ihn/sie auch.

(Das gilt ganz gewiss für mich. Wenn ich *ein* Geschenk besonders hervorheben wollte, das mir meine Partnerin Shaaron gemacht hat, dann ist es, *dass sie mich zu einem besseren Menschen gemacht hat*. Weil ich gelernt habe, gut mit ihr auszukommen, ihr zugehört habe, wenn sie geschildert hat, wie unglaublich ihre Erfahrungen sich von meinen unterscheiden, weil ich durch unzählige Krisen und Schwierigkeiten gewachsen bin und wir einander spontan zum Lachen bringen können, bin ich bei Weitem kein so verkorkster, verkümmerter Mensch, wie ich es hätte werden können. Jeder, dem ich geholfen habe, hat ihr eine Menge zu verdanken. Wenn sie vor mir stirbt, will ich dann »über den Verlust hinwegkommen«? Sie ad acta legen? Um Himmels willen, nein!)

Das Gespräch zwischen Menschen, die sich im Leben tief aufeinander eingelassen haben, geht nach dem Tod nicht nur weiter, sondern vertieft sich und wächst sogar. Dass wir in so erstaunlicher Weise ins Bewusstsein des jeweils anderen hineingeknüpft sind, bedeutet, dass dann, wenn wir weiterleben und wachsen, auch unsere Beziehung zu der verstorbenen Person wächst. Viele Filme haben diese Idee aufgegriffen, weil die Erfahrung einer weiterlaufenden Verbindung auch neurologisch ganz real ist.

Schon allein aus diesem Grund lohnt es sich, viele Monate oder, wenn nötig, auch Jahre bei der Erinnerung zu bleiben, den Verlust zu spüren, nachzudenken und in sich aufzunehmen, was kommt. Sich Zeit zu nehmen, in der man seine normalen Beschäftigungen beiseitelässt und in einen Schwebezustand, in eine Zeit des Übergangs eintaucht, an einem Strand entlanggeht, allein ist, schreibt oder in irgendeiner Weise kreativ ist. Damit wir diese kostbaren Menschen noch tiefer in unser Herz hineinnehmen können.

Wie Sie Ihre Emotionen nutzen können

Bei all ihrer Macht und Bedeutung sind Emotionen dennoch ein praktisches Hier-und-jetzt-Phänomen, und Sie können lernen, sich damit wohler zu fühlen.

Wie nutzt man seine Emotionen? Das geht so: Hören Sie an jedem Tag Ihres Lebens in jeder beliebigen Situation, sooft Sie können, auf Ihren Körper, genau wie wir es im letzten Kapitel gelernt haben. Natürlich werden Sie dann manchmal feststellen, dass es einige starke, oft unangenehme Emotionen gibt, die nicht wieder weggehen. Sie scheinen sogar intensiver zu werden. Das ist das Frühwarnsystem Ihrer Seele, das Ihnen sagt, dass etwas in Ihrer inneren oder äußeren Welt genau jetzt Ihre Aufmerksamkeit braucht.

Stellen Sie sich zum Beispiel vor, jemand hat Sie zweimal nacheinander im Regen stehen lassen. Und es sieht so aus, als würde er es auch wieder tun. Wenn Sie sich auf diese Tatsache fokussieren, ist Ihnen ein bisschen heiß, und Sie spüren ein wenig Spannung in den Schultern. Jawohl, Sie sind wütend, und das ist auch sinnvoll – jemand respektiert Ihre Bedürfnisse oder Ihre Grenzen nicht, und es ist Zeit, etwas zu unternehmen, etwas zu ändern. Sie könnten dem Betreffenden Ihre Gefühle, die Gründe dafür und die Wirkung seines Verhaltens auf Sie mitteilen. (Der amerikanische Psychologe Thomas

Gordon nennt das eine Ich-Botschaft: Wenn du ... fühle ich mich ... weil ... und ich hätte gerne, dass du ... Dem anderen Schimpfwörter an den Kopf zu werfen, ist zwar sehr wirkungsvoll, enthält aber nicht viel Information und macht Menschen tendenziell defensiv!)

In jeder Beziehung müssen Grenzen durch Ausprobieren herausgefunden werden. Die Person, auf die Sie wütend sind, wird entweder Scham und Reue an den Tag legen, und Ihr Supersinn signalisiert Ihnen, dass sie sich wirklich ändern will, oder sie wird unzuverlässig oder aalglatt wirken, und dann wissen Sie, dass Sie ihr in Zukunft nicht mehr trauen sollten. In beiden Fällen sind Sie besser dran als vorher, und Ihre Gefühle werden etwas abflauen.

Der Ärger könnte einen anderen Verlauf nehmen, wenn Sie über ihn nachdenken. Sie könnten zu dem Schluss kommen, dass diese Beziehung für Sie nicht wichtig ist – vielleicht handelt es sich um einen Verkäufer oder Lieferanten – und dass Sie Alternativen haben. Dann fluchen und schimpfen Sie vielleicht und erzählen ein paar Freunden/Freundinnen davon, aber das Wichtigste ist, dass Sie dem Betreffenden einfach keinen Auftrag mehr geben werden. Dieser Entschluss nutzt die Energie der Wut dazu, einen Zaun zu errichten, eine Verbindung zu kappen.

Fritz Perls, der deutsch-amerikanische Psychiater und Mitbegründer der Gestalttherapie, meinte, dass man sogar Aggression braucht, um auch nur eine Karotte zu essen! Wie bei den Pinguinen in einer Brutkolonie, die um Nistplätze konkurrieren, ist das einfach die Art und Weise, wie wir uns vertragen. Ein paar Schnabelhiebe und die Leute wissen, dass sie sich besser nicht mit uns anlegen. Selbst die engste Beziehung wird noch Grenzen haben, und echte Intimität ist nur möglich, wenn wir uns klar definieren. Flippen Sie daher nicht gleich aus, wenn Sie auf jemanden sauer werden, den Sie lieben. Fokussieren Sie sich nur auf das aktuelle Problem im Hier und Jetzt. Sagen Sie nicht: »Du machst immer ...« oder »Nie kannst du ...« Leiten Sie den Ausdruck Ihres Ärgers ein mit: »Jetzt gerade ...«, dann bleibt er handhabbar. Sie können jemanden von Herzen mögen, fest zu ihm stehen und ihn bewundern und ihn trotzdem »jetzt gerade« extrem irritierend oder unausstehlich finden. So sind Beziehungen eben!

Eine Emotion ist nichts, worin man sich verlieren oder wovon man sich beherrschen lassen sollte. Trotzanfälle sind etwas für Kleinkinder, aber später sollten wir aus ihnen herauswachsen. Wenn sich Wut oder irgendeine andere Emotion überwältigend anfühlt oder sich aus irgendeinem Grund lange angestaut hat, dann gehen Sie damit an einen sicheren Ort und lassen Sie sie heraus. Lassen Sie Ihre Mitmenschen wissen, dass Sie noch etwas Zeit brauchen, um mit Ihren Gefühlen zurande zu kommen. Nehmen Sie sich diese Zeit, nähern Sie sich dieser Emotion mit dem Supersinn und gehen Sie ihr auf den Grund. Kommen Sie auf das Thema zurück, wenn Sie besser geerdet sind und Klarheit gewonnen haben. Es ist möglich – und das können wir alle lernen –, wütend und dennoch sehr ruhig, sicher und klar zu sein.

Wenn es nicht wirklich Wut ist

Hier muss man etwas sehr Wichtiges wissen. Jemand, der häufig wütend ist, wie ein gewalttätiger oder kontrollierender Ehepartner, ist in fast allen Fällen nicht wütend, sondern hat Angst. In der Kindheit wurde dieser Mensch wahrscheinlich verlassen oder missbraucht, sodass er eine Menge Angst in einem kindlichen Anteil seiner selbst mitschleppt und sie mit Wut überdeckt. Natürlich sehen wir nur die Wut, deshalb entgeht uns leicht, woher sie kommt, und dem Betreffenden selbst ist das vielleicht auch nicht klar. Das macht ihn sehr gefährlich, bis er Hilfe bekommt, weil die Reaktion anderer auf seine Wut seine unterschwellige Angst steigert, die er dann in eine noch größere Wut verwandelt, was sich dann zyklisch immer weiter aufbaut. Wir müssen solchen Menschen dringend mehr Hilfe geben, und zwar so früh im Leben wie möglich.

Weil diese Konditionierung bei Männern häufiger vorkommt, brauchen wir Angebote und Programme, die berücksichtigen, dass männliche Aggression aus der Angst kommt, und die diesen Männern helfen, sich zu ihren Kindheitstraumata oder Bedürfnissen aus der Vergangenheit zu bekennen und sie zu verarbeiten, damit sie nicht in die Beziehung zu den Menschen hineinwirken, mit denen sie heute zu tun haben.

Manche von uns haben kaum Zugang zu ihrer Wut, weil wir zur Nettigkeit erzogen wurden, und das kann erstaunlich schwächend sein. Auch ich gehörte einen Großteil meines Lebens in diese Kategorie. In den 1980er-Jahren haben Shaaron, ich und eine kleine Gruppe von Freunden die erste Youthline-Telefonseelsorge in unserem Teil der Welt eingerichtet, die Suizide junger Menschen verhindern sollte. Wir bekamen eine wunderbare Gruppe von Freiwilligen zusammen und machten intensive Schulungen, aber wir brauchten noch eine Finanzierung, um loslegen zu können.

Um Geld zu sammeln, verpflichteten wir uns, den Ticketverkauf und die Einlasskontrollen für ein regionales Folkfestival zu übernehmen. Ich war Teil eines Teams aus lauter jungen Leuten von überwiegend unter 21 Jahren, die sich darauf vorbereiteten, große Menschenströme zu lenken, zu denen auch Motorradgangs und Betrunkene zählen würden, und zwar mehrere Tage und Nächte lang, auf ein halbes Dutzend Veranstaltungsorte verteilt. Gerade als alles so weit arrangiert war, kam mein wichtigster Mitstreiter – ein guter Freund, der mich dazu ermuntert hatte, das Projekt zu starten – mit einer Gruppe von Kumpels zu mir, die ich nicht kannte. Sie hielten sich im Hintergrund, und er erklärte mir, dass er lieber die Konzerte hören wollte, als Tickets kontrollieren zu müssen und sich um unser Team zu kümmern.

Ich war damals etwa 25 und ein ganz anderer Mensch als heute. Ich nickte bloß und sagte: »Oh, okay, alles klar«, und verlor kein Wort darüber, dass das meinen Stress und meine Verantwortung verdoppeln würde und weniger Sicherheit für die jungen Leute bedeutete. Ich nahm es einfach hin. Heute kann ich kaum glauben, dass ich so wenig Rückgrat besaß. Einige Zeit später ereignete sich etwas beinahe aberwitzig Symbolhaftes. Der Drachen eines Kindes hatte sich in einem Baum auf unserer Farm verfangen. Mein Freund war da und hielt die Leiter fest, während ich versuchte, den Drachen frei zu bekommen. Dabei kam die Leiter ins Rutschen, und statt sich dagegenzustemmen, trat er einfach einen Schritt zurück und ließ sie fallen. Nur dadurch, dass ich heruntersprang, konnte ich verhindern, dass ich mitsamt der Leiter mit gebrochenen Gliedmaßen auf dem harten Betonboden landete. Mein Freund hatte mich buchstäblich »fallen lassen«.

Danach waren wir keine Freunde mehr. Nach jahrelanger Therapie – Psychodrama, Gestalttherapie, Körperarbeit, Encounter-Gruppen und einer Ausbildung als Familientherapeut – war ich endlich mit meiner Wut in Kontakt gekommen! Ich explodierte nicht – was ich vielleicht hätte tun sollen, denn es hätte etwas Wichtiges ans Licht bringen und zu etwas Positivem führen können –, ich schickte ihm bloß eine E-Mail und erklärte ihm, warum die Freundschaft zu Ende war, und habe ihn nie mehr wiedergesehen.

Die vorrangige Funktion von Wut ist Selbstschutz. In Beziehungen hat sie auch noch eine andere Dimension: Sie bedeutet, dass mir etwas wichtig ist. Wenn jemand, ein Freund/eine Freundin oder ein Partner/eine Partnerin wütend auf Sie ist, dann heißt das, dass ihm/ihr noch immer an Ihnen liegt. Er/sie denkt noch immer, dass die Beziehung den Energieaufwand lohnt. Wenn wir etwas aufgeben, was wir manchmal müssen, schwinden auch die Emotionen. Und das ist vielleicht genau richtig. Wir haben eine Weile Kummer, dann gehen wir unserer Wege.

Werden Sie nicht zu Ihren Emotionen

Der Kern der emotionalen Intelligenz besteht darin, seine Emotionen zu kennen und sie in vollem Umfang zu spüren, sie jedoch nicht irrigerweise für sein ganzes Selbst zu halten. Sorgen Sie dafür, dass Sie nicht in einem einzigen Stockwerk Ihres inneren Hauses festsitzen. Jeder kennt jemanden, der übermäßig gefühlsbetont durchs Leben geht und ständig in einem Zustand ist, den meine Mutter als »flatterig« bezeichnen würde. Und jeder kennt auch einen unzulänglichen, oft nicht sehr schlauen Menschen, der Wut als Daseinsmodus ansieht. Das sind Menschen, die zu viel fühlen und mehr denken müssen. (Natürlich denken auch manche Menschen zu viel und müssen mehr fühlen. Es kann Ihr Leben verändern, wenn Sie herausfinden, was für Sie gilt!)

Die Fähigkeit, die durch die Lektüre dieses Buches in Ihnen wachsen wird, besteht darin, dass Sie nach und nach zu einem ruhigen Beobachter werden, zu jemandem, der sich leicht durch die Räume seines inneren Hauses bewegt und nie in einem von ihnen hängen bleibt. Sie werden anfangen, Wut, Angst, Kummer oder Freude schon dann wahrzunehmen, wenn sie gerade erst entstehen – noch Mikroemotionen sind, wenn Sie so wollen. Sie werden in der Lage sein, auf Abstand zu ihnen zu gehen, als würden Sie beobachten, wie kleine, scheue Tiere auf eine Waldlichtung hinaustreten. Mit der Zeit werden Sie feststellen, dass Sie noch in der größten Trauer, Angst oder Wut ein ruhiger Beobachter sein können, der zuschaut. Die Gefühle sind vielleicht voll entbrannt – Sie schreien Dinge heraus, die dringend einmal gesagt werden mussten, liegen heftig schluchzend auf Ihrem Bett oder in den Armen eines Menschen, zittern wegen etwas, das Ihnen um Haaresbreite zugestoßen wäre, und lassen Ihrem animalischen Selbst auf sichere Weise freien Lauf. Und gleichzeitig sind Sie still erstaunt über Ihre eigene Intensität und Lebendigkeit. »Wow! Schau dir das an! Weiter so!« Indem Sie dabei immer noch wahrnehmen, dass Sie Teil einer größeren Welt sind, und bei Ihrem Körper bleiben, damit er sich stabil halten kann, ermöglichen Sie diesen Gefühlen, ihre Arbeit zu tun und dann wieder abzuflauen, und Sie werden auf der anderen Seite ankommen und einen tiefen Frieden finden. (Ich kann mich noch daran erinnern, wie ich nach beinahe 20 Jahren ohne Tränen das erste Mal weinen konnte. Der Frieden danach war unglaublich.)

Bitte höre, was ich nicht sage

Vor vielen Jahren habe ich eine Zeit lang hauptsächlich Menschen zu Beratern ausgebildet. Einmal flog ich an einem Wochenende in eine Stadt im australischen Outback, um Ärzte in jener Region zu schulen. Wir verbrachten den ersten Tag mit dem Erlernen der Fähigkeit, dem ganzen Menschen mit seinen Gefühlen und seiner Situation zuzuhören und sein Vertrauen zu gewinnen.

Am nächsten Morgen hatte einer der älteren Ärzte eine Geschichte zu erzählen. In der Nacht hatte er Dienst in der Notfallambulanz gehabt, und von einer entlegenen Außenstelle hatte man eine junge Frau eingeflogen, die an vorzeitigen Wehen litt. Es bestand das Risiko einer um Monate zu frühen Geburt, und wahrscheinlich wurde noch ein weiterer Rettungsflug in eine Großstadt nötig. Aber es gab Zeit, mit ihr zu reden, und der Arzt setzte sich

Der Kern der emotionalen Intelligenz besteht darin, seine Emotionen zu kennen und sie in vollem Umfang zu spüren, sie jedoch nicht irrigerweise für sein ganzes Selbst zu halten.

zu ihr und probierte einige seiner frisch erworbenen Fähigkeiten aus.

Sie erzählte ihm, dass sie mit ihrem Mann und seiner Mutter auf einer abgelegenen Farm lebte und dass diese Mutter außerordentlich kritisch war und ewig etwas an ihr auszusetzen hatte. Als sich die Ankunft des Babys ankündigte, war das noch schlimmer geworden, und sie war zutiefst unglücklich. Der Arzt saß bei ihr, während diese Geschichte aus ihr herausbrach, und hörte die meiste Zeit einfach zu, ziemlich schockiert, dass eine Patientin ihm so persönliche Dinge erzählte.

Zu seiner Überraschung wurden während des Gesprächs die Wehen der jungen Frau seltener und hörten schließlich ganz auf. Der Rettungsflug wurde zurückgestellt, und bis zum Morgen war die Patientin stabil und ruhte sich aus. Das Krankenhausteam beschloss, ihr die Möglichkeit anzubieten, während der restlichen Schwangerschaft zu ihrer eigenen Sicherheit und der des Babys in der Stadt zu bleiben, und sie weinte vor Erleichterung. Der Arzt, ein knorriger, sachlicher Mann, war hocherfreut, dass er neue Wege gefunden hatte, seinen Patienten zu helfen.

Wenn wir anerkennen, was für ein Geheimnis andere Menschen sind, behandeln wir sie ganz anders. Und sie offenbaren sich auch weit mehr. Alles läuft besser.

Zum Schluss

Selbst an einem ganz normalen Tag in unserem Leben können am Ende noch Emotionsreste übrig sein. Lösen Sie daher, sooft Sie können, diese Emotionen auf, indem Sie in Ihr Erdgeschoss hinuntergehen und sie auf der Empfindungsebene angehen. Achten Sie darauf, wo das jeweilige Gefühl sitzt – im

Bauch, in den Schultern, in der Kehle oder wo immer im Körper. Dann lassen Sie sich weich werden und nehmen die Umgebung des feststeckenden Gefühls wahr. Geben Sie dieser festgehaltenen Energie mehr Raum zum Atmen und zum Ausdehnen. Nehmen Sie wahr, dass die Emotion in Bewegung kommt – wächst, sich in Ihrem Körper verlagert oder auflöst. Sie werden schon bald lernen, das in Echtzeit zu tun, während Sie ein Gespräch führen oder etwas anderes erleben; Sie können atmen und die Emotionen verarbeiten und ihre Informationen aufnehmen. Dann sagen Sie etwa Dinge wie: »Bei dieser Idee ist mir nicht recht wohl« oder »Das fühlt sich für mich noch nicht stimmig an, gib mir noch einen Tag Bedenkzeit«. Und dann handeln Sie entsprechend. Gefühle sind eine Energiequelle, mit deren Hilfe man Veränderungen vornehmen kann. Aber wenn sie übertrieben erscheinen oder eindeutig »übrig geblieben« sind, dann suchen Sie sich einen Weg, sie zu entladen. Wie bei nicht mehr benötigter Munition ist es gefährlich, sie einfach herumliegen zu lassen!

Vielleicht müssen Sie warten, bis Sie Zeit und Raum haben. Dann lassen Sie sich einfach tun, was immer Ihr Körper machen möchte, solange es sicher ist. Weinen Sie, schlagen Sie auf eine Matratze ein, drücken Sie Ihr Kopfkissen an sich, schreien Sie, wenn niemand in der Nähe ist. Nehmen Sie wahr, ob bestimmte Wörter aus Ihnen herauswollen. Begegnen Sie Ihrer eigenen heilenden Weisheit, die Sie dabei trägt, mit einem objektiven Interesse. Es kann dramatisch sein oder ganz leicht, wie wenn die Sonne hinter den Wolken hervorkommt. Es lohnt sich immer. Reife bedeutet, Emotionen nicht länger mitzuschleppen, wenn sie ihre Aufgabe erledigt haben. Sie haben sie freigesetzt und können wieder leicht atmen.

Millionen von Eltern erleben Fehlgeburten, genau wie Shaaron und ich vor bald 40 Jahren. Das ist ein wichtiges Ereignis im Leben und muss verarbeitet werden. Weil ich trauern konnte, haben mich meine Emotionen durch diesen Pro-

*Ein großer Kummer setzt sich aus
vielen kleinen Kümmernissen zusammen.
Und genauso können wir ihn durchstehen.
Eine Kümmernis nach der anderen.*

zess hindurchgetragen. Deshalb hatte ich anschließend auch keine Angst, es noch einmal mit einem Baby zu versuchen. Shaaron und ich konnten wieder zusammenfinden, und ich blieb nicht eingefroren in einer harten Schale stecken und musste es mit zusammengebissenen Zähnen durchstehen, womit ich mich in Wirklichkeit nur vor dem Schmerz versteckt hätte, den das Leben mit sich bringt. Ich konnte mein Herz für unsere Tochter und unsere Enkelinnen öffnen und weiß, dass das Leben äußerst zerbrechlich, aber zugleich stark und widerstandsfähig ist, dass man nur mit offenem Herzen in dieser Welt leben kann.

Ich hoffe, dieses Kapitel war erhellend für Sie und hat Ihnen geholfen, sich besser zu fühlen! Emotionen tragen zu dem enormen Reichtum an Informationen bei, die unser Körper uns gibt. Sie schenken uns Kraft und Energie. Aber sie sind bisweilen wie schöne, unschuldige Riesenkinder, die sich raufend und brüllend durchs Leben kämpfen. Und Kinder brauchen einen Erwachsenen in der Nähe. Wir brauchen eindeutig noch etwas anderes – einen klaren Kopf und ein Gefühl der Sinnhaftigkeit. Und das bringt uns hinauf ins nächste Stockwerk. Zum Intellekt. Zum Gehirn in Ihrem Kopf. Zu dem Ort, an dem Sinn und Bedeutung zu finden sind.

Ihre Emotionen –
Übungen zum Nachdenken, eins bis sechs

1. Manche Menschen nehmen Emotionen einfach gar nicht wahr oder erst dann, wenn sie förmlich aus ihnen herausplatzen. Würden Sie sagen, Sie
   a) gehen leicht und entspannt mit Ihren Emotionen um,
   b) gehen entspannt mit manchen um, aber nicht mit anderen,
   c) sind eher emotionsarm und hölzern und bekommen wenig von Ihren Emotionen mit?

2. Manche Menschen sind geistig ständig auf einem hohen Erregungsniveau und die meiste Zeit voller intensiver Emotionen. Dann sind sie entweder nicht gut in ihrem Körper verankert oder halten nicht genug inne und denken vernünftig nach. Erleben Sie Emotionen eher so, dass Sie in ihnen »gefangen sind« und oft von Angst, Wut oder Trauer überwältigt werden?
3. Mit welcher der vier Emotionen fühlen Sie sich am wohlsten: Wut, Trauer, Angst oder Freude?
4. Welche unterdrücken Sie am meisten oder spüren sie gar nicht, selbst unter Umständen, in denen es Ihnen helfen würde, diese Energie oder Ausdrucksmöglichkeit zu haben? Welches Gefühl halten Sie am ehesten »unter Verschluss«? Wenn Sie ins Erdgeschoss Ihres inneren Hauses hinabsteigen, können Sie dann spüren, wo in Ihrem Körper diese Energie üblicherweise gespeichert wird?
5. Glauben Sie, dass bestimmte Erfahrungen aus der Vergangenheit in Ihnen eingeschlossen sind, dass Sie an einer posttraumatischen Belastungsstörung leiden? (Wir kommen im nächsten Kapitel darauf zurück, antworten Sie hier einfach mit Ja oder Nein.)
6. Können Sie Ihre eigenen Emotionen ruhig beobachten und sie annehmen und so lenken, dass sie den richtigen Platz finden und ihre Aufgabe erfüllen?

Dieses Buch wird definitiv die Entwicklung dieser Fähigkeit in Ihnen fördern, und zwar in dem Maße, in dem Ihnen die freie Bewegung zwischen den vier Stockwerken vertrauter wird und leichter fällt. Entscheidend dafür, dass man mit offenem Herzen, entspannt und sicher mit Emotionen umgehen kann – selbst wenn man mittendrin steckt –, ist, dass man einen klaren Kopf behalten und sie wahrnehmen kann, also vom zweiten Stockwerk aus zuschauen und feststellen kann: »Ich bin ja so wütend« oder »Oh, da schwappt aber eine große Welle von Traurigkeit durch mich hindurch«. Und auch, dass man offen ist, wenn man mit geliebten Menschen darüber redet.

5
Näher betrachtet

Das Trauma, das wir alle heilen müssen

Anmerkung: Wir werden an drei Stellen in diesem Buch aus dem fortlaufenden Fluss der Kapitel »ausbrechen« und das, was wir bis dahin gelernt haben, auf ein Problem im wirklichen Leben anwenden. Dieser erste Exkurs befasst sich mit einem Sachverhalt, der dem Glück, dem Frieden und der Kooperation der Menschen wie kaum ein anderer schadet: mit dem erstaunlich hohen Preis, den transgenerationale Traumata fordern. Mit den starken Indizien dafür, dass beinahe alle Menschen, die im 21. Jahrhundert leben, Wunden aus dem letzten Jahrhundert in sich tragen – und damit, wie Sie das in Ihrem eigenen Fall diagnostizieren und heilen können.

Sie können diese Exkurse überspringen, wenn Sie möchten, aber ich möchte Sie dazu ermutigen weiterzulesen. Hier geht es um »die Probe aufs Exempel« im Sinne der Nutzung dessen, was Sie bisher gelernt haben, damit Ihr Leben eine andere und erheblich bessere Richtung nehmen kann.

* * *

Ich weiß nicht, ob Sie Freunde oder Angehörige haben, die in einem Pflegeberuf arbeiten, aber das sind ziemlich einzigartige Menschen. Ich habe in eine Familie mit fünf Krankenschwestern hineingeheiratet, und zu meinem sozialen Umfeld gehören noch viele mehr.

Als einer, der bloß Psychotherapeut ist, neige ich dazu, den Mund zu halten und zuzuhören, wenn ihre intensive Welt, in der es um Leben und Tod geht, für kurze Zeit sichtbar wird. Vor langer Zeit erzählten mir eines Abends, als wir an einem runden Tisch zusammensaßen, ein paar sehr erfahrene Krankenschwestern etwas, bei dem ich eine Gänsehaut bekam. *Krankenschwestern können bei den Menschen um sie herum Krankheiten sehen.* Wenn sie einfach nur eine Straße entlanggehen oder im Supermarkt sind, stellen sie – wenn sie nicht aufpassen – bei fremden Leuten und Passanten Diagnosen. Das ist manchmal nicht ganz leicht abzustellen und ein Zeichen, dass sie vielleicht einen Urlaub brauchen könnten!

Auch Psychotherapeuten sehen die Welt mit anderen Augen als andere. Wir sind darin geschult, wahrzunehmen, wenn Menschen zu kämpfen haben: anhand kleiner Anzeichen im Gesicht, an der Art, wie sie atmen und welche Körperhaltung sie haben. Und natürlich gehört zu unserer Arbeit, dass Menschen uns Dinge anvertrauen, von denen nicht einmal ihre engsten Freunde wissen. Daher wissen wir etwas, was die meisten nicht wissen – dass es vielen Menschen, denen es augenscheinlich sehr gut geht, *in Wirklichkeit gar nicht gut geht.* In diesem Kapitel werden wir uns verblüffende Beweise dafür anschauen, dass ungelöste Traumata – persönliche und transgenerationale – so verbreitet sind, dass sie das Leben fast aller Menschen beeinträchtigen. Das ist tröstlich zu wissen, wenn Sie das Leben schwer gefunden haben – »Du bist nicht Robinson Crusoe«, pflegte mein Vater zu sagen (womit er meinte: »Du bist nicht allein.«). Diese Traumata sind letztlich der Grund für die Krise der psychischen Gesundheit, die heute weltweit zu beobachten ist. Dass wir die Größenordnung des Problems kennen, bedeutet, dass wir jetzt die Ärmel aufkrempeln und etwas dagegen tun können. Und das Wissen in die Tat umsetzen können, das dieses ganze Buch durchzieht – dass Traumata geheilt werden können.

Gemeinsam unterwegs

In den 1960er-Jahren gab es zwei große Entwicklungssprünge in der Welt der Therapie. Der erste war die Einführung der Gruppentherapie, bei der man gemeinsam an Problemen arbeitete, statt die Menschen immer getrennt zu halten. Eng damit verwandt war der Aufschwung, den Selbsthilfegruppen wie die Anonymen Alkoholiker und zahllose andere nahmen – von Frauen, die Brustkrebs überstanden hatten, bis hin zu alleinerziehenden Vätern.

Diese beiden Durchbrüche haben im Grunde unsere Welt verändert. Waren wir vorher eine Kultur, die alles unter dem Deckel hielt (mit schrecklichen Konsequenzen – Inzest, Alkoholismus, Gewalt in der Familie, ungelöster Trauer und heimlicher Krankheit) –, wagten wir uns jetzt nach und nach ans heilende Tageslicht.

Die große Freude bei Therapiegruppen besteht darin, zu sehen, wie Menschen nach anfänglicher Reserviertheit auftauen und den anderen sehr nahekommen, wenn sie erkennen: »Wir alle haben Kämpfe zu bestehen, und das ist in Ordnung.« Und die zu heilen beginnen, manchmal mit einer Schnelligkeit, die für ältere Methoden der Psychotherapie beschämend ist – sie können ihre Medikamente weglassen und erkennen, dass das Problem häufig in der Welt angesiedelt ist und nicht in ihrem Kopf. Und einen heilsamen Zorn statt einer hemmenden Minderwertigkeit spüren.

In den Jahrzehnten danach hat diese Kultur einer offeneren Selbstmitteilung zu einer gewandelten Meinung über Mut und Würde des Menschen geführt, nämlich dass nicht Erfolg oder Vollkommenheit Menschen wirklich zum Strahlen bringt, sondern der Mut, ihr Herz zu öffnen und weiter zu wachsen, trotz der vielen Rückschläge und Verletzungen, die sie erlitten haben. Ich zweifle nicht daran, lieber Leser, liebe Leserin, dass auch Sie auf dieser heldenhaften Reise sind.

Bei diesem Prozess haben wir noch einen weiten Weg vor uns. Schauen Sie sich nur die harten Fakten an – 40 Prozent der Ehen zerbrechen, das Problem der Gewalt in Familien scheint unlösbar, bei den Jugendlichen grassiert aktuell eine wahre Angstepidemie, die Selbstmordrate steigt selbst bei wohlhabenden und erfolgreichen Menschen –, all das schreit uns entgegen, dass etwas verkehrt ist. Wenn nur jeder Fünfzigste eine psychische Erkrankung hätte, wäre es plausibel, dafür eine Störung im Gehirn oder in der Körperchemie verantwortlich zu machen. Wenn aber jeder Fünfte betroffen ist, müssen wir eine andere Erklärung heranziehen: Das Problem liegt nicht in unserem Gehirn oder unserem Körper, sondern in unserer Lebensweise.

In diesem Kapitel werden wir Ihnen zwingende Beweise dafür vorlegen, dass fast alle, die in einer industriellen oder postindustriellen Gesellschaft aufwachsen, traumatisiert sind. Erstens durch belastende Kindheitserlebnisse – in der amerikanischen Adverse Childhood Experiences (ACE) Studie von 1998 fand man Wege, schädliche Ereignisse oder Situationen zu quantifizieren, die die Kindheit beeinträchtigen. Und zweitens durch sogar normale Lebensbedingungen in der modernen Welt, die stark von dem abweichen, wozu unsere Sinne, unser Nervensystem, unser Körper und unser Gehirn angelegt wurden. Das sind kühne Behauptungen, aber in der Welt der Therapie ist man sich darüber weitgehend einig.

Das soll nicht heißen, dass es in der Vergangenheit fabelhaft gewesen wäre – was zumindest für viele Jahrhunderte gilt. Und auch nicht, dass wir die zahlreichen großen Fortschritte ablehnen sollten, die es im Wohlbefinden der Menschen gegeben hat. Sondern vielmehr, dass das letzte Jahrhundert einfach so massive Verletzungen hervorgerufen hat – durch katastrophale Kriege, Wirtschaftskrisen, Flüchtlingsströme, soziale Veränderungen für Familien, Gemeinschaften und unsere Beziehung zur Natur –, dass wir ein Erbe an Traumata angesammelt haben, das im Körper der meisten von uns weiterlebt. Und unsere derzeitige Lebensweise macht es noch schlimmer.

Dieses Kapitel wird dazu beitragen, zu klären, welche Schäden Sie vielleicht in Ihrem eigenen, persönlichen Leben in sich tragen und was Sie dagegen unternehmen können.

Belastende Kindheitserlebnisse

Manchmal kommt es zu den größten Durchbrüchen in der Medizin durch reinen Zufall. In den 1990er-Jahren hat eine große amerikanische Krankenversicherung namens Kaiser Permanente ein landesweites Netz von Kliniken zur Gewichtsreduktion aufgebaut, um den Bedürfnissen ihrer Mitglieder entgegenzukommen, die überwiegend zur Mittelschicht gehörten und vermutlich ein gutes Finanzpolster hatten.[4]

Obwohl das Angebot zunächst gut angenommen wurde, stellte die Versicherung bald enttäuscht fest, dass fast die Hälfte derer, die an den Programmen teilnahmen, dieses bald wieder abbrach. Kaiser wollte die Gründe dafür herausfinden und begann eine Untersuchung. Diejenigen, die aus dem Programm ausstiegen, bekamen umfassende Fragebogen, die in die Tiefe gingen und anonym eingereicht werden konnten. Die an der Studie beteiligten Forscher waren aufgeschlossene Menschen, aber was sie herausfanden, war für sie zutiefst schockierend. Die Gruppe der Abbrecher hatte ein hervorstechendes gemeinsames Merkmal – *diese Menschen waren zu einem sehr hohen Prozentsatz in der Kindheit sexuell missbraucht worden.* Das warf zwei Fragen auf: Wie konnte eine so schreckliche Kindheitserfahrung mit gefährlich hohem Übergewicht zusammenhängen? Und – das war die viel größere Frage – war sexueller Missbrauch wirklich unausgesprochen und uneingestanden in der Gesellschaft so weit verbreitet?

In den 1990er-Jahren war auch ich zu dem Schluss gekommen, dass das der Fall sein müsse. Ich bildete in jener Dekade in intensiven Sechsmonatsprogrammen Psychotherapeuten aus, und wir stellten schockiert fest, dass etwa ein Drittel unserer Ausbildungskandidaten sexuell missbraucht worden war und ein weiteres Drittel andere Traumata erlebt hatte, wie etwa den Tod eines Geschwisterkindes, Gewalt oder Drogensucht in der Familie, einen tragischen Unfall usw. Daraus ist meine Überzeugung entstanden, die ich noch heute habe, dass die besten Therapeuten in ihrem eigenen Leben »dort gewesen sind« und dadurch anderen aus dieser Erfahrungstiefe heraus helfen können.

Vincent Felitti, der die Studie für Kaiser leitete, wusste, dass hier eine sorgfältige Untersuchung nötig war. Er holte die *Centers for Disease Control and Prevention* (Zentren für die Kontrolle und Prävention von Krankheiten) ins Boot, die in den USA für Epidemien und Gesundheitsprobleme großen Maßstabs zuständig sind. Man wählte nach dem Zufallsprinzip 17 000 Mitglieder der Krankenkasse aus, also Menschen, die per definitionem in finanzieller Sicherheit lebten – 75 Prozent von ihnen waren Weiße, das Durchschnittsalter lag bei 57 Jahren. Die meisten hatten ein Hochschulstudium absolviert, und alle waren in guten Positionen.

Man gab ihnen den Fragebogen und verglich dann deren Ergebnisse mit dem Gesundheitszustand der Teilnehmer, der der Versicherung natürlich im Detail bekannt war. Das gab einen einmaligen Einblick in Dinge, die wir normalerweise nicht über die Menschen um uns herum wissen. Was sie herausfanden, wurde ein Meilenstein der Medizingeschichte und hat unseren Blick auf das Leben unserer Zeit für immer verändert. Aber hier kommen jetzt zuerst einmal die Fragen.

(Die meisten Leser werden diese Fragen für sich selbst beantworten, und das ist sehr hilfreich. Seien Sie sich darüber im Klaren, dass sie Erinnerungen ans Licht bringen können, und gehen Sie langsam voran, oder machen Sie eine Pause, wenn Sie sich unbehaglich fühlen. Wenn Sie sich anhaltend unwohl fühlen, suchen Sie sich bitte unbedingt professionelle Hilfe.)

Fragebogen zu belastenden Kindheitserlebnissen

Vor Ihrem 18. Geburtstag:
1. Hat ein Elternteil oder ein anderer Erwachsener in Ihrem Haushalt Sie oft oder sehr oft beschimpft, beleidigt, erniedrigt oder gedemütigt? Oder so gehandelt, dass Sie Angst hatten, Sie könnten körperlich verletzt werden? Ja/Nein
2. Hat ein Elternteil oder ein anderer Erwachsener in Ihrem Haushalt Sie oft oder sehr oft gestoßen, gepackt, geschlagen oder etwas nach Ihnen geworfen? Oder Sie jemals so stark geschlagen, dass Sie Spuren davon aufwiesen oder Verletzungen davontrugen? Ja/Nein
3. Hat ein Erwachsener oder eine Person, die mindestens fünf Jahre älter war, Sie jemals auf sexuelle Art und Weise angefasst oder gestreichelt oder Sie veranlasst, deren Körper in sexueller Art und Weise zu berühren? Oder oralen, analen oder vaginalen Geschlechtsverkehr mit Ihnen zu haben versucht oder tatsächlich gehabt? Ja/Nein
4. Haben Sie oft oder sehr oft empfunden, dass niemand in Ihrer Familie Sie liebte oder dachte, Sie seien wichtig oder etwas Besonderes? Oder haben Ihre Familienangehörigen nicht aufeinander aufgepasst, sich einander nicht nahe gefühlt oder sich nicht gegenseitig unterstützt? Ja/Nein
5. Haben Sie oft oder sehr oft empfunden, dass Sie nicht genug zu essen hatten, schmutzige Kleidung tragen mussten und niemanden hatten, der Sie beschützt?

Oder dass Ihre Eltern zu betrunken oder »high« waren, um sich um Sie zu kümmern oder Sie zum Arzt zu bringen, wenn Sie es benötigten? Ja/Nein
6. Verloren Sie jemals einen biologischen Elternteil durch Scheidung dadurch, dass er Sie verlassen hat, oder aus anderen Gründen? Ja/Nein
7. Wurde Ihre Mutter oder Stiefmutter oft oder sehr oft gestoßen, gepackt, geschlagen oder wurde etwas nach ihr geworfen? Oder manchmal, oft oder sehr oft getreten, gebissen, mit der Faust oder mit einem harten Gegenstand geschlagen? Oder jemals über mindestens einige Minuten wiederholt geschlagen oder mit einer Pistole oder einem Messer bedroht? Ja/Nein
8. Haben Sie mit jemandem zusammengelebt, der Problemtrinker oder alkoholabhängig war oder Drogen konsumierte? Ja/Nein
9. War ein Mitglied Ihres Haushalts depressiv oder psychisch krank oder hat ein Mitglied Ihres Haushalts einen Selbstmordversuch unternommen? Ja/Nein
10. War ein Mitglied Ihres Haushalts im Gefängnis? Ja/Nein

Ihre Punktzahl ergibt sich aus der Summe der Ja-Antworten.[5]

Kurz gesagt, gibt es also zehn Faktoren – emotionale Misshandlung, körperliche Misshandlung, sexuellen Missbrauch, emotionale oder körperliche Vernachlässigung, Scheidung oder Trennung der Eltern, häusliche Gewalt, Alkoholismus oder Drogensucht der Eltern, psychische Erkrankungen und Inhaftierung. Natürlich erfassen diese zehn Kategorien nur einige der Dinge, die in den prägenden Jahren eines Kindes schiefgehen können, denn nicht erwähnt wurde etwa Armut, Krieg, Rassismus, Mangel an Bildungsmöglichkeiten, schlechte Wohnsituation oder Krankheit, aber die Faktoren des Fragebogens zu belastenden Kindheitserlebnissen fassen vielleicht auch die Auswirkungen von alledem auf eine Familie zusammen, und dort erleben Kinder sie am intensivsten.

Wie häufig Traumata wirklich sind

Die Forscher waren sehr erstaunt darüber, wie häufig solche Traumata waren. Felittis Team fand heraus, dass 67 Prozent der Personen in der Stichprobe mindestens einen Punkt auf der ACE-Skala (Adverse Childhood Experiences) hatten und 40 Prozent mindestens zwei Punkte. Über 12 Prozent lagen bei einer Punktzahl von VIER ODER MEHR. Und bedenken Sie, dass das eine Gruppe gut situierter Menschen war. (Wie bereits erwähnt, können sich in den USA nur wohlhabende Menschen eine Krankenversicherung leisten, anders als in Australien und in Großbritannien, wo Gesundheitsfürsorge ein Menschenrecht ist.) Bei einer ethnischen Minderheit, bei einem geringen Einkommen oder bei einem Lebensstandard unterhalb des Durchschnittsniveaus (den mindestens ein Viertel der amerikanischen und britischen Bevölkerung hat) wären die Punktzahlen vermutlich noch wesentlich höher. Die *Centers for Disease Control and Prevention* führten später noch zahlreiche weitere Studien durch und stellten fest, dass bei einem Querschnitt durch alle Einkommensgruppen *jeder Sechste* vier oder mehr Punkte auf der ACE-Skala hatte. Werfen Sie noch einmal einen Blick auf die Liste, dann sehen Sie, dass das enorm viel Traumatisierung ist.

Aber das war noch nicht alles. Jetzt kamen die Forscher zu dem Punkt, den sie eigentlich hatten klären wollen. Als sie die Gesundheitsdaten der Teilnehmer mit den ACE-Punkten verglichen, stellten sie fest, dass hohe Punktzahlen mit massiven gesundheitlichen Problemen korrelierten. Und, wie sie bald ergänzten, auch oft die Ursache für eine schwache Gesundheit waren.

Wer vier oder mehr Punkte hatte, hatte ein verdoppeltes Risiko für eine koronare Herzerkrankung und Krebs und ein viermal höheres Risiko für eine Lungenkrankheit. Eine traumatische Kindheit zog nach sich, dass es den Menschen schlecht ging. In manchen Fällen, weil diese Art von Kindheit zu riskanten Verhaltensweisen wie schlechter Ernährung, Rauchen und Trinken führte, die ihrerseits wieder die Gesundheit beeinträchtigten. Manchmal führten diese schlimmen Kindheitserfahrungen sogar zu körperlichen Veränderungen, etwa für das Immunsystem und das Gehirn, die zu Krankheiten führten und ihr Leben verkürzten, oft um Jahrzehnte.

Jetzt, in den 2020er-Jahren, rufen Gesundheitsexperten wie Dr. Nadine Burke Harris dazu auf, allen Erwachsenen und Kindern den ACE-Test zu geben, damit man sich entsprechend auf ihre Gesundheit einstellen und ihre Behandlung planen kann. Burke Harris und andere Fachleute fanden Hinweise darauf, dass der ursprüngliche Risikofaktor – sexueller Missbrauch im Kindesalter – so viel Stress verursacht, dass er den Stoffwechsel von Kindern verändert, sodass daraus mit hoher Wahrscheinlichkeit die Abfolge emotionales Essen, Übergewicht und Diabetes entsteht. Zu den bereits komplexen Ursachen von Fettleibigkeit kam ein neuer Faktor hinzu – Stress bewirkt, dass der Körper Fett anders speichert.

Die verstörendste Tatsache, die dabei zutage trat, war, dass sogenannte epigenetische Veränderungen – Veränderungen in der Expression unserer DNA – diese Schäden an viele nachfolgende Generationen weitergeben können. Es sieht so aus, als könnten viele sogenannte rätselhafte Krankheiten – chronische Müdigkeit, Fibromyalgie und einige Autoimmunkrankheiten – diese Art von epigenetischer Ursache haben. Burke Harris glaubt, dass wir diese schwerwiegenden Leiden, die Millionen von Menschen beeinträchtigen, nicht enträtseln oder aus der Welt schaffen können, bis wir uns darum kümmern, die Kindheit sicherer zu machen und Familien besser zu schützen.

Die Düsternis all dessen wird aufgehellt durch einen Hoffnungsschimmer. Meine Erfahrung und auch die fast aller anderen Therapeuten ist, dass *manche Menschen mit einer hohen Punktzahl bei den belastenden Kindheitserlebnissen dennoch ein glückliches und gesundes Leben führen.* Die Skala deckt nämlich nicht die positiven Faktoren im Leben eines Kindes ab, und die Forscher sind sich darüber einig, dass Hilfe für die Kinder im Zeitraum der Traumatisierung oder danach die Schäden abmildern kann. Millionen von Kindern hilft ein liebevoller Großvater, eine verständnisvolle Lehrkraft, ein treuer und mitfühlender Freund oder eine solche Freundin, sich nicht unterkriegen zu lassen. Oder in einer Familie kann ein Elternteil sehr destruktiv sein, der andere dem aber entgegenwirken. Sogar noch Jahre später können wir mehr Kindern und Jugendlichen eine Behandlung bieten, die man heute trauma-informiert oder traumasensibel nennt, und ihnen helfen, damit fertigzuwerden. Es wäre besser, wenn es gar nicht erst ein Trauma gegeben hätte, aber es muss einen nicht ein Leben lang beschweren. Unser Körper und unser Geist sind so angelegt, dass sie wieder heilen können, wir brauchen nur zu wissen, wie wir die entsprechenden Kräfte aktivieren können.

Warum gibt es so viele Traumata?

Wenn wir wieder zum Gesamtbild zurückkehren, verlangen die Punktzahlen beim ACE-Test, dass wir uns einer großen Frage zuwenden: Was zum Teufel ist mit unserer Gesellschaft schiefgelaufen? Wie kommt es, dass wir so viele geschädigte und schädigende Familien haben?

Um darauf eine Antwort zu finden, brauchen wir uns nur daran zu erinnern, was für ein Albtraum das 20. Jahrhundert war – besonders die erste Hälfte. Über hundert Millionen Menschen wurden in zwei Weltkriegen getötet, weitere hundert Millionen bei Genoziden. Die Weltwirtschaftskrise, Flüchtlingsströme von mehreren Hundert Millionen Menschen und die gesamte Verschiebung von Dorfgemeinschaften zum städtischen Leben mit dem Albtraum der industriellen Revolution dazwischen. Was wir heute in Ostasien sehen – arbeitende Kinder, die nachts unter ihren Tischen in der Fabrik schlafen, Menschen, die in fürchterlichen Slums an vermeidbaren Krankheiten sterben –, war vor erst hundert Jahren auch unsere Geschichte. (Die Brandkatastrophe im Londoner Grenfell Tower hat gezeigt, wie leicht sie auch wieder zurückkehren könnte.)

Schauen Sie sich die Geschichte Ihrer Familie an, wahrscheinlich ist auch sie nicht ungeschoren davongekommen. Während ich dieses Kapitel schrieb, habe ich mich mit einem alten Freund getroffen, einem gütigen und hoch geschätzten Pfarrer in einem friedlichen tasmanischen Landstädtchen. Er wurde 1935 in London geboren, und er und seine Mutter wurden dreimal durch Bombenangriffe aus ihrem Zuhause vertrieben, ehe er acht Jahre alt war. Sein Vater war Soldat und fünf Jahre im Krieg, danach war er kaum emotional verfügbar.

Der Chirurg, der mich operiert hat, als ich vor ein paar Jahren krank wurde, war einst ein vietnamesischer Bootsflüchtling, der mit fünf Jahren eine albtraumhafte Reise in die Sicherheit machte. Der Zahnarzt unserer Familie floh als Teenager vor dem Aufstand in der Tschechoslowakei. Mein Nachbar, ein warmherziger und liebevoller Vater, der mit einer Australierin verheiratet ist, verbrachte als junger Mann sechs verzweifelte Jahre in einem Konzentrationslager in der Wüste, was er der australischen Regierung zu verdanken hatte. Seine Gesundheit erlitt dabei schwerwiegenden und dauerhaften Schaden. Sie werden wahrscheinlich Menschen kennen, die Konflikte im Irak, in Nordirland, auf den Falklandinseln oder in Afghanistan überlebt haben, oder auch Friedenseinsätze im Kosovo oder in Osttimor. Es sieht so aus, als hätte niemand einen auch nur annähernd komplikationslosen Familienhintergrund. Traumatisierte Menschen (und das heißt heute: fast alle – siehe den nächsten Kasten) funktionieren vielleicht nicht gut als Eltern oder Ernährer. Wenn sie von Stress überwältigt werden, können sie gewalttätig oder ausfallend werden, sich zurückziehen, in Substanzmissbrauch verfallen oder suizidal werden. Wenn nichts und niemand interveniert, wirken die Schäden einfach immer weiter. Deswegen müssen wir unbedingt einschreiten.

Weil diese Schäden so weit verbreitet sind, müssen wir eine andere Einstellung dazu finden, wie wir unsere Mitmenschen sehen und wahrscheinlich auch uns selbst. Wir nehmen an, dass die meisten Menschen die meiste Zeit ein ziemlich geradliniges Leben hatten. (Und dass eine schlechte Gesundheit, wenn sie denn auftritt, oft einfach Pech ist.) Wir denken, Posttraumatische Belastungsstörungen gehörten in den Bereich von Kriegsveteranen, Rettungskräften und Menschen, die Unfälle überlebt haben. Die Studie über die belastenden Kindheitserlebnisse deutet darauf hin, dass solche Störungen zur seelischen Grundverfassung beinahe jedes zweiten Kindes und Erwachsenen gehören.

Ist das normale Leben traumatisch?

Ein Freund und Kollege von mir, David Jockelson, hat einen interessanten Berufsweg hinter sich. Er ist Anwalt bei einer kommunalen Beratungsstelle und hat ein Leben lang Erfahrung mit Fällen im Bereich des Kinderschutzes gesammelt, hat aber auch 15 Jahre als Psychotherapeut gearbeitet. Er reist durch ganz Großbritannien und setzt sich für eine bessere psychische Gesundheitsvorsorge für Menschen in Rechtsberufen ein, die ihrerseits eine Risikogruppe sind.

David hat sehr viel über Traumata und normales Leben nachgedacht und geschrieben. Einer seiner faszinierendsten Gedanken ist, dass ein Trauma mehr bewirkt als nur große Angst, es kann auch eine Bremse für unsere Entwicklung sein. Eine Traumatisierung kann uns in dem Alter einfrieren, in dem sie stattgefunden hat, zumindest in manchen Bereichen unserer Reifung, die Vertrauen, Lernen und physiologische Ruhe erfordern, um sich gut zu entwickeln.

Die Folge ist, dass wir heute zahlreiche Erwachsene sehen, die beispielsweise noch immer emotional in einem kindlichen oder jugendlichen Entwicklungsstadium feststecken. Wenn das sehr weit verbreitet ist, kann eine ganze Gesellschaft in Schieflage geraten und zu einer bestimmten Art von Unreife neigen. David meint – und ich neige dazu, mich ihm anzuschließen –, dass wir heute eine Art adoleszente Kultur haben. Das zeigt sich in einer verminderten Fähigkeit, sich für andere zu interessieren oder sich um sie zu kümmern, und in einer zwanghaften Fixierung auf das eigene Aussehen, den Status oder die Befriedigung. Auch in einer Weigerung, sich auf feste Bindungen einzulassen usw. Dass das etwas mit Traumatisierung zu tun hat, ist der neue Faktor beim Verständnis all dessen. Aber wie sieht das Trauma aus, das dafür verantwortlich sein könnte?

In jüngster Zeit haben er und viele andere Forscher und Denker die Frage gestellt: Kann es sein, dass unsere normalen heutigen Lebensbedingungen so weit von dem entfernt sind, wofür wir eigentlich angelegt wurden, dass sie einfach unser Gehirn schädigen?

Etwa Dinge wie ...
- die zunehmende Inanspruchnahme ausgedehnter Tagesbetreuung für immer kleinere Kinder.
- der wachsende Druck in Schulen, in denen die Leistung schon in den ersten Jahren intensiv getestet wird und großer Wettbewerb herrscht.
- das Ausgeliefertsein an erbarmungslose Medien in unseren Wohnzimmern zu Hause.
- lange Arbeitstage für Eltern und die Unerschwinglichkeit von Urlaubstagen, in denen man sich nur umeinander kümmert.
- städtische Umgebungen mit wenig Zugang zur Natur.
- ein Leben voller Stress, das dazu führt, dass Beziehungsabbrüche und das Auseinanderbrechen von Familien beinahe die Norm werden.

Die ACE-Skala zeigt, wie weit verbreitet Schäden bei normalen Menschen sind, aber ihre zehn Kategorien sind vielleicht nicht die einzigen Varianten von Traumatisierung, die es gibt, wie auch der gesunde Menschenverstand nahelegt. Hinzu kommt, dass manche Kinder und Erwachsene außerordentlich sensibel auf Reize reagieren und das moderne Leben als Angriff auf ihre Sinne und ihre Fähigkeit empfinden, das Leben zu meistern.
Der in den USA lebende Pädagoge Kim J. Payne hat ein Buch mit dem Titel *Simplicity Parenting: Weniger ist mehr – Was Kinder wirklich brauchen, um ausgeglichen, glücklich und rundum geborgen aufzuwachsen* geschrieben, das eine ganze Bewegung in Gang gesetzt hat, die zum Ziel hat, die Aktivitäten, die Geschäftigkeit und die Überfülle an Sachen im Leben von Kindern und Erwachsenen drastisch zu reduzieren. Payne glaubt, dass viele Krankheiten, an denen Kinder heute leiden, anfangs nur Eigenheiten und Tendenzen sind, sich aber einfach durch

den Druck der modernen Kindheit zu voll ausgeprägten Pathologien auswachsen.

Könnte es sein, dass das Alltagsleben in Großstädten und auch kleineren Städten unser Nervensystem schädigt, das sich auf eine wesentlich langsamere, sanftere und nährendere Umgebung hin entwickelt hat? Es wäre sinnvoll eingerichtet, dass das, woraufhin wir angelegt sind – die Nähe zur Natur, der Rhythmus von Hell und Dunkel, die Gesellschaft von Tieren, die Beschäftigung mit Pflanzen und die Arbeit im Freien, bei der wir unseren Körper viel stärker einsetzen, mehr allein sind und Zeit zum Träumen haben –, unverzichtbar für unsere körperliche und seelische Gesundheit sein könnte, für eine korrekte Entwicklung unseres Gehirns und für unsere Fähigkeit, ein Gefühl des inneren Friedens zu entwickeln.

Was geschieht mit Kindern, die das einfach nicht haben? Wenn diese Theorie von einem »abnormen Leben« richtig wäre, wäre zu erwarten, dass wir Anzeichen dafür sehen. Wie etwa, dass von den jungen Frauen und Mädchen jede/-s fünfte eine behandlungsbedürftige Angststörung hat. Wie steigende Selbstmordraten bei Jugendlichen. Wie die Tatsache, dass jede/-r vierte Angestellte psychische Probleme bei der Arbeit hat. All das haben wir tatsächlich.

Frei werden

Eines ist klar – um eine Wunde muss man sich kümmern, so wie ein Reh im Wald es tut, das sich irgendwo einen schattigen Ruheplatz sucht und die verletzte Stelle leckt, damit sie schneller heilen kann. Wenn Sie (oder ein Mensch, den Sie lieben) Punkte auf der ACE-Skala hat, müssen Sie anerkennen: Jawohl, das hat mich verletzt.

Das ist der erste Schritt zur Heilung. Sehr häufig tun Menschen diese Dinge ab – »Ja, ja, ich bin sexuell missbraucht worden« oder »Ja, meine Mutter hat sich bis zur Besinnungslosigkeit betrunken« oder »Ja, mein Vater hat meine Mutter geschlagen«, aber alles ist in Ordnung, das war in der Vergangenheit. Das mag wahr sein, aber wenn Sie heute, in der Gegenwart, Schwierigkeiten haben, könnte es sich lohnen zu erforschen, ob es einen Zusammenhang gibt. Wenn Sie ein verletztes Kind in sich haben, braucht es vielleicht Fürsorge.

Die weiter vorn beschriebene Focusing-Methode von Eugene Gendlin ist besonders hilfreich dafür, denn wenn Sie in schwierigen Zeiten jeweils auf die Signale Ihres Körpers hören (auf Ihren Supersinn), werden sie Sie dorthin führen, wo Ihre Heilung beginnen kann. Da können Tränen fließen, die geweint werden müssen, da kann ein Zittern vor Angst entstehen, das losgelassen werden will, da kann heftige Wut auftauchen, die nicht in die Gegenwart gehört, aber in der Gegenwart getriggert wurde und die jetzt einen sicheren Weg ans Licht finden muss.

Ihr Körper spricht die ganze Zeit mit Ihnen über diese Dinge. Eine liebe Freundin von mir wurde als Kind oft von ihrem Vater geschlagen. Sie schwor, niemals ihre Kinder zu schlagen oder das irgendjemandem sonst zu erlauben, und das gelang ihr auch. Aber eines Tages, an dem alles besonders schlecht lief und die Kinder sich unmöglich benahmen, wie alle kleinen Kinder das tun, und sie ebenfalls gestresst war und sich schlecht fühlte, spürte sie plötzlich einen Impuls, der durch ihren ganzen Körper lief, auszuholen und die Kinder zu schlagen. Sie hatte genügend Selbstwahrnehmung, um das zu spüren, zu registrieren und loszulassen. Sie wusste, was es war und woher es kam. Ab und zu kehrte dieser Drang noch zurück, und jedes Mal, wenn sie ihn losließ, gewann sie an Sicherheit.

Eine Posttraumatische Belastungsstörung ist meistens am

stärksten ausgeprägt, wenn jemand nicht zu allen vier Stockwerken von Geist und Seele Zugang hat (und das ist bei den allermeisten der Fall). Das häufigste Problem ist, dass wir nicht mit unserem Körper in Kontakt sind, daher hängen wir im zweiten Stockwerk fest, in zwanghaften Denkmustern, die sich ständig wiederholen. Oder es sind im ersten Stockwerk nur manche Emotionen verfügbar – Angst, aber keine Wut, Wut, aber keine Trauer. Und natürlich fühlen wir uns isoliert, weil wir keinen spirituellen Ort haben, an dem wir uns mit anderen Menschen, mit der Natur und mit einem Gefühl von Sicherheit und Frieden verbunden fühlen, ganz gleich, wie die Umstände gerade sind. Wenn uns alle unsere mentalen Kräfte zur Verfügung stehen, verdauen und verarbeiten wir Traumata jeweils sofort, und obwohl das immer noch dramatisch und intensiv sein kann, sammelt sich nichts mehr an.

Nutzen Sie also die vier Stockwerke, um schwierige Momente zu bewältigen – achten Sie auf Ihren Körper und darauf, was er Ihnen sagt. Nehmen Sie Ihre Emotionen wahr und erden Sie Ihren Körper, damit die Gefühle sich entweder wieder legen und lösen können oder Sie antreiben und mit Energie aufladen, damit Sie etwas ändern. Denken Sie nach, schreiben Sie Dinge auf, wenn das für Sie nötig ist oder wenn Sie zu kämpfen haben, reden Sie mit jemandem, dem Sie am Herzen liegen und der Geduld hat, damit Sie Ihre Gedanken klären können. Und gehen Sie immer ins dritte Stockwerk hinauf, in den Dachgarten, und lassen Sie sich daran erinnern, dass das Universum Sie liebt, dass Sie dazugehören und dass Sie in Ordnung sind. Selbst sich einfach in einen Park zu setzen oder einen Spaziergang zu machen, hilft Ihrem Gehirn, das zu tun.

Die Botschaften entschlüsseln

Jeder Mensch ist einzigartig, sowohl in Bezug auf die Botschaften, die er als Kind bekommen, und die Erfahrungen, die er gemacht hat, als auch in seiner Reaktion darauf. Die Aufgabe einer Therapie ist es, Ihren Supersinn zu aktivieren, um diese Botschaften und Erfahrungen zugänglich zu machen, und dann die Neuroplastizität zu nutzen, um Ihre Reaktion darauf neu zu verdrahten, wenn die alte nicht mehr hilfreich ist. Menschen sind so ausgestattet, dass sie mit einem Trauma umgehen können – das prähistorische Leben war hart –, und wir haben alles, was wir brauchen, um daran zu wachsen. Aber wenn wir nicht so erzogen wurden, dass diese Ausstattung auch zum Einsatz kam (und das sind die wenigsten von uns), dann hängen wir fest. Der Fokus einer Therapie sollte immer darauf gerichtet sein, dass diese Ausstattung wieder gut funktioniert. Dann heilt sich der Patient/die Patientin selbst.

Im Jahr 1980 erhielt ich ein Churchill-Stipendium für eine Ausbildung bei zwei der damals angesehensten Lehrtherapeuten der Welt. Robert und Mary Goulding hatten eine Methode erarbeitet, die – wie Erfolgsstudien nachwiesen – die schnellsten Veränderungen auf dem effektivsten Weg (Gruppentherapie in kurzen Intensivprogrammen mit Unterkunft vor Ort) bewirkte. Das gelang ihnen durch die Kombination von kognitiven Ansätzen – reiner Unterricht – mit emotionalem Umlernen durch einen Ansatz namens Gestalttherapie, der Handeln und Interaktion einbezieht (nicht nur Reden). Die Gouldings beginnen bei ihrer Methode mit Beispielen für aktuelle Schwierigkeiten im Leben und suchen von dort aus die Botschaften aufzudecken, die man in den frühen Lebensjahren bekommen hat und die unterhalb der Wahrnehmungsschwelle hängen geblieben sind und es uns schwer machen, glücklich und ganz lebendig zu sein.[6]

Die Gouldings bildeten Tausende von Therapeuten in der

*Perfektion bei der Erziehung
ist ein wirklich schlechtes Ziel.
Es macht Sie nur verkrampft.
Was Ihre Kinder wollen und brauchen,
ist eine Mama oder ein Papa, die/der
mit ihnen lachen und sich entspannen kann.
Verantwortlich, tüchtig, aber niemals getrieben.
Jemand wie sie, der lernt und wächst.*

sogenannten Neuentscheidungsarbeit aus – darin, wie man diese alten Erinnerungen aus der Kindheit auf sanfte Weise zugleich mit den Ressourcen unseres reifen und einsichtsfähigen Selbst aktivieren kann, damit man das Leiden an der Kindheit loslassen kann. Das war Gehirnchirurgie ohne die Notwendigkeit, die Schädeldecke zu öffnen.

Die Gouldings glaubten, dass sich nicht das, was man den Kindern explizit in der Kindheit sagt, so nachhaltig auswirkt. Tatsächlich sagten die meisten Eltern Dinge, die durchaus gut klangen: »Natürlich liebe ich dich«, »Wir wollen nur dein Bestes«. Es waren die nonverbalen Botschaften – das kämpfende Kind in unseren beiden Eltern, das uns wortlos durch ihre Körpersprache und ihr Verhalten hindurch in die Ohren schrie. Unser Supersinn hat uns die wahre Geschichte erzählt, und wir haben sie uns automatisch zu Herzen genommen.

Wenn Sie, lieber Leser, liebe Leserin, Elternteil eines Kindes oder eines Teenagers sind, bereitet Ihnen diese Vorstellung von unbewusst weitergegebenem Leid vielleicht ziemliche Sorgen. Deshalb braucht es ein relativierendes Wort. Erstens haben Sie zweifellos mehr toxische Botschaften bekommen, die mit mehr Wirkung übermittelt wurden, als Ihre Kinder je von Ihnen erhalten können. Sie haben es bis hierher geschafft, lesen dieses Buch, haben es also bis ins Erwachsenenalter, bis in eine Partnerschaft geschafft und sind Eltern. Ihre Kinder können mindestens genauso weit kommen. Der namhafte britische Kinderarzt und Psychoanalytiker D. W. Winnicott hat den Ausdruck »ausreichend gute Mutter« geprägt, der sich auch auf die Eltern übertragen lässt, und uns dringend geraten, uns zu entspannen, denn das sei alles, was Kinder brauchen – einfach geliebt, ernährt und beschützt werden, während sie in die Welt hineinwachsen, dann würden sie auch ihren Weg finden. In meinen Vorträgen habe ich einen anderen, scherzhafteren Weg gefunden, das auszudrücken: »Der Job von Eltern ist es, Sie am Leben zu erhalten, bis Hilfe kommt.«

Perfektion bei der Erziehung ist ein wirklich schlechtes Ziel. Es macht Sie nur verkrampft. Was Ihre Kinder wollen und brauchen, ist eine Mama oder ein Papa, die/der mit ihnen lachen und sich entspannen kann, die/der menschlich ist und Fehler macht, und das ist in Ordnung.

Zugleich können wir als Eltern eines tun: uns ernsthaft unserer eigenen Heilung widmen. So, wie Sie vielleicht umsichtiger Auto fahren, gesünder essen oder weniger Alkohol trinken, weil Sie Kinder haben, könnten Sie sich auch dazu entschließen, Beratung/Therapie oder andere Hilfe in Anspruch zu nehmen oder zumindest sich selbst gegenüber ehrlich zuzugeben, dass Sie in einem Teil Ihres Lebens mit Schwierigkeiten kämpfen, die Aufmerksamkeit brauchen. Selbstfürsorge ist entscheidend dafür, dass Sie gut für Ihre Kinder sorgen können.

Die Gouldings glaubten daran, die Dinge einfach und praktisch zu halten. Sie reduzierten die Botschaften, die Eltern ihren Kindern unterhalb der Bewusstseinsschwelle geben, auf lediglich zehn »Einschärfungen«. Sie glaubten, dass wir als Kinder diese Botschaften »unterschrieben«, damit wir in unseren Familien überleben konnten, weil das damals das Klügste war, was wir tun konnten. Aber diese Entscheidungen wurden bald automatisch, und es wurde schwer, sie überhaupt zu erkennen. Wenn wir erwachsen werden, bleiben sie unterhalb der Bewusstseinsschwelle wirksam und hindern uns daran, ein glückliches und erfülltes Leben zu führen. Das klingt ein bisschen verwirrend, aber die gleich folgenden Beispiele werden Ihnen auf die Sprünge helfen …

Die Einschärfungen

Jede Einschärfung oder destruktive Botschaft, die Eltern Kindern übermitteln, enthält das Wort »nicht«, verbunden mit einem spezifischen menschlichen Grundbedürfnis:

Denke nicht. Das ist häufig, wenn ein Elternteil eine Sucht hat oder wenn es ein großes Familiengeheimnis gibt, das man nicht infrage stellen darf. Oder es kann von Eltern als Rollenmodell vorgelebt werden, die selten vernünftig sind und aufgeregt herumflattern, statt Dinge Schritt für Schritt anzugehen. Oder es kann auch heißen: »Hab nicht deine eigenen Gedanken, wir werden dir sagen, was du denken sollst.« Das geschieht oft in religiös fundamentalistischen Familien. Mit dieser Einschärfung wird Ihr Kopf unter Stress vielleicht völlig leer, oder Sie agieren in einer Weise, die beim aktuellen Problem nicht weiterhilft oder daran vorbeigeht. Dann müssen Sie große Entschlossenheit aufbringen, um umzulernen – setzen Sie sich hin, schreiben Sie Probleme auf, machen Sie eine Liste möglicher Lösungen usw. Oder holen Sie sich therapeutische Hilfe mit dem ausdrücklichen Ziel, logisch vorgehen zu lernen.

Sei nicht nah. Das tritt oft eine Generation nach einem sexuellen Missbrauch auf. Wenn beispielsweise eine Mutter in der Kindheit missbraucht wurde, kann sie in ihrem kindlichen Denken zu dem Schluss gekommen sein, dass alle Berührung gefährlich ist. Dann kann sie ihre Kinder nicht mit Wärme halten oder umarmen. Auch hier ist der Weg wieder, nach und nach das vierstöckige innere Haus dazu zu nutzen, sich zu entspannen und die Panik abklingen zu lassen, wenn Sie umarmen oder umarmt werden.

Gehen Sie langsam, in kleinen Schritten vor. (Oft wird dabei die Unterstützung eines Therapeuten nötig sein, denn Missbrauch hat zahlreiche Folgen, und es braucht Vertrauen, um sie zu überwinden.)

Fühle nicht. Das kann speziell für eine der vier Primäremotionen gelten oder aber für das ganze Spektrum. Nur sehr wenige Menschen wachsen mit der Erlaubnis auf, die ganze Bandbreite an Gefühlen unbefangen zu leben, und das kann sich durch viele Generationen hindurch fortsetzen. Sie werden wissen, dass es diese Einschärfung gab, wenn Sie entweder gefühllos oder »überrational« werden, sobald andere in Aufregung geraten. Oder wenn eine bestimmte Emotion in Ihrem Repertoire zu fehlen scheint – Sie werden etwa niemals wütend oder niemals traurig. Wenn Sie Ihren Supersinn einsetzen, um Emotionen wahrzunehmen und ihnen nach und nach Raum in Ihrem Körper zu geben, werden Sie bald merken, dass es nicht das Ende der Welt ist, wenn Sie mal die Stimme erheben oder eine Träne vergießen. Das fühlt sich sogar ziemlich gut an.

Sei nicht wichtig. Wenn man Zeit allein mit Mama oder Papa verbringen darf, für etwas Kreatives oder eine schwer erkämpfte Leistung gelobt wird, am Geburtstag in besonderer Weise gewürdigt wird, sagt das: »Du bist etwas Besonderes.« Aus alledem lernt das Kind, sich selbst wertzuschätzen, und hat das Gefühl, dass es einen Platz im Universum hat. In manchen Familien – häufig in solchen mit vielen Kindern – wurde es als eine Art Affront gegen alle anderen angesehen, wenn ein Kind Anerkennung erfuhr, sodass die Überlebensbotschaft lautete, am höchsten gewertet werde die Selbstauslöschung. Wenn das für Sie gilt, merken Sie es etwa daran, dass Sie unglaublich schwer Lob annehmen oder im Mittelpunkt der Aufmerksamkeit stehen können. (Als meine Mutter ihren 70. Geburtstag hatte, machten wir ein riesiges Stoffbanner, das wir quer über den Eingang des Veranstaltungsraums hängten, in dem wir zusammenkamen. Darauf stand: *Macht bloß kein Aufhebens!* Sie fand es wunderbar.)

Gehöre nicht dazu. Ob überlegen oder unterlegen, zu hören bekommen Sie auf alle Fälle: »Unsere Familie ist anders.« Oder Sie selbst sind anders und werden niemals das wunderbare Gefühl haben, dazuzugehören. Sie müssen sich abseits halten, wie einsam und einschränkend das auch sein mag. Für mich galt diese Einschärfung, und dass ich im Autismus-Spektrum war, hat es wahrscheinlich nicht besser gemacht. Man fühlt sich als Außenseiter, ist fürchterlich einsam, und es ist wichtig, dass man »seine Leute« findet und lernt mitzumachen.

Werde nicht erwachsen. Oft kann ein Kind im Leben eines Elternteils eine Rolle spielen, die diesen zusammenhält oder ihm erspart, in die Welt hinausgehen zu müssen. So kann etwa eine einsame oder eine narzisstische Mutter wollen, dass ihr Sohn immer ihr Freund oder ihre Tochter immer ihre Freundin ist und für ihr emotionales Wohl sorgt. Oder sie kann einen wenig ansprechbaren Partner haben und daher die Gesellschaft des Kindes suchen. Oder dieses Kind kann unbewusst als Stütze für das Alter vorgesehen sein. Anderen in der Familie bleibt diese Rolle erspart, aber das Lieblingskind bekommt Belohnungen und wird bevorzugt behandelt, da von ihm erwartet wird, dass es all das einmal zurückzahlt, wenn die Zeit gekommen ist.
(Einer meiner Patienten erinnert sich, dass er sich einmal in ein Mädchen verliebt hatte und es zu Hause besuchen

ging. Ihre Mutter blieb die ganze Zeit über bei ihnen sitzen und widersprach seinen Ansichten bei praktisch jedem Thema, das angeschnitten wurde. Selbst als unbedarftem Teenager sei ihm nicht entgangen, sagte er mir, wie offenkundig sie als Torwächterin fungierte. Die Tochter blieb unverheiratet und widmete sich für den Rest ihres Lebens der Mutter.)

Sei kein Kind. Das übermäßig verantwortliche Kind, das wie ein kleiner Erwachsener wirkt, ist eine weitere häufige Rolle in der Familie. Vielleicht war aufgrund von Alkoholismus oder einer psychischen Erkrankung eines Elternteils keine Zeit, klein zu sein und zu spielen und sich zu vergnügen, und es war notwendig, schnell groß zu werden. Das Kind sorgte für die Erwachsenen. Häufig wurde ein älteres Kind oder eine Tochter für diese Rolle rekrutiert, sei es bewusst oder unbewusst. War diese Rolle gefüllt, wurden andere Kinder manchmal aus dieser Pflicht entlassen, aber wenn die elterliche Funktionsstörung sehr ausgeprägt war, konnte eine ganze Schar Kinder sich zusammentun, um für Mama oder Papa zu sorgen. Falls diese Einschärfung Sie betrifft, merken Sie es daran, dass Sie nicht einfach albern sein oder Blödsinn machen können. Sie verbringen Ihre Tage mit Putzen und tun nichts, was Spaß macht. In unseren Therapiegruppen haben wir dann gerne als Hausaufgabe gegeben, dass jemand faul sein sollte, in den Pausen Frisbee spielen und anderen erlauben sollte, nett zu ihm zu sein. Auch einen Hund zu haben, kann helfen.

Schaff's nicht. Erfolg ist eigentlich eher ein Gefühl als ein wirklicher Leistungsmaßstab, und viele Menschen erleben in der Kindheit, dass sie einfach nie »gut genug« sind. Wie dumm ist es schon allein, ein Kind, das 98 von möglichen

100 Prozent bekommt, zu fragen, was mit den übrigen zwei Prozent ist. Um das zu überwinden, ist es wichtig zu erkennen, dass es hier um eine Entscheidung geht. Sie sind schon erfolgreich, Sie brauchen es nur noch zu merken und dann zu lernen, es zu genießen. Menschen die Sie lieben, können Ihnen dabei helfen, indem sie Sie darauf aufmerksam machen. Anscheinend hilft es auch, dem Elternteil, der Ihnen diese Botschaft gegeben hat, oder allen beiden Eltern zu sagen, Sie sollten sich zum Kuckuck scheren!

Sei nicht du selbst. Das bezieht sich oft auf das Geschlecht eines Kindes. Eine Familie wollte einen Sohn (zumindest unbewusst) und hat Töchter bekommen oder umgekehrt. Es kann sich auch auf Kinder beziehen, die Anzeichen dafür erkennen lassen, dass sie LGBTQ+ sind. Die Familie will einfach etwas anderes. Oder es heißt nur, dass Sie künstlerisch oder sportlich sind, während ein intellektuelles Kind erwünscht war. Oder es bezieht sich auf jede beliebige andere unbewusste Obsession, die ein Kind aufgeladen bekommt. Unter dem Strich ist die Wirkung einfach das Gefühl, dass Sie nicht Sie selbst sein dürfen – und das ist ein schreckliches Gefühl. Auch hier gilt wieder: Sagen Sie Ihren Eltern ruhig und entschieden – in Wirklichkeit oder in Ihrer Vorstellung: »Ich bin ich, und ich werde bleiben, wie ich bin! Dass ihr etwas anderes wolltet, ist nicht mein Problem.« Dann suchen Sie sich fürsorgliche Menschen, die Sie mögen, wie Sie sind, Ersatzeltern, die Ihr wahres Ich bestätigen.

Sei nicht gesund. Bei allen Einschärfungen wird die Botschaft durch das verstärkt, was uns in unserer frühen Kindheit Aufmerksamkeit eingebracht hat. Wenn Kinder nicht dadurch »Streicheleinheiten« bekommen, dass man sie wahrnimmt, für sie sorgt, sie lobt und knuddelt, können sie nicht gedeihen. Kontakt und Bestätigung sind so wichtig, dass Kinder alles tun werden, um Aufmerksamkeit zu bekommen – selbst wenn es negative Aufmerksamkeit ist. Manchmal weiß eine Familie nicht, wie man Fürsorge und Zuneigung und Aufmerksamkeit zeigt, außer wenn ein Kind krank ist. Dann handelt es sich um eine medizinische Notwendigkeit, und gepflegt zu werden – selbst wenn es minimal ist – ist vielleicht die einzige Aufmerksamkeit, die ein Kind je erhält. Nicht jede schwache Gesundheit beruht auf einer Wahl, aber Überarbeitung, riskantes Verhalten und andere Handlungen können genau dazu führen, und das kann zu einem »Skript« für das ganze Leben werden.

Denken Sie immer daran, dass die Einschärfungen keine ausgesprochenen und nicht einmal beabsichtigte Botschaften sind, sondern durch die tieferen Gefühle der Eltern und die Kämpfe übermittelt werden, die sie auszustehen haben – meistens nonverbal. Darin liegt ihre Macht, und das ist der Grund, warum es einiger Sorgfalt bedarf, um sie aufzudecken. Normalerweise will niemand den Kindern, die er liebt, diese Beschränkungen auferlegen.

Die Hilfe, die es für Sie bedeutet, die Einschärfungen zu verstehen, besteht darin, dass Sie das Trauma in Ihrer Kindheit mit der spezifischen Art und Weise in Verbindung bringen können, in der es sich heute auf Sie auswirkt. Zum Beispiel ...
»Papa ist immer gewalttätig geworden, wenn er betrunken war, und ich habe das dadurch bewältigt, dass ich erstarrt bin und meinen Kopf ganz leer gemacht habe (denke nicht). Damals war das klug von mir, aber es hilft nicht weiter, wenn meine Kinder heute ungezogen sind.«
»Mama ist gestorben, als ich neun war, und Papa ist einfach zusammengebrochen. Ich musste mich um meine jüngeren

Geschwister kümmern und um ihn auch noch (sei kein Kind). Ich war ein tapferes Kind, aber jetzt muss ich lernen lockerzulassen.«

Wenn Sie herausfinden, welche Einschärfungen Sie sich zu Herzen genommen haben, heißt das, dass Sie plötzlich vieles in Ihrem Leben verstehen, aber zusätzlich wissen Sie dann auch, worum Sie sich kümmern müssen, welche »Wunden Sie lecken müssen«, damit sie heilen können. Dieses Verständnis ist der Anfang, aber erst wenn Sie erforschen, wie sich das in der Gegenwart auswirkt, kann alles ein Ganzes werden. Ein guter Therapeut kann dazu beitragen, dass das wesentlich schneller geht, aber wenn Sie sich einfach in Ihrem vierstöckigen Haus bewegen, können Sie sich immer stärker in die Gegenwart holen, um frei zu werden. Sie fangen an wahrzunehmen, wann Sie sich wie ein kleines Kind fühlen, und indem Sie bei Ihren Körperempfindungen bleiben und aufmerksam auf Ihren Supersinn hören, erlauben Sie diesen Empfindungen nach und nach, sich aufzulösen. In der Heilungsphase werden die Gefühle der Vergangenheit noch immer in Ihnen aktiviert werden, parallel zu dem Wissen, dass das in der Vergangenheit so war, heute jedoch nicht mehr gilt. Bald wird das immer weniger ein Problem sein, und Sie werden sich stärker und friedlicher fühlen.

Wie Sie Ihre Einschärfungen herausfinden

Wenn Sie ohne die Hilfe eines Therapeuten wachsen wollen, ist der erste Schritt, sich anzuschauen, welche Schwierigkeit Sie aktuell haben und welche Einschärfung dabei eine Rolle spielen könnte. Sie wissen, dass Sie es mit einer Einschärfung zu tun haben, die »außerhalb Ihrer Wahrnehmung« liegt, wenn Sie wiederholt dieselbe Art von Problem haben – immer wieder denselben toxischen Typ Partner/Partnerin wählen, auf dieselbe Art und Weise Ihren Job verlieren, immer wieder die gleiche Art von »Unfall« haben, oder – hoffentlich – auch weniger dramatische Ereignisse mehrmals erleben: nie dazugehören, sich nie schätzenswert fühlen. Kurz, immer dann, wenn etwas anfängt, gewaltig nach einem Muster auszusehen, nach einem wiederkehrenden Thema.

Es hilft also, wenn Sie sich fragen: »Welche Bedingungen in meiner Kindheit haben das damals zu einem adaptiven Verhalten gemacht?« (Sogar ein geringes Selbstwertgefühl ist ein Weg, mit einer wenig wertschätzenden Familie zurechtzukommen.) Die Heilung beginnt, wenn Sie zunächst einmal anerkennen, wie klug Ihr Selbst in diesem Alter war, da es doch eine Überlebensstrategie gefunden hat, und dann beschließen, dass es Zeit für eine andere Lebensweise ist, weil Sie kein Kind mehr sind und nicht mehr von der verrückten Familie abhängig sind, in der Sie aufgewachsen sind. (In der wir Kinder des 20. Jahrhunderts fast alle aufgewachsen sind.)

Kindheitsentscheidungen, die uns heute nicht mehr bewusst sind, haben ein charakteristisches Muster: Sie fühlen sich an wie eine Wand aus Dehnfolie und halten uns davon ab, ein erfülltes Leben zu führen, wie andere es anscheinend haben. Wir können die Wand nicht sehen, aber wir prallen immer wieder an ihr ab.

Die meisten Menschen stellen fest, dass beim Durchlesen der Liste eine oder zwei Einschärfungen »in Neonschrift aufleuchten«, und das zu sehen, ist der erste Schritt zur Auflösung dieser Programmierung. Die meisten von uns haben mindestens zwei oder drei Einschärfungen erhalten, und im Allgemeinen ist diejenige, die Sie wahrnehmen, eine, deren Wirksamkeit bereits im Schwinden begriffen ist. Wenn das abgeschlossen ist, kommen vielleicht andere, tiefer vergrabene an die Oberfläche. Aber bei jedem Schritt wird Ihr Leben freier und freudvoller werden.

In der Geschichte hat es viele harte Zeiten gegeben – Kriege, Völkermorde, Hungersnöte und Pandemien sind nichts Neues. Aber im 20. Jahrhundert kamen alle vor, und zwar weltweit, mit sehr wenig Erholungszeit dazwischen, ehe der nächste Schlag fiel. Ich kann noch immer das Echo des Krieges, in dem mein Großvater in den Schützengräben lag, an den Kämpfen meines Vaters und den Ängsten meiner Mutter wahrnehmen und dadurch auch in meinem eigenen Leben. Es war nicht ihre Schuld. Ihre und meinen Eltern haben wahrscheinlich ihr Bestes getan.

Solange Sie leben, wird Ihr Geist auf einem heilenden Weg voranschreiten, durch Träume, Gedanken und Erinnerungen, die auftauchen, wenn sie so weit sind, dass sie aufgelöst werden können. Wenn Sie Ihren Supersinn dazu nutzen, all das durch sich hindurchziehen zu lassen (es nicht zu betäuben oder zu blockieren, sondern Ihr Tempo zu drosseln, um ihm Ihre volle Aufmerksamkeit schenken zu können), während Sie fest geerdet in der Gegenwart bleiben, kommen Sie auf alle Fälle zu größerer Ganzheit und finden mehr Frieden.

Wir sind in eine Welt geschädigter Eltern und Familien gekommen, und manches davon hat uns umgeben, während wir heranwuchsen. Wir haben uns damals in der Weise daran angepasst, die am besten unser Überleben sichergestellt hat. Aber wenn wir die daraus entstandenen Selbstbeschränkungen aufspüren und loslassen, verhindert das, dass sie zu einem dauerhafter Schaden werden – und das heißt, dass wir sie niemals an unsere eigenen Kinder, Partner oder Freunde weitergeben müssen. Schon allein das ist ein sehr guter Grund dafür, gesund zu werden.

Ich schicke Ihnen viel Liebe für diese Reise nach Hause. Eine Reise, auf der wir alle sind.

6
Das zweite Stockwerk
Nutzen Sie Ihr Gehirn,
um klar zu denken

Das zweite Stockwerk in unserem vierstöckigen inneren Haus ist, fachsprachlich ausgedrückt, unser präfrontaler Kortex, in dem unser Denken stattfindet. Dort sind Sie gerade jetzt, während Sie dieses Buch lesen. Er mag Ihnen wie ein vertrauter Ort vorkommen, aber mit diesem Stockwerk hat es mehr auf sich, als man auf den ersten Blick sieht – hier warten Gefahren, vor denen man sich in Acht nehmen muss, und auch ganz neue Räume, in die Sie noch nie hineingeschaut haben, mit einer großartigen Aussicht vor den Fenstern und wunderschönen Möbeln!

Die Denkfähigkeit unseres Gehirns ist etwas Erstaunliches, denn mit ihr haben wir Krankenhäuser erdacht, Raumschiffe erfunden und kleine Geräte entwickelt, mit deren Hilfe wir mit Freunden auf der anderen Seite der Erde sprechen können. Bei so viel Macht könnte man denken, wir hätten eine glückliche, ausgeglichene und vor allem nachhaltige Welt geschaffen. Deshalb müssen wir uns fragen: Wieso sind wir in so einem Schlamassel gelandet? Vielleicht haben wir unser Gehirn am Ende doch nicht gar so gut genutzt. In diesem Kapitel helfen wir Ihnen, Ihr Gehirn mit dem ganzen Rest zusammenzubringen, sodass es wirklich so arbeitet, wie es gedacht war. Beginnen wir mit einer Geschichte …

Der gefeierte schottische Bergsteiger und Schriftsteller Andrew Greig hatte in seiner ganzen Teenagerzeit und als junger Erwachsener mit Depressionen und Selbstzweifeln zu kämpfen. Aber dann entdeckte er etwas, das ihm das Leben gerettet hat – dass Orte in der Wildnis und körperliche Anstrengung draußen in der Natur ihm halfen, Frieden zu finden. Wie die meisten jungen Leute erkundete auch er Beziehungen und Intimität und fand es schwierig, damit umzugehen ...

Meine Ex-Freundin war aufgrund eines Abenteuers lange weg gewesen, hatte nicht gefunden, was sie gesucht hatte, und war als Single wieder zurückgekehrt. Wir sprachen eine Weile und saßen dann nebeneinander im hohen Gras oberhalb des Staubeckens. Als sie ihre Geschichte von dem Mann und all den Orten beendet hatte, sah sie mich an.
»Somit schließt sich also der Kreis«, sagte sie.
Ich wusste, was sie mir anbot. Ich atmete die dünne Luft der Berge in der Moorlandschaft, spürte den festen Boden unter mir und den offenen Himmel über mir.
»Ich liebe dich«, sagte ich. Ein Teil von mir wartete, entsetzt.
»Aber ich will dich nicht haben.«
Und als ich es sagte, wusste ich, dass es stimmte.
Sie schaute in die Ferne, auf die Berge und das unruhige Wasser, der Wind wehte ihr das sonnengebleichte Haar ums Gesicht. Sie warf mir einen Blick zu und nickte.
»Ja«, sagte sie dann. »Meinst du, mit meinem Herzen stimmt etwas nicht?«
Wir kehrten zu Fuß in die Stadt zurück, gingen unserer Wege und trafen uns nie mehr auf diesem Boden. Hätte die Szene drinnen stattgefunden, wären wir vielleicht von unseren Körpern verwirrt worden, von unserer Einsamkeit, unseren Verlusten, aber draußen zwischen Bergen und Wasser sagten und taten wir das Richtige.

At the Loch of the Green Corrie

Lassen Sie diesen entscheidenden Satz noch einmal nachklingen: »*Und als ich es sagte, wusste ich, dass es stimmte.*« So oft finden wir auf diesem Wege die Wahrheit. Wir suchen in Worte zu fassen, was wir im Herzen spüren, und erst wenn wir die Worte laut sagen, wissen wir, dass sie wahr sind. Und bitte beachten Sie, dass sie »Ja« sagt. Auch sie weiß es.

Dieser Frau hatte er sein Herz geschenkt, und sie hatte ihn um größerer Abenteuer und eines anderen Mannes willen verlassen. Und jetzt war sie wieder da. Er weiß instinktiv, was zu tun ist. Er erdet sich in der Landschaft. Er hört auf sein Inneres und darauf, was es ihm sagt. Dann folgt eine sorgfältige, präzise Sprache: »Ich liebe dich« – mit Mitgefühl gesagt. »Aber ich will dich nicht haben.«

Das ist wunderbar formuliert und eines der klarsten Beispiele für die Nutzung aller Ebenen – Körper, Herz und Hirn –, das ich je gelesen habe, und auch für die Einbeziehung des Supersinns, also der inneren Signale unseres Körpers, um Integrität zu wahren und ein großes Drama abzuwenden.

In unserem Leben wissen wir oft nicht, was wir tun sollen. Dann greifen wir vielleicht auf Regeln zurück oder verlassen uns auf einen Verhaltenskodex, und das ist wesentlich besser, als uns um nichts zu scheren. Manchmal sind die Regeln richtig. Schlafen Sie nicht mit dem Mann oder der Frau von jemand anderem. Fahren Sie nicht Auto, wenn Sie etwas getrunken haben. Fügen Sie niemandem unnötig Leid zu. Aber in manchen Fällen ist die Frage, was wirklich moralisch ist, komplexer. Tief in uns wissen wir die Wahrheit, und sie ist so subtil, dass kein Regelkodex ihr jemals gerecht wird. Spüren Sie »den festen Boden unter sich und den offenen Himmel über sich«, wie Greig so klar schreibt. Warten Sie, und sie wird kommen. Sie wird in Worten kommen. Und die Worte werden »stimmig sein«.

Das Stockwerk, in dem die Wörter wohnen

Das zweite Stockwerk unseres inneren Hauses ist evolutionsgeschichtlich betrachtet die neueste »Ergänzung«, weshalb es auch ganz vorne in unserem Gehirn liegt – wie ein neuer Anbau an einem Haus. Tiere können denken, aber nur in Form von Gerüchen, Bildern, muskulärer Erinnerung usw. Es gibt Vögel, die Werkzeuge benutzen und sogar Werkzeuge machen (sie spitzen z. B. Äste an, um etwas Essbares auszugraben), was ihre Planungsfähigkeit und ein bemerkenswertes Intelligenzniveau zeigt. Aber das Hinzukommen von Wörtern schafft eine ganz neue Ebene. Wörter können Distanzen überwinden und von Dauer sein. Mit Wörtern kann man eine Brücke der Verständigung zwischen Menschen bauen. Sie ermöglichen auch eine außerordentliche Subtilität. Die Japaner haben eigens ein Wort für das Gefühl, das man hat, wenn man einen Wasserfall im Wald entdeckt: *yugen*. Das Deutsche hat ein Wort für die Freude am Unglück von Wichtigtuern: *Schadenfreude*. Wir importieren Wörter für Dinge, die wir vorher nicht hatten oder nicht gebraucht haben, wie *joie de vivre* oder *Trouble*.

Die erste Verwendung von Sprache diente praktischen Zwecken. »Das Mammut kommt!« »Halte die Stellung!« »Lauf!« Doch bald verliebte sich unsere Spezies in Wörter und redete den ganzen Tag ohne Unterlass, während sie an Flussufern entlangzog oder nachts am Lagerfeuer saß. Die alte Welt hatte Tausende von einzigartigen Sprachen, in jedem Tal eine andere. Und da die meisten Völker mit benachbarten Sprachgruppen in Kontakt standen, war es für Menschen normal, zwei oder drei unterschiedliche Sprachen zu sprechen. Unser Gehirn wurde größer, damit es dem Bedürfnis nach Wörtern und der Freude an ihnen gewachsen war.

Fügen wir die Wörter zu Aussagen zusammen, können wir mit ihnen zweierlei tun, und beides ist überaus wichtig. Erstens nutzen wir sie, um unserem Leben Sinn zu verleihen. Um unser Handeln rational und logisch zu machen. Und zweitens teilen wir mit ihnen anderen unsere Innenwelt und unsere Ideen mit, damit wir uns koordinieren und zusammen glücklich sein können.

Unser Denken ist nichts Isoliertes, wie man uns glauben machen wollte, nicht trocken und von unserem restlichen Sein getrennt. Schließlich ist der Ausdruck »Sinn machen« nicht zufällig entstanden; er scheint zu besagen, dass unsere Sinne der Test sind – etwas ist nur dann richtig, wenn es durch direkte Erfahrung bestätigt wird. Wir alle kennen Menschen, die loslegen und ohne Bodenhaftung in die undurchsichtigsten und trockensten Gebiete vordringen und einen zu Tode langweilen können. Die Sozialwissenschaften, die doch der Welt, in der wir leben, helfen und sie nähren sollten, scheinen dafür ganz besonders anfällig zu sein. Am brillantesten ist das Denken immer dann, wenn seine Wurzeln spürbar in Körper und Herz hinabreichen. Dieses Buch kommt aus meinem zweiten Stockwerk und möchte Ihr zweites Stockwerk erreichen. Aber wenn es Sinn machen soll, wird es gut riechen und wahr klingen und Licht in jedes Stockwerk Ihres inneren Hauses bringen.

Klar denken

Ohne die Sprache und die Klarheit und Präzision, die sie mit sich bringt, ist es beinahe unmöglich, als Mensch zu funktionieren. Klarheit und Geradlinigkeit sind für jegliche Beziehung unabdingbar. Gleich nach der Liebe ist die Fähigkeit, aufrichtig zu denken und zu sprechen, die kostbarste Kompetenz, die Eltern ihren Kindern mitgeben können. Berater und Therapeuten helfen ihren Klienten, das zu tun, und auch diejenigen, die mit Gewalttätern arbeiten. Dabei geht es nicht um eine hochgestochene Sprache – einige der klarsten Menschen, die ich kenne, haben knapp die Hauptschule beendet. Es geht darum, Lügen und Wahrheit unterscheiden zu können. Eine Leitfigur der Männerbewegung, Robert Bly, empfiehlt, dass man sein Leben lang jeden Tag einen Abschnitt in ein Tagebuch einträgt oder ein Gedicht verfasst. Er führt viele Gründe dafür an, aber der beste ist, dass einen das ehrlicher gegenüber sich selbst macht: »Es ist leichter, eine Lüge zu entlarven, wenn sie niedergeschrieben ist.«

Viele Menschen denken so gut wie überhaupt nicht. Dann schiebt sich nichts zwischen Impuls und Handlung, außer ein paar abgedroschener Schutzbehauptungen, mit denen man sich selbst rechtfertigt. Diese Menschen haben nicht das Rüstzeug dafür bekommen, und folglich ist ihr Leben ein Desaster. Wenn die neuseeländische Gefängnisleiterin Celia Lashlie mit den Männern in ihrer Obhut sprach, stellte sie fest, dass sie oft generell größte Schwierigkeiten hatten, irgendetwas zu durchdenken, vor allem aber, wenn sie unter Druck standen. Sie waren im Gefängnis, häufig für lange Zeit, weil sie eine schlechte Entscheidung getroffen hatten, die etwa drei Minuten gedauert hatte. Sie waren nicht dazu fähig zu überlegen: »Ist das eine gute Idee? Welche Folgen wird das haben?« Ohne diese Fähigkeit sind Sie in einer stressigen und komplizierten Welt so gut wie verloren. Wenn wir unseren Kindern Geschichten vorlesen und im Laufe des Tages mit ihnen sprechen, wenn wir unseren Teenagern zu entlocken versuchen, wie sie denken, und ihnen dann achtsam zuhören, dann nähren wir ihre Denkfähigkeit.

Wie wir denken lernen

Als kleine Kinder sind wir ganz Empfindung und Gefühl. Wir verleben unsere Tage in einem zeitlosen Traum von Schmusen und Schlaf, Essen und Spiel. Im einen Augenblick Lachen, dann Tränen; jetzt helle Lichter, dann beruhigende Dunkelheit. Alles ist jetzt. Wir leben auf den unteren beiden Stockwerken unseres inneren Hauses, und wir sind zufrieden. Aber ein Baby oder ein Kleinkind erlebt auch Zeiten intensiver Frustration – »Wenn ich sie nur dazu bringen könnte, zu verstehen!«. Zum Glück naht Hilfe.

Sagen wir, wir sind zwei Jahre alt. Wir sehen einen Teddybären in einer schönen Farbe in einem Schaufenster, und wir möchten ihn haben. Unsere Mama kauft ihn aber nicht, daher schreien wir vor Schmerz und Unglück. Das ist kein Versuch, zu manipulieren oder zu kontrollieren (wie manche Erziehungsexperten des 20. Jahrhunderts gelehrt haben); das ist wirkliches Unglück. Mit ein oder zwei Jahren können wir noch nicht mit der Tatsache umgehen, dass wir diese heftigen Triebe und Wünsche haben und die Welt sich überhaupt nicht darum kümmert.

Wenn wir Glück haben, versteht unsere Mutter das. Sie hebt uns hoch und murmelt uns leise ins Ohr: »Ja, ich verstehe, dass du traurig bist, weil du den Teddybären nicht haben kannst. Das ist okay, es ist okay, traurig zu sein.« Jetzt sind wir zornig. »*Ich will ihn aber!*« Doch sie ist unbeeindruckt. »Es ist ärgerlich, nicht zu bekommen, was du haben willst«, sagt sie. »Komm, wir setzen uns auf die Bank hier.« Und sie hält Sie fest, und Sie schauen sich um und überlegen, ob Sie weitermachen oder aufhören. Eine Zeit lang war das Gefühl unentrinnbar; es musste seinen Gang gehen dürfen. Jetzt sind Sie nicht mehr so sicher. Da war eine tiefe Trauer, aber sie flaut ab. Mamas Hände sind warm, ihre Augen schauen voller Verständnis in Ihre.

Sie lernen, aus Gefühlen wieder herauszukommen, diese inneren Stürme zu überstehen und gleichzeitig – als Teil der Bewältigung – zu denken. Diese Triebe und intensiven Wünsche haben Namen: Wollen. Wehtun. Glücklich. Hund. Katze. Großmama. Möchtest du noch mehr essen? Sie entdecken, dass Wörter die Griffe an der Welt sind. Und dass wir, selbst wenn wir nicht der Nabel der Welt sind, immer noch glücklich sein können. Es geht darum, sich zu verstehen. Um eine Wechselbeziehung. Wörter sind, zusammen mit älteren Sprachen wie Berührungen und Blicke, ein hervorragendes Medium für die Zusammenarbeit von Menschen.

Eine Freundin hütete ihre dreijährige Enkeltochter über Nacht. Am frühen Morgen kam das kleine Mädchen in ihr Schlafzimmer. Sie sagte: »Mein Körper möchte zu dir ins Bett kommen.« Das Tempo, mit dem Sprache – und daher auch das Denken – sich bei einem Kind entwickelt, ist erstaunlich, und es entzückt jeden, der ein kleines oder schon etwas größeres Kind um sich hat.

Kinder haben die ganze Frische der Wahrnehmung und können uns jetzt schon davon erzählen und uns dadurch Einblicke in ihre Welt geben, solange sie noch neu und intensiv ist. Diesen Sommer habe ich einer Vierjährigen beigebracht, wie man ein Bodyboard im Flachwasser am Strand reitet, und sie konnte schon sehr gut Worte benutzen, damit unsere Zusammenarbeit klappte. Sie erklärte mir: »Die großen Wellen machen mir Angst«, und ich ließ sie einfach auf dem Board sitzen, im wenige Zentimeter tiefen Wasser. Nach weniger als einer Minute sagte sie: »Ich will wieder weiter raus.« Ich konnte ihr sagen: »Setz dich in die Mitte des Boards, um das Gleichgewicht zu halten«, und sie wusste, was ich meinte, und setzte es von nun an jedes Mal in die Praxis um. Ich schubste sie auf einer verheißungsvollen Welle strandwärts, sie ritt auf ihr, und zu unserer Überraschung zog die zurückflutende Welle sie wieder zu mir zurück, sodass wir das Ganze noch einmal machen konnten. Sie lachte laut und sagte: »Diese Welle hat mich aber prima mitgezogen.«

Ein Kleinkind, das das Glück hat, nicht übermäßig beschäftigte Eltern zu haben, wird sie anplappern, und sie werden zurückplappern – das ist sehr befriedigend, weil Menschen mehr als alles andere lieben, sich mit anderen zu verbinden. Schon bald darauf geht es um Geschichten, die Papa erfindet und mit lustigen Stimmen vorträgt, oder um Menschen, die Ihnen abends Bücher vorlesen, wenn Sie schlafen gehen, und ein, zwei Jahre später können Sie schon selbst lesen, und es kann losgehen. Sie sind jetzt richtig im zweiten Stockwerk Ihres inneren Hauses angekommen. Mit Worten können Sie im Leben zurechtkommen. Worte verbinden Sie mit der Menschheit – ob Sie mit lieben Freunden reden oder auch Romane oder Weisheitsliteratur lesen. Irgendjemand hat an irgendeinem Ort das durchgemacht, was Sie gerade durchmachen. Jeder, dem im Laufe der Jahrhunderte etwas wichtig genug war, dass er es aufgeschrieben hat, trägt heute zu Ihrer Versorgung und Entwicklung bei. Wirklich fantastisch, wenn man es sich überlegt. Das kann Sprache – und Denken – bewerkstelligen.

Drei Arten des Seins

Die beste Psychologie ist nicht immer die neueste. Weise Menschen und solche mit guter Beobachtungsgabe denken bereits seit ungemein langer Zeit über das menschliche Leben nach. Die folgende Vorstellung, dass es »drei Arten des Seins« gibt, ist rund 3000 Jahre alt. Sie gehört zu den wirksamsten Selbsthilfeinstrumenten, die mir begegnet sind, und ich nutze sie ständig. Sie ist besonders gut, wenn man ein Mensch ist, der zur Aufgeregtheit neigt.
Die alten vedischen Schriften beschreiben drei Geisteszustände, die Sie schnell erkennen werden.

In Sanskrit lauten ihre Namen *Tamas*, *Rajas* und *Sattva*. Annähernd in unsere Begriffe übersetzt heißt das:

Tamas (oder tamasisch) steht für »chaotisch«.
Rajas (oder rajasisch) bedeutet »getrieben«.
Sattva (oder sattvisch) heißt »harmonisch«.

Ich möchte Sie jedoch dazu ermuntern, die indischen Begriffe zu benutzen, damit Sie sich in Ihrem Geist als neue Form der Selbstwahrnehmung ansiedeln. Dann können Sie sagen: »Oh, Mist, ich bin heute Morgen vollkommen tamasisch.« Wenn Sie wahrnehmen, in welcher Verfassung Sie sind, haben Sie automatisch mehr Wahlmöglichkeiten. Aber welche Wahl treffen Sie am besten? Schauen wir es uns an.

Was tamasisch bedeutet

Jeder kennt jemanden – einen Freund, eine Freundin, ein Familienmitglied –, der chaotisch ist. Wenn Sie Teenager im Haus haben, können Sie vielleicht ein Lied davon singen. Ihr Zimmer (oder das ganze Haus) ist ein Durcheinander, ihr Leben ist unorganisiert. Es ist voller Panik und Verwirrung, im Wechsel mit Apathie und Erstarrung. Denken Sie an einen früheren US-Präsidenten auf Twitter, dann wissen Sie, was ich meine. Wir alle sind manchmal so – wir essen gedankenlos irgendetwas direkt aus dem Kühlschrank, zappen uns ziellos durch Fernsehkanäle, schlafen auf dem Sofa ein, wachen mitten in der Nacht auf. Das kann Ihr üblicher Zustand sein oder etwas, das Sie plötzlich überkommt, vielleicht in einer Zeit der Trauer oder tiefer Beunruhigung. Wenn es geschieht, fühlt es sich an wie ein Sumpf, in dem Sie feststecken. Manche Menschen, die das jetzt lesen, wurden von solchen Eltern großgezogen. Vielleicht haben Alkohol oder Drogen eine Rolle gespielt, aber was immer die Ursache sein mag, es ist höllisch, in einer solchen Umgebung zu sein, und höllisch, selbst in diesen Zustand zu geraten.

Wir neigen vielleicht dazu, eine Person, die tamasisch ist, zu verurteilen, aber nach meiner Erfahrung entspringt das oft aus einer überraschenden Quelle – am häufigsten passiert es, wenn man sehr *angstvoll* ist. Nehmen Sie nicht einfach an, ein Mensch sei faul, nur weil er apathisch oder unmotiviert aussieht. (Faulheit ist bei Menschen selten ein natürlicher Zustand, wir sind von Haus aus kreative und aktive Geschöpfe, daher ist Faulheit oft ein Zeichen für irgendeine Art von tiefer Entmutigung oder Angst, die das Handeln lähmt.) Manchmal ist tamasisch sein eine Schutz- oder Abwehrreaktion dagegen, dass einem die Welt einfach gerade zu viel ist.

Auch Prokrastination (»Aufschieberitis«) ist tamasisch; da wir Angst vor dem Scheitern haben, tun wir so ziemlich alles bis auf das, was wir tun müssen. Sie scheuen bei Ihrem Handeln vor dem zurück, von dem Sie in der Tiefe Ihres Herzens wissen, dass Sie es in den Fokus nehmen müssen. Das Internet ist selbstredend ein äußerst tamasischer Ort und kann Ihr Gehirn in die Zerstreuung führen wie nichts anderes auf Erden. Der Ausweg aus einem tamasischen Zustand ist daher fast immer, sich zu beruhigen, jegliches Tun einzustellen und dem auf den Grund zu gehen, was Sie ängstigt.

Wenn ich merke, dass ich in einen ausgeprägt tamasischen Zustand gerate, setze ich mich hin und schreibe auf, dass ich festhänge und unsicher bin, was ich als Nächstes tun soll. Wenn unsere Gedanken isoliert im Kopf bleiben, drehen sie sich leicht im Kreis, und alles kann einem viel zu groß vorkommen; dann hilft selbst eine Liste auf einem

Blatt Papier schon, sich zu sortieren. Kennzeichnen Sie mit Sternchen, was am wichtigsten ist, und tun Sie das.

Aber versuchen Sie auch herauszuarbeiten, was Ihnen Angst macht. Suchen Sie die Wurzel, statt sich Vorwürfe zu machen, Sie seien nutzlos. Sie sind nicht nutzlos. Fragen Sie Ihren Supersinn, was los ist.

Wenn ich richtig Angst habe, wenn ich das Gefühl habe, mein Herz sei flatterig, mache ich einen Spaziergang oder Gartenarbeit. Das Wichtigste aber ist, was Sie *nicht* machen sollten. Machen Sie in solchen Zeiten *nichts, was Sie betäubt* (essen, trinken, exzessiv fernsehen oder zocken), denn nach alledem finden Sie sich hinterher exakt am Ausgangspunkt wieder.

Es kann sein, dass Sie die »Angst spüren und es trotzdem tun müssen«. Vielleicht haben Sie ein gesundheitliches Problem, das Sie beunruhigt, oder Geldsorgen oder Schwierigkeiten bei der Arbeit und müssen einfach weitermachen. Manchmal überwältigt es Sie einfach, wie viel Sie zu tun haben. Wenn ich mich dem Ordnungschaffen nicht gewachsen fühle, beginne ich buchstäblich in einer Ecke meines Zimmers oder unseres Hauses und arbeite mich an den Wänden entlang! Tun Sie *irgendetwas,* dann fangen Sie bald an, sich wieder besser zu fühlen.

Der rajasische Geisteszustand

Rajasisch ist das Gegenteil von tamasisch – es ist ein Zustand starker, beinahe zwanghafter Fokussierung. Wir alle haben schon solche Menschen kennengelernt, die ihre Ziele beinahe hyperaktiv verfolgen. Sie arbeiten obsessiv und stundenlang bis in die späte Nacht hinein, um reich zu werden, berühmt zu werden, Frauen zu verführen, ein großes Haus zu bauen oder eine Machtposition zu erreichen. Es fehlt ihnen nicht an Organisation und Zielstrebigkeit. Sie sind ganz auf eine Sache ausgerichtet, voller Energie und Intensität. So machen sie das vielleicht 10 oder 20 Jahre lang. Das Ziel kann eine gutes oder ein schlechtes sein, aber die Methode ist die gleiche. Ein rajasischer Mensch ist leistungsgetrieben.

Im westlichen Denken wird diese Lebensweise häufig bewundert, und wir überhöhen große Sportler, Geschäftsleute und Prominente. Der Tatmensch ist in unserer Kultur ein sehr anerkannter Typ. Aber in der Praxis und aus der Nähe betrachtet fühlt sich unser Supersinn in Gesellschaft einer solchen Person oft unwohl. Es ist, als wäre ihr Leben zutiefst aus dem Gleichgewicht geraten und als würden andere Aspekte ihres Lebens vernachlässigt. Oft setzen sie sich rücksichtslos über andere hinweg, und ihre Beziehungen sind mager und halten nicht lange. Wenn wir ihren Lebenslauf verfolgen, sehen wir, dass ihr Leben früher oder später zusammenbricht.

Wir haben oft die Vorstellung, im Leben gebe es nur zwei Möglichkeiten, und davor muss man sich immer in Acht nehmen. Wenn man vor einem Dilemma steht, ist es interessant zu schauen, ob es eine dritte Möglichkeit gibt. Faul sein oder schuften klingt so, als wären damit alle Optionen abgedeckt, aber warten Sie – es gibt noch mehr!

Weiter zu sattvisch

Der höchste geistige Zustand im vedischen System und die höchste Lebensart werden sattvisch genannt. (Das Wort enthält dieselbe Wurzel wie das Wort Bodhisattva, also etwas sehr Gutes!) In einem sattvischen Zustand sind Sie noch immer fokussiert und produktiv, aber Ihr Handeln ist nicht länger »getrieben« – es ist harmonisch, ausgegli-

*Bei sattvischer Aktivität sieht es oft so aus,
als würde nicht viel geschehen …
Ein Krieg findet nicht statt … Ein Mann und seine
Frau rücken von einer verletzenden Eskalation ab …
Eine Familiendebatte wird ruhig geführt,
es wird auch gelacht, und es gibt eine
überraschende Wendung in eine neue Richtung.*

chen und friedlich. Sie packen mit an und helfen auch anderen Menschen bei ihren Bedürfnissen und Zielen, sodass Sie sich nicht wie der »Bulle im Porzellanladen« benehmen (wie meine Mutter immer gesagt hat). In einem sattvischen Zustand herrscht ein paradoxes Gefühl der Zufriedenheit mit dem Prozess, als hätten Sie auf einer bestimmten Ebene schon das Ziel erreicht, auf das Sie hinarbeiten. Das war das Geheimnis von Martin Luther King und Gandhi, und ich glaube, es ist auch das von Angela Merkel und Jacinda Ardern. Vielleicht ist mächtig viel Arbeit zu tun, aber in der Tiefe spüren Sie Frieden, während Sie sich mit ihr befassen. Der spirituelle Lehrer Ram Dass hat einmal über seine Arbeit mit dem Tod und dem Sterben gesagt, sie sei so schwer, dass sie schon wieder leicht sei. Mit dieser Art von Haltung sind Sie wesentlich effektiver und erzeugen keinen Rückstoß. Sie sind offen für neue Ideen und passen sich stets dem richtigen Weg an, der jetzt zu gehen ist. Sie gehen nicht mit dem Kopf durch die Wand.

Viele Menschen gehen von rajasisch zu sattvisch weiter, wenn sie mehr Lebensweisheit gewinnen. In Hermann Hesses Romanklassiker *Siddharta* strebt ein junger Mann unermüdlich danach, ein Vermögen zu erwerben und eine schöne Kurtisane zu beeindrucken. Das gelingt ihm auch, aber er empfindet den Erfolg als schal. Er lässt all das hinter sich, um einen besseren Weg zu suchen. Einige Milliardäre, mit denen ich befreundet war, haben diesen Wechsel vollzogen – eine frühe, ausschließliche Konzentration auf Reichtum verwandelte sich in die Frage: »Wie kann ich der Welt helfen?« Ihre Lebensfreude stieg sprunghaft, und ihre weniger großzügigen Mitmilliardäre sahen wie die traurigen Verlierer aus, und das sind sie auch.

Ein Beispiel aus den Kampfkünsten ist Aikido, bei dem man immer danach strebt, andere Menschen nicht zu verletzen, sondern einfach ihre Aggression so umzulenken, dass die Situation harmlos ausgeht oder sich sogar zum Freundlichen wendet. Ein berühmter Aikido-Meister begegnete einmal in einem Zug einem riesigen Mann, der völlig ausgeflippt war und die Mitreisenden in Angst und Schrecken versetzte. Er wandte jedoch nicht sein Aikido an. Er lud den Mann mit sanfter Stimme ein, sich neben ihn zu setzen, und nach weniger als einer Minute begann er zu schluchzen: Seine Mutter war an jenem Morgen gestorben. Der Aikido-Meister saß einfach da, legte einen Arm um ihn, und die Mitreisenden kehrten still wieder auf ihre Plätze zurück.

Bei sattvischer Aktivität sieht es oft so aus, als würde nicht viel geschehen. Aber was geschieht, kann die Welt verändern. Es geht um diesen winzigen Angelpunkt, an dem wie mit einer Akupunkturnadel gewaltige Energien umgelenkt werden können. Ein Krieg findet nicht statt. Ein Mann und seine Frau rücken bei einem Streit von einer verletzenden Eskalation ab und verzeihen einander. Eine Familiendebatte wird ruhig geführt, es wird auch gelacht, und es gibt eine überraschende Wendung in eine neue Richtung.

* * *

Das sind also die drei Zustände, und Sie sind stets in einem davon. Manche verbringen ihr gesamtes Leben in einem der beiden ersten, aber die meisten gleiten abwechselnd in alle drei Verfassungen, und zwar viele Male an einem einzigen Tag. Wenn Sie erst einmal anfangen, den Zustand zu identifizieren, in dem Sie gerade sind, werden Sie selbst, ohne es zu versuchen (es nicht eigens zu versuchen, ist sogar oft der beste Weg), beginnen, einfach in einen besseren Zustand wechseln zu wollen. Sie brauchen nicht mehr zu tun, als Ihre inneren Zustände wahrzunehmen, um zu mehr Wahlmöglichkeiten und Freiheit zu kommen. Und für diejenigen, die es gerne neurowissenschaftlich mögen, möchte ich ergänzen, dass sich bei Messungen von Gehirnwellen mit einem EEG-Gerät gezeigt hat, dass es drei hauptsächliche Arten von Gehirnaktivität gibt. Theta-, Beta- und Alphawellen entsprechen ziemlich gut den drei Zuständen tamasisch, rajasisch und sattvisch. Aber Sie können das wirklich und wahrhaftig auch einfach aufgrund Ihres Gefühls unterscheiden. Sattvisch ist wie Samt, die Welt ist weich. Sie wollen einfach die ganze Zeit dort sein.

Dass es gut klingt, heißt nicht, dass es wahr ist

Nicht alles Denken ist vernünftig oder richtig. Dass Worte einem ein gutes Gefühl geben können, heißt nicht, dass sie wahr sind. Sehr früh in meiner Berufslaufbahn half ich einmal dabei, einen Mann, der ein Kind vergewaltigt hatte, ins Gefängnis zu bringen. Er war de facto der Partner der Mutter eines zwölfjährigen Mädchens. Als die Polizei bei ihnen zu Hause eintraf, wusste er, dass das Spiel aus war. Während der Mann seine Sachen zusammensuchte und wohl die kalten Blicke der Beamten bemerkte, murmelte er: »Irgendjemand hätte es ja sowieso gemacht.« Und als wäre das noch nicht klar genug gewesen, schob er nach: »Es war das Beste für sie, dass es jemand war, den sie kannte.«

Ich habe noch nie einen Menschen kennengelernt, der schreckliche Dinge tat und nicht eine Geschichte vorweisen konnte, die dies in seinen Augen rechtfertigte. Das nennt man »Rationalisierung«. Davon gibt es überall reichlich. In meinem Land, Australien, halten Politiker Familien und kleine Kinder in Elendslagern auf tropischen Inseln fest, weil ihnen das die Stimmen ängstlicher Wähler einbringt, die noch nie in ihrem Leben einem Flüchtling begegnet sind. Sie haben eine Geschichte parat, die das legitimiert: Das macht man, um »Leben zu retten«. Niemand mit auch nur einer Spur Grips im Hirn lässt sich davon täuschen. »Die Boote stoppen« heißt in Wahrheit »Sterbt irgendwo anders«, aber das sagen sie nie. Es gibt das, was man will, und das, was nach einer plausiblen Begründung klingt. Und dann gibt es noch das, was tatsächlich das Richtige ist. Auf der Insel Tasmanien, wo ich lebe, sagen Leute, die Wälder zerstören oder Kohle abbauen wollen, um schnelles Geld zu machen, sie wollten Arbeitsplätze schaffen. Dann ersetzen sie ihre Arbeitskräfte durch riesige Maschinen. Doch besonders müssen wir auf dieses Muster in unseren eigenen Köpfen achten. Es kann eine Familie vergiften und für Kinder enormen Stress bedeuten, wenn wir bei unseren Begründungen nicht ehrlich sind oder unsere Bedürfnisse nicht offen äußern. Wir sagen das eine, aber ihr Supersinn sagt ihnen: »Das ist nicht wahr.« Es ist wirklich wichtig, das zu klären.

Es ist nicht leicht, integer zu leben, aber wenn Sie sich das fest vornehmen, werden Sie mit der Zeit jemand werden, der erhobenen Hauptes durchs Leben gehen kann. Meine Lieblingsstelle in einem Buch oder einem Film ist oft die, an der eine Figur – nicht selten ein Jugendlicher oder eine alte Frau oder ein alter Mann mit Triefaugen – plötzlich die Dinge mit absoluter Klarheit beim Namen nennt. Die Wahrheit ist letzten Endes immer Ihre Freundin.

Als in den 1990er-Jahren mein Buch *Männer auf der Suche* erschien, erwies es sich als Anstoß für die Entstehung von Hunderten Männergruppen, in denen Männer gegenseitige Unterstützung und zu einer besseren Lebensweise finden konnten. Manche dieser Gruppen bestanden 20 oder mehr

Jahre lang, was in unserer so geschäftigen Zeit vermuten lässt, dass sie zu etwas ziemlich Wichtigem im Leben dieser Männer geworden waren. Zentral für das Ethos dieser Männergruppen ist, dass man eine andere Art von Gespräch führt, als es einer Umkleidekabine oder in einer Kneipe möglich wäre. Die Regel lautet, immer vom Herzen her zu sprechen, und wenn jemand spricht, keine Ratschläge zu erteilen, nicht zu theoretisieren, sondern jeden bis zum Ende anzuhören. Wenn wir nicht von Anteil nehmenden, aber freimütigen Freunden dazu ermuntert werden, etwas Sinnvolles aus unserem Leben zu machen, dann ist es oft wenig sinnvoll. Sooft ich etwas über schreckliche Taten von Männern lese – bei denen sie sich selbst oder anderen Schaden zufügen –, versetzt es mir einen Stich, weil das von einer guten Männergruppe hätte verhindert werden können. Ich habe viele, viele Male in Männergruppen oder in einer Therapiegruppe gesehen, wie das laufen kann; dass die Lüge der Rationalisierung aufgedeckt wird, ist äußerst wichtig. Ein Mann redet zehn Minuten lang über seine Eheprobleme, und dann fragt einer seiner Kumpels ganz ruhig: »Dave, geht es hier wirklich um Sex?«

Die meisten Menschen sind kaum in der Lage, über ihre inneren Selbstgespräche ohne Bezug zur Wirklichkeit hinauszudenken. Lesen Sie das Gerede vieler verschiedener Bevölkerungsgruppen in den sozialen Medien, und Sie werden sehen, dass das, was da als Denken ausgegeben wird, oft nur eine Ansammlung von wiedergekäuten Klischees ist. Ein großer Teil der Menschheit durchdenkt ihr Leben nicht wirklich, die Leute machen einfach, wozu sie Lust haben, und gehen nur ins zweite Stockwerk hinauf, um eine plausible Geschichte zu finden, die für ihren Kopf annehmbar klingt.

In der Schule sollte es vielleicht ungefähr in der neunten Klasse ein eigenes Fach für eine intensive Schulung darin geben, wie man argumentiert, vernünftig denkt und logisch Fakten von Gefühlen trennt. Das ist eine handfeste Art von Liebe, die in der Betreuung und Erziehung in manchen Altersstufen eine Schlüsselrolle spielt. Wir müssen unsere Kinder zu sauberem Denken herausfordern, sanft, aber fest entschlossen. Bis zu 80 Prozent der Erziehung besteht in der Diskussion darüber, was sinnvoll ist und wie die Dinge funktionieren. Tanten können das sehr gut für Mädchen im Teenageralter übernehmen. Sie können lange, tiefgründige Gespräche über Themen führen, die zu heikel sind, als dass man mit Mama über sie reden könnte: »Sicher, er sieht gut aus, aber wie viel Langeweile willst du im Leben ertragen?« Sie stellen Fragen wie: »Was erwartest du vom Leben?«, »Was würdest du dir niemals gefallen lassen?«, »Was ist für dich das Wichtigste im Leben?«. Sie können einen sogar herausfordern: »Du sagst, dass du dieses willst, aber du tust jenes.« Wenn uns niemand auffordert, diese Muskeln spielen zu lassen, wie können sie dann jemals stark werden?

Der Schlüssel zum Verständnis des menschlichen Gehirns liegt darin, zu begreifen, dass es nie dazu gedacht war, für sich allein zu funktionieren. Wir müssen Teil eines geistigen Netzwerks sein, um unser Denken gegenzuchecken und auf seine Plausibilität zu prüfen. Vorzugsweise mit Menschen, die ganz und gar nicht unserer Ansicht sind. Es kann sehr fruchtbar sein, wenn man mit jemandem verheiratet ist, der eine ganz andere Weltsicht hat.

Höher hinauf

Vom elementaren Denken – dem Zuruf an unsere Höhlenmitbewohner, die Mammutsteaks nicht anbrennen zu lassen – bis zur Organisation von Zehntausenden von Menschen für einen guten Zweck gelangen wir immer höher hinauf, bis wir schließlich das Leben selbst ergründen.

Richard Rohr, ein rebellischer Franziskanerpater, der tief über das Leben und seinen Sinn nachdenkt, versteht die Dinge sehr gut auf diese Ebene zu führen. Rohr hat festgestellt, dass viele Erwachsene auf ihrem Weg durchs Leben noch immer wie Kinder denken und dass das aus unserer Welt einen ziemlich düsteren Ort gemacht hat. Wenn Sie und die Menschen, die Sie lieben, oder die Welt, die Ihnen kostbar ist, zu Schaden kommen oder sogar zerstört werden, dann wahrscheinlich von kleinen Jungen (oder Mädchen) in ausgewachsenen Körpern, die eine Macht ausüben, die man ihnen eigentlich gar nicht anvertrauen sollte. Politiker, Oligarchen, amoralische Menschen mit unersättlichen finanziellen Interessen, Diktatoren bis hinunter zu ganz gewöhnlichen Rüpeln und verirrten Seelen gefährden allesamt unsere Welt und machen sie unsicher. Wie wir in der Corona-Pandemie herausgefunden haben, kosten sie zahlreiche Menschen das Leben.

Rohr hat fünf Einsichten – oder Erkenntnisse – zusammengestellt, die den Unterschied zwischen einem Erwachsenen und einem Kind ausmachen. Er hat sie als Teil eines Initiationsritus gedacht, als eine Art heilige Wahrheiten, die jungen Menschen beim Übergang von der Kindheit zum Erwachsenenalter anvertraut werden. Hier sind sie …

1. Du wirst sterben.
2. Das Leben ist hart.
3. Du bist nicht so wichtig.
4. In deinem Leben geht es nicht um dich.
5. Du kannst das Ergebnis nie kontrollieren.

Auf den ersten Blick klingen sie nicht gerade wie freudige Botschaften der Befreiung! Das ist wie ein auf den Kopf gestelltes Seminar von Anthony Robbins. Aber bleiben Sie bei diesen Einsichten, und Ihr Denken wird eine Art entschlossene Zugkraft entwickeln.

Das Wissen, dass Sie sterben werden, ist wichtig, nicht nur, damit Sie vorsichtiger Auto fahren, sondern auch, um zu verhindern, dass Sie Ihr Leben damit verschwenden, es zu betäuben oder mit Trivialitäten, Zerstreuungen oder unnötigen Ängsten zu vergeuden oder nicht Ihren Träumen zu folgen. In seinem Buch *Reise nach Ixtlan* bekommt Carlos Castaneda von seinem Yaqui-Lehrmeister gesagt, er solle den Tod stets an seiner Seite behalten, knapp über der linken Schulter, als Ansporn, immer »den Weg des Herzens« zu gehen. Das Wissen um den Tod spielt eine sehr lebensfördernde Rolle, es intensiviert unser Leben. Eines Tages wird das Spiel aus sein. Verschwenden Sie keinen Moment.

Wenn Sie wissen, dass das Leben hart ist, sind Sie vorgewarnt, dass nichts Lohnendes ohne manchmal gewaltige Anstrengung zu haben ist. Dass im Laufe des Lebens Trauer im gleichen Maße wie Freude auf Sie zukommt, dass es sich aber dennoch lohnt. (Fred Rogers, von dem ich bereits erzählt habe, hat das sehr feinfühlig in seinen Sendungen für selbst die kleinsten Kinder gelehrt. Er hat sich nie gescheut, Krankheit, Behinderung und Tod als Realitäten im Leben von Kindern einzubeziehen, mit denen wir ihnen zuliebe ehrlich umgehen müssen. Das Leben ist hart, aber Sie brauchen sich ihm nie allein zu stellen; die Liebe anderer Menschen ist das, was einem ein Gefühl der Sicherheit gibt und einem wieder auf die Füße hilft.)

Zu erkennen, dass wir ein ganz gewöhnlicher Mensch sind, nimmt uns nicht die Einzigartigkeit. Es erlegt uns nur die notwendige Demut auf. Es ist merkwürdig, dass wir in einer Kultur, die so entmenschlichend und konformistisch ist wie noch keine andere auf Erden (besonders für Teenager), mit Botschaften unserer Besonderheit verführt werden. Na, Lust auf ein Selfie? Es kommt zutiefst auf uns an, weil wir Teil der Kette des Lebens sind und das Leben sowohl schützen als auch bereichern können. Aber das tun wir am besten, indem wir ganz bescheiden auf die Lücken schauen, in denen wir eine Rolle spielen können, und zugleich die vielen Bemühungen anderer würdigen, die unser Leben ermöglicht haben.

Rohrs fünfter Punkt ist wahrscheinlich der ernüchterndste von allen, und es ist sehr wichtig, dass wir mit ihm zurechtkommen – wir bringen den Großteil unseres Lebens damit zu, das zu lernen. Beispielsweise in einer Ehe oder in jeder dauerhaften Beziehung müssen wir etwas sehr Schweres lernen: dass wir die Kontrolle aufgeben müssen, wenn wir Intimität, Vertrauen oder Spaß haben wollen. Sogar schon, wenn es um die Entscheidung geht, wohin wir zum Abendessen gehen sollen! Lieben ist buchstäblich ein Tanz, und beim Tanzen macht man seine Schritte, aber man behandelt den anderen nicht wie eine Schaufensterpuppe; man geht mit Gefühl vor und hofft, dass alle Bewegungen miteinander harmonieren. Millionen von Männern und Frauen verstehen das nicht und versuchen, den anderen zu kontrollieren, weil sie Angst haben, wenn sie das nicht tun, bekommen sie nie, was sie brauchen. Sexualität und Begehren sind ein wichtiger Test dafür; wir spüren das Bedürfnis nach Nähe nur selten mit derselben Intensität zur gleichen Zeit. Aber ein Tanzpartner ist bereit, mitzugehen und mitzuschwingen und in den Rhythmus zu finden und vor allem den anderen als ein gleichwertiges, selbstständiges Wesen zu behandeln. Und er wird darauf vertrauen, dass die Musik Sie zusammenbringt.

Hier gilt es jedoch eine wichtige Unterscheidung zu treffen. Unser Mangel an Macht heißt nicht, dass wir gar nicht erst versuchen sollten, die Dinge so gut wie möglich zu machen. Das ist eines der großen Paradoxe, die die Wirklichkeit so oft mit sich bringt. Das größte ist vielleicht, dass Schreckliches wie Krankheit, Unfälle, Krieg und Katastrophen schon immer zur menschlichen Existenz dazugehört haben. Als Therapeut strebe ich mit all meinen Kräften danach, Menschen zu mehr Kontrolle über ihr Leben zu verhelfen, und als ringender

Mensch danach, mein eigenes gut zu lenken. Aber unter dem Strich können wir zwar unser kleines Boot steuern und in entscheidenden Augenblicken kräftig rudern, aber es werden auch Stürme und Strudel kommen.

Was immer Sie tun: Manchmal werden sich unvorhersehbare Kräfte auf Sie auswirken, manchmal verheerend. Sie haben zwei Möglichkeiten – entweder Sie leben in ständiger Angst davor oder Sie können sich auf eine seltsame Weise entspannen. Sie haben vieles nicht in der Hand. Wir können eine Menge dafür tun, dass das Leben sicher, gesund und glücklich verläuft, aber jenseits davon müssen wir einfach vertrauen. Und wenn etwas Schreckliches passiert, müssen wir uns daran erinnern, dass wir das Rüstzeug haben, diese Schrecknisse zu bewältigen, denn Menschen sind dafür ausgestattet.

Die vier Stockwerke unseres inneren Hauses bedeuten, dass Sie nicht am Boden zerstört zu sein brauchen. Wie die Psychoanalytikerin Clarissa Pinkola Estés so schön geschrieben hat: »Sie sind für solche Zeiten gemacht.«

Erwachsen sein

Die Erwachsenen sind also eine Gemeinschaft derjenigen, die erkannt haben, dass es im Leben darum geht, füreinander da zu sein (und für das Leben, an dem wir teilhaben). Alles andere ist eine traurige Farce und macht überhaupt keinen echten Spaß. Die Gewinner in dieser Welt sind nicht die, die Sie dafür halten würden, und sie erscheinen auch nur selten in den Schlagzeilen.

Das Erwachsensein wächst uns nicht mit dem Verstreichen einer bestimmten Anzahl von Jahren zu; es gibt Millionen von Babys, die in ausgewachsenen Körpern herumlaufen und oft sehr mächtige Positionen innehaben, und sie machen unsere

Welt zu einem gefährlichen und geschädigten Ort. Es bedarf einiger Maßnahmen, die uns helfen, ins Erwachsensein zu gelangen. Solche Hilfen gibt es in jeder indigenen Kultur der Welt – man nennt sie Übergangsrituale. Übergangsrituale folgen klar vorgezeichneten Abläufen, und der wichtigste Schritt ist vielleicht ein ritueller Prozess, der das Sterben unseres alten Selbst symbolisiert, damit wir an einem neuen Ort geboren werden können. Das ist nicht leicht. Solche Dinge können wir nur in Beziehungen mit Menschen lernen, die sich ganz konkret um uns kümmern und die langfristig zu unserem Leben gehören – wie die Ältesten in einem Stamm von Jägern und Sammlern, die uns lieben würden und die immer für uns da wären, in allen Stadien und Härten unseres Lebens. Erwachsensein hat für unsere Vorfahren nicht bedeutet, in eine große, herzlose Welt hinauszugehen, sondern in eine fürsorgliche Gemeinschaft von Erwachsenen einzutreten, die diese lebensfördernden Ziele alle gemeinsam hatten. Initiation ist der Weg, Gemeinschaft aufzubauen. Und so, lieber Leser, liebe Leserin, müssen Sie in die Gemeinschaft gehen, um Hilfe zu finden, wenn Ihr Leben einfach zu schwer ist. Auch wenn die Hilfe nicht perfekt ist. Auch alle anderen suchen, genau wie Sie, ihren Weg. Sie sollten sich niemals allein fühlen.

Die Botschaft von Rohrs Lehre, man müsse ein wahrhaft Erwachsener werden, lautet letzten Endes, dass wir – nachdem wir rund 20 Jahre damit zugebracht haben, Unabhängigkeit zu erreichen und ein solides Selbstgefühl aufzubauen – genau das wieder wegwerfen müssen. Das Ich muss sterben – zugunsten des Selbst. Der reife Mensch liebt das Leben und seine vielen Freuden, aber er weiß, dass darin keine tiefe Erfüllung zu finden ist. Er beginnt, sich immer mehr dem Wohl der Menschen und des Lebens um ihn herum zu widmen, das ihm zunehmend am Herzen liegt. Er übernimmt Verantwortung für die Erde und gibt sein Leben – manchmal sogar buchstäblich – dafür hin.

Bei meinen Kollegen und Freunden auf der ganzen Welt sehe ich jetzt ein konzertiertes Bemühen, den Klimanotstand zu bremsen und den Trend umzukehren – ein Wettlauf, bei dem es buchstäblich um Leben und Tod geht. Prognosen für eine übermäßig aufgeheizte Welt sagen vorher, dass diese bis zum Ende des Jahrhunderts vielleicht nur noch eine Milliarde Menschen ernähren und ihnen ein sicheres Leben ermöglichen kann (also schon zu Lebzeiten der Kinder, die heute geboren werden). Derzeit haben wir acht Milliarden Erdbewohner. Freunde von mir – angesehene, nachdenkliche Menschen in den Sechzigern und Siebzigern, die einen Beitrag zur Gesellschaft geleistet haben –, haben schon Banken oder Straßen in Großstädten oder die Büros von Parlamentsmitgliedern blockiert, wurden verhaftet, standen vor Gericht, gingen wieder los und wiederholten das Ganze. Auf der ganzen Welt versuchen ältere, bedächtige, fürsorgliche Menschen sichere und friedliche Wege zu finden, die Auslöschung der Menschheit zu stoppen. Ihr eigenes Leben ist ihnen nicht so kostbar wie das Wissen, dass auch ihre Enkel noch ihre Zeit in der Sonne haben werden.

Das ist also die wahrhaft eindrucksvolle Welt, die Ihnen in Ihrem zweiten Stockwerk zur Verfügung steht. Sie können zu einem sehr sinnvollen Leben gelangen, indem Sie sich *bewusst entscheiden, sich der Welt anzunehmen*. Denken in seiner besten Form kann Ihr Leiden lindern, Ihnen eine Perspektive geben und den Widrigkeiten des Lebens Sinn verleihen. Es kann uns verwandeln, sodass wir nicht mehr in der Opferrolle sind, sondern das Leben meistern. Dieses zweite Stockwerk zeigt auf, was unsere Spezies und ihr Potenzial ist. Wir sind Meta-Geschöpfe, und wir sind zu einem Ziel unterwegs, das genauso spannend ist wie die Erforschung des Weltraums.

Und das ist noch nicht alles. Denken führt höher hinauf zu den Werten. Werte führen hinauf zu einem Handeln sehr besonderer Art. Und dann ist da noch mehr. Eines Tages werden

Sie, wenn Sie Ihr zweites Stockwerk erforschen, etwas sehr Sonderbares entdecken: eine staubige, vergessene Treppe, die zu einer Falltür über Ihrem Kopf führt. Während Sie diese Treppe erklimmen, hören Sie Fetzen von Musik und sehen Licht durch die Ritzen fallen. Was ist dort oben? Ehe wir das herausfinden, lieber Leser, liebe Leserin, sollten Sie innehalten und sich sammeln. Machen Sie eine Pause, trinken Sie eine Tasse Tee, und dann gehen wir weiter.

Ihr denkendes Gehirn – Übungen zum Nachdenken, eins bis fünf

Wenn Sie über Ihr Leben und Ihre Entscheidungen nachdenken, und zwar ruhig und vernünftig, ist das sowohl eine erlernte Fähigkeit als auch etwas, wozu – oder wogegen – Sie sich entscheiden können.

1. Als Sie ein Kind waren, haben sich da Ihre Eltern und die ganze Familie hingesetzt und Dinge in Ruhe besprochen? Haben sie dabei Vernunft und Logik genutzt, um den besten Weg für den Umgang mit Dingen auszutüfteln?
2. Erkennen Sie bei sich selbst eine Tendenz, zuerst zu entscheiden, was Sie möchten, und dann Gründe zu erfinden, die es rechtfertigen? Sich selbst gegenüber? Anderen gegenüber? Wie groß ist Ihre Bereitschaft, das aufzugeben?
3. Haben Sie schon einmal die Erfahrung gemacht, während eines Streits zu erkennen, dass die andere Person tatsächlich recht hat oder zumindest von ihrem Standpunkt aus recht hat? Sind Sie dazu fähig, eine Meinung aufzugeben, wenn es Beweise dafür gibt, dass sie falsch ist? Oder sind Sie jemand, der dann auf stur schaltet?
4. Mit welcher von Richard Rohrs fünf Wahrheiten haben Sie in Ihrem Leben gerade am meisten zu kämpfen?
   – Du wirst sterben.
   – Das Leben ist hart.

– Du bist nicht so wichtig.
– In deinem Leben geht es nicht um dich.
– Du kannst das Ergebnis nie kontrollieren.
5. Gibt es darunter eine oder zwei, mit denen Sie früher einmal zu kämpfen hatten, mit denen Sie jetzt aber klarkommen?

Bändigen Sie die Menge in Ihrem Kopf

Eine der verblüffendsten Erkenntnisse der modernen Hirnforschung und auch eine maßgebliche Lehre der alten Meditationstraditionen ist, dass das Ich oder das Selbst, das wir uns normalerweise denken, gar nicht existiert. Rundheraus gesagt, gibt es kein Ich. Die Neurowissenschaften haben lang und breit danach gesucht, wo im Körper oder Gehirn der eigentliche Sitz des Ichs sein könnte, und dieser Ort ist einfach nicht da. Wir erfahren das Leben als etwas Fließendes, als eine Kontinuität, und das hilft uns, dass wir uns die Schuhe anziehen und daran denken, uns die Zähne zu putzen. Aber wir sind dabei eher wie eine Welle im Ozean als wie ein Ziegelstein. Wir besitzen Kontinuität, aber wir verändern uns ständig. Das hat zahlreiche Auswirkungen, aber eine ist die Erkenntnis, dass ein »falsches Selbst« leicht die Führung an sich reißen kann und dass Anteile die Kontrolle übernehmen können – Teile, die Sie selbst gebildet haben –, die nicht wirklich der Aufgabe gewachsen sind, zu Ihrem Besten zu handeln. Menschen mit bestimmten Störungen im Gehirn kennen die erschreckende Erfahrung, Stimmen zu hören, die oft sehr negativ urteilen und verstörend sind und sie schikanieren und quälen. Doch alle Menschen haben das ein Stück weit – wir diskutieren mit uns selbst oder kämpfen gegen Triebe und Impulse an, die uns Schaden zufügen würden. Schon allein an einer Konditorei vorbeizugehen, kann uns in Versuchung führen.
(Erinnern Sie sich noch an die Zeichentrickfilme mit Donald Duck, in denen eine kleine Teufelsente und eine Engelsente aus Donalds Kopf herauskamen und sich stritten, was er tun sollte?) Wir sind nicht einfach nur eine einzige, intakt geborene Person, sondern wir wurden von

*Achten Sie auf die Stammgäste
in Ihrer Persönlichkeit!
Auf Hermann den Hilflosen,
Richard den Rächer, Bernd den Besserwisser
und seinen Bruder, Werner den Wichtigtuer.
Alle müssen regelmäßig aufgespürt und in
ihre Höhlen zurückgescheucht werden.*

anderen Menschen großgezogen, die wir in unser Wesen aufgenommen haben; wir haben spezielle Neuronen namens Spiegelneuronen, die genau für diese Internalisierung von Rollenvorbildern zuständig sind. Bis wir erwachsen sind, sind wir daher im Wesentlichen ein Bündel all der Menschen, der guten und schlechten, die unser Leben beeinflusst oder auf uns eingewirkt haben. Und diese disparate Menge kommt nur selten miteinander aus.

Zuerst einmal muss man herausfinden, wer denn alles da drin ist. Wenn ein Elternteil oder beide Eltern oder sonst jemand, der Sie betreut hat, hart war und Sie häufig verurteilt hat, dann haben Sie wahrscheinlich die entsprechende Stimme im Kopf. »Reiß dich zusammen«, »du nutzloses Ding«. Wenn Sie sich einmal elend fühlen, ist es sehr hilfreich zu prüfen, ob sich diese Teilpersönlichkeit das Mikrofon geschnappt hat. Im inneren Gefüge der meisten Menschen gibt es wahrscheinlich auch ein temperamentvolles, aber ziemlich hirnloses *trotziges Selbst* – das, was Billy Connolly einmal einen »Rebell ohne Plan« genannt hat. Diese Teilpersönlichkeit wird gegen Verkehrsschilder wüten und Streitigkeiten vom Zaun brechen, die nur in Tränen enden können. Dieser Teil Ihres Wesens ist nützlich, um aus eingefahrenen Gleisen herauszukommen (und spielt natürlich auch in der Adoleszenz eine entscheidende Rolle, wenn es darum geht, aus der Familie auszubrechen), ist jedoch nicht so beschaffen, dass Sie ihm wirklich die Führung überlassen wollen. Der Rebell in Ihnen weiß, was er nicht sein oder tun will. Aber er ist nicht sehr gut darin, zukunftsgerichtete Entscheidungen zu treffen.

Schließlich haben die meisten auch einen verführerischen, hilflosen Selbstanteil mit einer Babystimme, der sehr geschickt andere Menschen dazu bringt, sie zu retten, oder eine weinerliche Version davon mit viel Selbstmitleid. Seine Wunden zu lecken hat seine Berechtigung. Zugeben, dass man Hilfe braucht, ist ein wichtiger Aspekt der Reife. Aber diese mentalen Zustände dienen dazu, eine Veränderung herbeizuführen, und dann soll man weitergehen, sie sind kein Rezept für eine reife Eigenständigkeit oder echte Stärkung.

Nicht alle Menschen in Ihrem Kopf sind negativ, hoffentlich haben Sie auch zahlreiche hilfreiche. Ein freundliches, ermutigendes Selbst. Einen logischen Mr Spock. Ein lustiges, spontanes, verspieltes Selbst. Diese drei Selbstanteile bilden gemeinsam ein recht gutes Team – warm, klug und lebendig.

Didi Bark, eine englische Waldorfpädagogin, die heute in den Achtzigern ist und mich erstmals auf diesen Gedanken gebracht hat, gab ihren inneren Anteilen scherzhafte Namen, um mit der Menge in ihrem Kopf klarzukommen.

(Didi war der Inbegriff der Wohlanständigkeit, und so fiel ich aus allen Wolken, als sie verriet, dass zu ihren Anteilen »Charlotte the Harlot« (Hure) gehörte. Ich habe diesen Trick von ihr gelernt und nutze ihn oft, um die toxischen Bewohner meines Schädels zu entwaffnen. Welche das sind, könnten keine zehn Pferde aus mir herausbringen, aber Sie können sich ja den Spaß gönnen, Ihre eigenen Versionen von Hermann dem Hilflosen, Richard dem Rächer, Grapscher dem gierigen Geist, Bernd dem Besserwisser und seinem Bruder, Werner dem Wichtigtuer, zu benennen. Sobald man sie erst einmal aufgespürt hat, lassen sie sich leicht in ihre Ecke zurückscheuchen, und Sie können sich mit den netteren Bewohnern in Ihrem Inneren vergnügen.

7
Näher betrachtet

Das Männliche erlösen

Anmerkung: Das ist unser zweiter Exkurs, in dem wir das Gelernte auf drängende Probleme anwenden, die die meisten Leser und Leserinnen – und die Welt im Ganzen – belasten. In diesem speziellen Teil wird das schreckliche und anscheinend unlösbare Problem der »verkorksten Männer« und die Frage angegangen, wie man eine Männlichkeit erreichen kann, die lebensbejahend, sanft und freundlich ist. Ganz und gar lebendige, menschliche Männer sind etwas, wonach Frauen und Kinder sich sehnen und das die ganze Welt nötigst braucht. Damit unsere Erde überleben kann, müssen wir die Männlichkeit zurechtrücken. Und es ist ja so, dass wir *wissen, wie das geht*. Ein großer Teil der Arbeit meines Lebens hat genau darin bestanden. Aber beginnen möchte ich mit einer persönlichen Geschichte von vor langer, langer Zeit …

* * *

Unsere Schulzeit war vorbei. Plötzlich sah ich die Freunde, mit denen ich in den letzten sechs Jahren jeden Tag zusammen gewesen war, nur noch selten. Die bedrohlich näher rückende Universität, eine ebenso aufregende wie beängstigende Aussicht, wurde noch von den vertrauten Ritualen eines australischen Sommers auf Abstand gehalten. Dann kam aus heiterem Himmel der Anruf. Es war einer von meinen Freunden, aber er klang merkwürdig; es war etwas passiert. Er war so durcheinander, dass er seine Nachricht von hinten nach vorn überbrachte. Eine Beerdigung sollte stattfinden, einer unserer Freunde war gestorben. Bei einem Schießunfall. Unser Klassenlehrer hatte einige Klassenkameraden gebeten, es den anderen mitzuteilen. Ich legte den Hörer auf und saß einfach da, fassungslos und wie betäubt.

Der Gottesdienst, der schon am folgenden Tag stattfand, war schrecklich. Die Mädchen unserer Klasse weinten und waren völlig aufgelöst. Dann fielen mir zwei Personen ins Auge, die wohl Davids Eltern waren: eine Mutter mit gequältem Gesichtsausdruck, ein Vater, der stumm und steif war. Der Geistliche tat sein Bestes, aber da er die Familie nicht kannte, konnte er nur Plattitüden vorbringen: »Wir denken dabei an einen anderen David …« In meinem benommenen Asperger-Gehirn, das in sozialen Situationen immer mühsam um Verständnis ringen musste, regte sich etwas wie Wut. Das hier war nicht in Ordnung. Wortlos stolperten wir in die helle Sonne hinaus und machten uns auf den Heimweg.

Mir war nicht einmal entfernt in den Sinn gekommen, dass mein Freund sich umgebracht haben könnte. Er war ein liebenswürdiger Junge, aber auch der klügste von uns, der mit Leichtigkeit die besten Prüfungsergebnisse der Schule erreichte. Wie es in den 1960er-Jahren unter Schuljungen üblich war, machte unsere Gruppe den ganzen Tag Witze, und wir sprachen nie ein Wort über unser Innenleben; wir erzählten von den Fernsehsendungen, die wir am Abend vorher gesehen hatten, führten philosophische Debatten, brachten hin und wieder sogar ein freundliches Wort gegenüber einem Mädchen heraus oder waren die verwirrten Zielscheiben ihrer Scherze und Flirtversuche. An David jedoch habe ich eine ganz spezielle Erinnerung, die mir auch in all den Jahren danach geblieben ist. Und zwar an einen Moment ungewöhnlicher Freundlichkeit.

Ich wohnte etwa sechs Kilometer von der Schule entfernt und fuhr jeden Tag mit dem Rad dorthin. An einem Morgen war ich in einem Anfall von hormonellem Hochgefühl sehr früh aufgebrochen, hatte starken Gegenwind gehabt und war voll in die Pedale gestiegen, was mich überanstrengte. Ich kam so außer Atem in der noch fast menschenleeren Schule an, dass ich bald merkte, dass ich mich übergeben musste. Ich beugte mich über einen Mülleimer in der Nähe meines Spindes und nahm aus dem Augenwinkel wahr, dass David rund zehn Meter weiter stand. Er kam her und legte mir die Hand auf die Schulter, während ich nach Luft schnappte und die Reste meines Frühstücks zwischen den Chips-Tüten betrachtete. In den 1960er-Jahren von einem Klassenkameraden getröstet zu werden, und gar in einer anderen Weise als mit Knüffen und Püffen berührt zu werden, war so ungewöhnlich und so genau das, was ich in jenem Augenblick brauchte, dass ich diese Hand auch nach 50 Jahren noch immer auf meiner Schulter spüren kann.

Meiner Mutter kam ein paar Wochen später zu Ohren, dass sein Tod kein Unfall gewesen war, aber das war für mich sehr schwer zu akzeptieren, weil es mir unverständlich war. Er hatte sich völlig dem schulischen Erfolg verschrieben und wollte unbedingt den naturwissenschaftlich geprägten Lernstoff beherrschen; wir alle lebten für die Naturwissenschaft und ihre sichere Welt der Regeln und Gewissheiten. Er hatte den Tag vor dem Studienbeginn an der Universität als Todestag gewählt. Diese Schwelle konnte er nicht überschreiten. Und doch war sie das Ziel seines Lebens gewesen. Nichts passte zusammen.

Erst Jahrzehnte später kam ich auf den Gedanken, dass jemand die Gründe für seinen Selbstmord kennen könnte. Sobald ich konnte, kehrte ich nach Melbourne zurück und suchte die Behörde, in der die Berichte des Untersuchungsbeamten aufbewahrt wurden, der solche Todesfälle begutachten muss. Eine freundliche Frau holte eine Akte aus den Regalen mit den Ordnern, die sich weit nach hinten ins Dunkle erstreckten. Sie schaute mich an und sagte nach einer kleinen Pause, ehe sie mir die Akte reichte, sanft: »Ich habe die Todesursache gesehen und wollte Sie nur warnen, *dass vielleicht Fotos dabei sind.*«

Es gab nichts dergleichen. Schockierend war nur die Kürze der Akte. Sie beschrieb, wie das in solchen Berichten Pflicht ist, die physischen Einzelheiten der von ihm gewählten Todesart. Sie endete mit einem euphemistischen Standardsatz: »Keine verdächtigen Umstände.« Wieder spürte ich die Wut in mir aufsteigen, die ich 30 Jahre zuvor bei der Beisetzung gespürt hatte. Wie konnten sie es dabei belassen? Was war mit meinem Freund geschehen? Bis heute bin ich der Antwort nicht näher gekommen. Die Aufklärung eines Mordes kann jahrelange Arbeit von ganzen Teams von Experten erfordern. Aber wenn man sich selbst umbringt, macht sich niemand die Mühe, der Ursache dafür auf den Grund zu gehen.

Natürlich wissen wir, dass es schwer ist, ein Teenager zu sein. Es gibt Kulturen, in denen das nicht so ist, aber in der unsrigen herrscht ein solcher Mangel an Unterstützung beim Übergang von der Kindheit zum Erwachsenenalter, dass wir die Adoleszenz zu einem Niemandsland gemacht haben, dessen Durchquerung schreckenerregend ist. Wir bieten den Jugendlichen einfach kein Gefühl der Sicherheit und Verbundenheit durch Anteil nehmende Erwachsene, besonders solche, die nicht zur Familie gehören. Jungen und Mädchen ducken sich gleichermaßen in die Schützengräben. Viele werden verletzt, manche tödlich. Suizide von Jugendlichen, die jahrzehntelang abgenommen hatten, begannen kürzlich wieder stetig zu steigen, und Jungen haben bei diesem Vorhaben doppelt so oft »Erfolg« wie Mädchen.

Meine eigenen Teenagerjahre hatten sowohl einzigartige als auch universelle Aspekte, wie Ihre zweifellos auch. Ein Merkmal einer Jugend in den 1960er-Jahren war das beinahe völlige Fehlen von Berührung. Ich hatte fürsorgliche und stabile

Eltern, aber zur Sprache zwischen Eltern und Kindern gehörten in jenen Tagen keine Umarmungen. Als kleine Kinder hatten wir mit Vorliebe auf Papas Schoß gesessen. Er war ein Mann der Arbeiterklasse, der im Körperlichen mehr zu Hause war als im Verbalen, er vergötterte uns Kinder und war lustig und lieb. Aber meine Mutter stammte aus jener sozialen Schicht, in der die Menschen körperlich steif und unbeholfen waren. Meine stärkste Erinnerung an Berührung ist, dass ich als Kleinkind auf einem großen, kalten Toilettensitz saß und von meiner Mutter, die in der Hocke vor mir kauerte, festgehalten wurde, damit ich nicht in die Schüssel fiel. Ich erinnere mich an die Nähe dieser Augenblicke und daran, dass ich sie nach Kräften auszudehnen suchte! Meine Mutter war schon gut über 60, als meine Schwester und ich sie endlich dazu überreden konnten, sich von uns umarmen zu lassen, ihren Körper weich werden zu lassen, anstatt sich steif zu machen und uns halb zu erdrücken. Als sie erst einmal locker gelassen hatte, liebte sie das und ließ von Stund an keine Umarmung mehr aus.

War man dann 13 oder 14 und die Kindheit vorbei, konnten Monate vergehen, ohne dass ein einziger Mensch mehr tat, als einmal versehentlich unsere Kleidung zu streifen, von Hautkontakt konnte keine Rede sein. Anthropologen ist der extreme Berührungsmangel in einigen Kulturen aufgefallen und auch seine Korrelation mit Gewalt. Doch in indigenen Gesellschaften von Jägern und Sammlern war gehalten, getragen und geknuddelt zu werden für ein Kind so normal wie das Atmen. In Asien gehen befreundete Männer bis heute auf der Straße Hand in Hand. In indischen Familien, bei denen ich zu Gast war, wurden die Kinder so gut wie ständig berührt und liebkost. Bis ins späte Jugendalter hinein wickeln sich gleichgeschlechtliche Geschwister und Freunde/Freundinnen oft geradezu umeinander in liebevoller Verbundenheit. Als ich in einer dunklen Nacht einmal in Kalkutta unterwegs war, fiel ich in ein tiefes Loch; meine Gastgeber zogen mich wieder heraus und klopften mich in ihrer Besorgnis von oben bis unten mit den Händen ab, als wäre ich Knetmasse, und sie müssten mich wieder zu einem Stück zusammenfügen.

Berührung gibt einem ein Gefühl von Lebendigkeit und hat eine außerordentlich besänftigende Wirkung; die Endorphine und das Serotonin fließen frei und beruhigen Körper und Gehirn. (Sogenannte Seelentröster-Nahrungsmittel replizieren diesen Effekt auf der inneren »Haut« des Verdauungstrakts, die dieselbe Verdrahtung und denselben Ursprung hat wie die Außenhaut unseres Körpers. Millionen von Menschen essen als Ersatz für Berührung.)

Von meiner Lehrerin Virginia Satir, die die Familientherapie begründet hat, stammt der legendäre Ausspruch, man brauche drei Umarmungen am Tag zum Überleben und sechs, um zu blühen und zu gedeihen. »Hauthunger« ist der Begriff, den der Psychologe Harry Harlow benutzt hat, als er seine berühmten Versuche mit Affenbabys machte, die ohne mütterliche Nähe wie Zombies und tief gestört wurden.

Satir hat geschrieben, dass Berührung sowohl unsere Existenz als auch unseren intrinsischen Wert bestätigt und ein Gefühl von Vitalität und Energie erzeugt. Sie ist ein uraltes Signal von Zugehörigkeit zur Menschheit. Sie lindert Aufregung und schafft Vertrauen. Heute wissen wir, wie wohltuend sich Hunde in Krankenhäusern und Schulen auf die Gesundheit auswirken, und im Garten hinter meinem Haus gibt es zwei Rettungshunde, die jeden Morgen auf mich zugestürmt kommen, um sich von mir ausgiebig den Kopf kraulen und den Pelz zausen zu lassen. Ich glaube nicht, dass Teenager Berührung weniger dringend brauchen als Hunde.

Mein Asperger-Syndrom hat die Lage natürlich noch erschwert. Um mit Menschen, insbesondere mit Mädchen, in Kontakt zu kommen, waren einige grundlegende Fähigkeiten zu verbalem Austausch erforderlich. (Schon allein dieser Satz klingt autistisch, wenn ich ihn noch einmal lese!) Meine Versuche, ein Gespräch zu führen, die ich frohen Mutes und in freundlicher Absicht unternahm (ich war nicht kalt wie ein Fisch, aber ich war auch nicht in meinem Element), kamen einfach nicht an. Ich ging sehr gerne in die Schule, weil sie mir eine Struktur bot, und damit kam ich zurecht, aber unstrukturierte Zeit war ein Albtraum für mich. Da wusste ich kaum, wie ich gehen, wo ich stehen und welche Miene ich aufsetzen sollte.

Zur damaligen Zeit waren kirchliche Jugendgruppen und Freizeiten für viele Teenager fester Bestandteil des Lebens. An einem kalten Morgen war ich in einem Zeltlager in den Dandenong Ranges früh aufgestanden und hing herum. Ein junges Paar, das ich kannte, stand in langen Mänteln am Lagerfeuer. Die beiden waren immer zusammen, hielten sich jetzt umschlungen und warteten in stiller Heiterkeit auf das Frühstück. Das Mädchen wurde von ihrem Freund weit überragt, war aber viel offener als er. Sie sah mich, lächelte und tat etwas Bemerkenswertes: Sie streckte einen Arm aus und lud mich offenkundig dazu ein, mich dazuzugesellen. Sie zog mich an ihre Seite und schloss mich in die Umarmung ein.

So standen wir minutenlang da, zwei lange, schlaksige Jungs und diese lebensprühende junge Frau zwischen uns, einen an jeder Schulter; wir blickten ins Feuer und sagten gelegentlich mal ein Wort. Ich spürte, wie ihre Wärme in jede Zelle meines Körpers hineinströmte und meine Einsamkeit wegschmolz. Ich hatte damals zunehmend das Gefühl gehabt, wenn ich sterben würde, würde das niemandem groß etwas ausmachen, auch mir selbst nicht. Die Berührung bewirkte, dass ich am Leben bleiben wollte.

Ich halte es für wahrscheinlich, dass mein Freund – welche Gründe er auch immer gehabt haben mochte, sein Leben zu beenden – hätte gerettet werden können, wenn eine kleine Gruppe von Freunden sich einfach seine Sorgen angehört hätte, mit ihm Zeit verbracht hätte, bis er durch die schwierige Phase durch war, und ihn vor allem bereitwillig in die Arme genommen und so lange gestreichelt oder massiert hätte, bis er wieder leben wollte. Die netten Mädchen, die mit uns zusammen aufwuchsen, hätten dabei geholfen, wenn sie gewusst hätten, was da nötig war. Er wusste, dass Berührung wichtig war, sonst wäre er an jenem Morgen nicht hergekommen, um mich zu trösten.

Männer brauchen handfeste Hilfe

Viele Jahre lang waren wir der Ansicht, dass Männer sich umbringen, weil sie nicht dazu fähig sind, ihr Herz zu öffnen. Deshalb haben ihre Freunde keine Ahnung und können ihnen nicht helfen. Wir nehmen an, dass Selbstmord ein Tod aus Einsamkeit ist. Das ist zwar sicherlich wahr, aber praktisch gesehen genügt es nicht, Männer dazu zu ermutigen, sich verletzlich zu zeigen, denn was passiert, wenn niemand darauf reagiert?

Man hat versucht, Männern ein Stück weit die Scham dafür zu nehmen, dass sie nicht mit dem Leben fertigwerden, indem man es als Krankheit deklariert hat – Depression – und es in erster Linie mit Medikamenten behandelt, wenn sie nicht wohlhabend genug sind oder das Glück haben, auch psychologische Hilfe oder Therapie zu bekommen. Aber eine Depression kann auch eine natürliche Antwort auf ein einsames Leben und auf die Versagensgefühle sein, die die engen Rollenvorgaben, die wir Männern aufzwingen, mit sich bringen.

Tatsächlich suchen Männer sehr oft durchaus Hilfe, aber die Menschen in ihrer Umgebung sind darüber entweder so verblüfft oder so wenig daran gewöhnt, in einer männerfreundlichen Weise unterstützend zu sein, dass sie sich wieder verschließen und sich noch schlechter fühlen. Das Gesundheitssystem und Angebote, die der körperlichen und seelischen Gesundheit dienen, sind hier noch immer beklagenswert unzureichend, sowohl in Bezug auf Hilfestellung als auch Sachkenntnis auf diesem Gebiet.

Die derzeitige Meinung ist, dass man nicht einfach Kampagnen dafür machen kann, dass Männer sich öffnen, sondern dass wir sehr zielgenaue Hilfen für die drei großen Krisen im Leben von Männern anbieten müssen, die in allen Forschungsarbeiten sichtbar werden:

1. Trennungen und das Auseinanderbrechen der Ehe
2. Drogen- und Alkoholmissbrauch
3. Arbeitslosigkeit oder finanzielle Nöte

Kleine, örtliche, männerfreundliche Serviceeinrichtungen, die sowohl praktische *als auch* emotionale Unterstützung anbieten und über Fachwissen in diesen speziellen Bereichen verfügen, sind allem Anschein nach die beste Form von Suizidprävention.

In Australien arbeitet ein großartiges Programm namens MENDS mit frisch getrennten Männern und hilft ihnen, wieder Stabilität zu gewinnen und aus dem Zusammenbruch ihrer Ehe zu lernen, damit sie in künftigen Beziehungen mehr Erfolg haben und sich in Ruhe eine starke Basis dafür erarbeiten können, ihren Kindern weiterhin gute Väter zu sein. *Dads in Distress* (Väter in Not) ist ein Selbsthilfenetzwerk, das Männer ebenfalls in der meist schlimmsten Krise ihres Lebens, die für ihr Wohlbefinden auch die größten Risiken birgt, unterstützt und schult. Wir fangen gerade erst an, uns in einer intelligenten und sensiblen Weise um Jungen und Männer zu kümmern und sie als wertvolle und fühlende Wesen mit einzigartigen Bedürfnissen anzusehen. Wenn wir wollen, dass sie einfühlsame Ehemänner, Väter, Brüder und Söhne mit einem offenen Herzen sind, dann müssen wir sie genau so behandeln.

In diesem Kapitel schauen wir uns an, in welcher Weise das vierstöckige innere Haus für die Wiederherstellung von Männern wesentlich ist. Und wie auch das Leben der Frauen unglaublich stark von der jahrhundertelangen Schädigung von Männern beeinflusst wird. Wenn Sie eine Frau sind und das lesen, hoffe ich, dass Sie ein Gefühl der Klarheit und Empathie dafür gewinnen, was Männer durchmachen, was sie zu dem gemacht hat, was sie geworden sind und wie man sie unterstützen kann, damit sie heil werden können. Doch diese Heilung liegt in unserer eigenen Verantwortung, und endlich kümmern wir Männer uns darum.

Ich schätze, dass beinahe 90 Prozent des Leidens von Frauen im Kern mit einem Mann zu tun haben. Und noch weiter gefasst, dass die wettbewerbsorientierte, aggressive und individualistische Natur unserer Gesellschaft ganz klar die männliche Pathologie widerspiegelt. Frauen, die Erfolg haben, schaffen das oft, indem sie sich in ihren Werten und Methoden den Männern angleichen. Die weltweite Reaktion auf die neuseeländische Premierministerin Jacinda Ardern zeigt, dass es auch eine nichtpatriarchalische Art und Weise gibt, Politik, Wirtschaft und vieles mehr zu betreiben. Am ersten Tag in ihrer Führungsposition riet ihr eine Abgeordnete im Parlament, zum Angriff überzugehen. Frau Ardern erwiderte klar und entschieden: »Es tut mir leid, das entspricht mir einfach nicht.«

Für Frauen ist die Wiederherstellung des männlichen Wohls von enormer Bedeutung. In meinem Land, Australien, das 25 Millionen Einwohner hat, wird jede Woche durchschnittlich eine Frau von einem Mann umgebracht. Aber Gewalt von Männern gegen sich selbst ist um ein Vielfaches häufiger.

Sechs Männer nehmen sich jeden Tag das Leben, und jedes Jahr wird 32 000 Mal ein Rettungswagen gerufen, weil ein Mann einen Selbstmordversuch unternommen hat. In Großbritannien ist die Lage etwas besser, die Selbstmordraten fallen allmählich, und das Land liegt in der weltweiten Statistik ungefähr in der Mitte. Aber bei einer Einwohnerzahl von knapp 68 Millionen sterben dennoch zwölf Männer pro Tag durch Selbstmord. Das ist etwa dreimal so viel, wie bei Verkehrsunfällen sterben, also noch immer schockierend viel.

Vor einigen Jahren wurden in der Stadt, in der ich damals wohnte, ein paar Freunde eines Mannes, der Beamter war und aufgrund von Stellenstreichungen gerade seine Arbeit verloren hatte, von seiner verzweifelten Frau zu Hilfe gerufen. Er hatte eine Schusswaffe, tobte und weinte hemmungslos. Die Freunde schliefen mehrere Tage lang in Schichten bei ihm zu Hause (während seine Frau und seine Kinder woanders hingingen), redeten mit ihm, beruhigten ihn und widersprachen gelassen seinen Argumenten. Jemand war immer wach und bei ihm; die Waffe hatten sie ihm längst weggenommen. Die Krise ging vorüber, und er war ihnen zutiefst dankbar. Heute hilft er ehrenamtlich Männern in vergleichbaren Situationen und kann kaum noch glauben, wie nahe er einer Katastrophe gekommen war.

Im Augenblick entwickelt sich eindeutig eine neue Männlichkeit – Männer haben in den letzten 30 Jahren die Zeit, die sie mit ihren Kindern verbringen, verdreifacht, viele Männer weinen offen und umarmen ihre Freunde, und die Männer der jüngeren Generation haben mit großer Selbstverständlichkeit gleichrangige Beziehungen zu ihren Partnerinnen oder Frauen allgemein. Wenn sie schwul oder transgender sind, rührt oder bedroht sie das kaum noch. Das sind die innovativen Vorreiter. Aber eine große Masse Ewiggestriger muss noch bewegt werden, quer durch viele Kulturen. Das ist eine weltweite Aufgabe, und wir müssen uns jetzt darum kümmern.

Was ist schiefgelaufen?

Es lohnt sich, zu den Wurzeln der Frage vorzudringen, warum die Männlichkeit so entgleist ist und unsere ganze Gesellschaft mitgezogen hat. Versuchen wir einmal, das auf ganz knappem Raum zu schaffen. Für rund 300 000 Jahre, eine unvorstellbar lange Zeit, lebten die Menschen in einer sehr spezifischen Weise, die sich nicht änderte. Sie lebten in kleinen, eng miteinander verbundenen Clans, in denen jeder mit jedem verwandt war; sie sorgten füreinander und schützten sich gegenseitig. Das Leben war kostbar – im größten Teil der Vorgeschichte war die Anzahl der Menschen äußerst gering: Auf den gesamten Britischen Inseln gab es in der ersten Zwischeneiszeit nur etwa 5000 Menschen.

Ein Junge, der in diesem längst vergangenen Zeitalter groß wurde, hatte ein ganzes Team von Männern – neben dem Vater auch Onkel und Großväter –, die ihm etwas beibrachten und ihn anleiteten, jeden Tag und fast die ganze Zeit. Das mussten sie auch, denn mit 14 wurde er ein Mann, und das Leben aller hing davon ab, dass er sicher, geschickt und selbstlos war. Die sorgfältige Hinführung von Jungen zu einem Leben als guter Mann war ein zentraler Teil jeder Kultur auf Erden.

Männlichkeit floss wie ein Strom von einer Generation zur nächsten weiter. Die Gesellschaften waren damals matriarchal geprägt, und die Schulung der Jungen war darauf ausgerichtet, das Leben um sie herum zu fördern und zu schützen. Ich hatte als junger Mann das Privileg, einige Zeit in West New Britain bei Menschen zu verbringen, die so lebten, und sah mit eigenen Augen die Sanftmut und Kohäsion einer Gesellschaft, die kaum vom Imperialen Zeitalter berührt wurde. Als die Menschen anfingen, Ackerbau zu betreiben, wurde das Leben erheblich härter und karger, und die Rolle der Frauen wurde herabgewürdigt – die Anfänge des Patriarchats entstanden. Doch im Großen und Ganzen lebten die Menschen noch in einer Gemeinschaft, und die Jungen erfuhren eine detaillierte Einführung ins Mannsein, die die Dimension des Heiligen enthielt.

Dann änderte sich auch das wieder, beinahe schon in der Zeit, an die wir uns selbst erinnern können. Wir gingen zu einer industriellen Lebensweise über, und plötzlich waren Männer und Kinder beinahe den ganzen Tag getrennt. Männer fuhren in Bergwerke ein, gingen in Fabriken und Hüttenwerke. Sie mussten fort und in katastrophalen Kriegen kämpfen, in denen Millionen starben, und wer zurückkam, war geschädigt und stumm. Viele ältere Männer von heute erinnern sich an einen solchen Hintergrund ihres Lebens. Ein unzugänglicher Vater, Alkoholiker oder gewalttätig oder beides, besessen von Kontrollwahn, kritisch und aufbrausend. Oder das andere Extrem – untüchtig und gebrochen.

Aber das Verlangen nach einem Vater ist in jedes Kind eingeschrieben, ob Junge oder Mädchen. Jedes Kind wünscht sich innigst einen Traumvater, der es liebt, lehrt, ermutigt und bestätigt. Aber als die Welt industrialisiert wurde, ging die Zeit dafür verloren. Viele Väter wurden wie ein Ungeheuer, ein Furcht einflößender Mann, der abends zu Hause auftauchte. Und ein Riss, gewaltig und namenlos, zog sich im 19. und 20. Jahrhundert durch Heim und Familie. Robert Bly nannte ihn die Vaterwunde.

Die Jungen hatten nicht mehr den nötigen Umgang mit ihrem Vater oder ihrem Onkel, bekamen nicht einmal ein Zehntel dessen, was ihr Herz und ihr Kopf zur Ganzheit brauchten. Die Frauen taten ihr Bestes, und das war häufig sehr gut, aber dieser kleine, doch wesentliche Schlussstein für die Männlichkeit eines Jungen fehlte. Es wuchs eine

Generation von Männern heran, die nichts über die Innenwelt älterer Männer wusste und nicht erfuhr, wie sie in einem männlichen Körper mit seiner einzigartigen Chemie, seinen Bedürfnissen und Freuden gut leben konnte.
Frauen können auch allein Jungen zu wunderbaren Männern heranziehen und haben das schon seit Jahrtausenden getan. Aber am besten fahren normalerweise diejenigen, die dafür sorgen, dass es gute Männer im Leben ihrer Söhne gibt – Großväter, Onkel, Gitarrenlehrer, Sporttrainer, den schwulen Nachbarn von nebenan. Das ist natürlich klug, und es hilft, wenn wir Männer uns bereithalten und wissen, dass das unser Job ist – dass »bevatern« ein gemeinsames Tun ist. Ein Junge muss so viele Arten von Männlichkeit erleben wie möglich, damit er aus diesen Beispielen den einzigartigen Mann zusammensetzen kann, der in seiner Seele angelegt ist. Es ist schwer, ein guter Mann zu sein, wenn man nie wirklich einen gesehen hat.
Am Ende des 20. Jahrhunderts waren neun von zehn Männern ihren Vätern nicht nah, und viele hassten sie sogar. Die Vaterwunde lief wie ein Grand Canyon durch unsere Kultur, und wir dachten einfach, das müsste eben so sein.

Das Verhältnis zu Ihrem Vater in Ordnung bringen

Es ist ein mutiges und riskantes Unterfangen, wenn sich Männer zu einer Versöhnung mit ihren ihnen entfremdeten Vätern entschließen. Die sicherste Art, das zu tun, besteht in der einfachen Frage: »Wie war das für dich, als wir noch Kinder waren? Wie lief das damals?« Nicht vorwurfsvoll, einfach aus dem Wunsch heraus, zu verstehen. Oft führt das zu einer Offenbarung. Ein Mann, ein Chirurg, reiste von Australien nach Großbritannien zurück und fand seinen Vater (den er als Kind gehasst und seit 30 Jahren nicht mehr gesehen hatte) in einem Pflegeheim vor, wo er im Sterben lag. Er mietete sich eine Wohnung und blieb bei ihm, damit er in Frieden sterben konnte. Der Brief, in dem er mir davon erzählte und mir dankte, gehört zu den kostbarsten Dingen, die ich besitze.

Männer brauchen andere Männer, von denen sie lernen können und die ihnen helfen, eine weiter gefasste, angenehmere Art von Männlichkeit zu entwickeln. Um nicht den Frauen in ihrem Leben die Last aufzubürden, ihre Emotionen für sie zu tragen. Männer müssen dringend auf allen vier Stockwerken ihres inneren Hauses leben. Ich persönlich brauche mit 67 noch immer regelmäßig den nährenden Umgang mit älteren Männern; er macht mich ruhiger und mutiger. Ich rechne nicht damit, dass ich je aus diesem Bedürfnis herauswachse.

Wie sieht ein guter Mann aus?

Was macht einen guten Mann aus? Das fragte ich einmal ein Publikum von 200 Frauen, die Antworten in den Raum rufen konnten und die (neben ein paar anzüglichen Ausreißern) all die folgenden Eigenschaften und noch viele mehr aufzählten ...

- sanftmütig
- freundlich
- rücksichtsvoll
- ungefährlich
- ehrlich
- zuverlässig
- vertrauenswürdig
- lustig
- großzügig in Herz und Geist

- praktisch
- arbeitswillig
- offenherzig
- liebevoll
- positiv
- geduldig
- ausgeglichen

Es war anrührend, die Intensität wahrzunehmen, mit der einige dieser Frauen sprachen. Man hörte heraus, dass sie in vielen Fällen das Gegenteil erlebt hatten, was ihr Verlangen nach etwas anderem gesteigert hatte. Und Männer würden zweifellos eine ganz ähnliche Liste erstellen.

Als die Liste fertig war, wies ich auf etwas Wichtiges hin. Jede dieser Eigenschaften fällt in eine von zwei Kategorien: Rückgrat und Herz. Ein guter Mann muss beides haben. »Liebevoll« ist eindeutig Herz, aber »Zuverlässigkeit« ist Rückgrat. Eines ohne das andere ist nutzlos. Sie können einen freundlichen, lustigen und sanftmütigen Mann haben, der hoffnungslos unzuverlässig ist, nicht Wort hält und auf den Sie nicht zählen können. Viele Leserinnen haben sicherlich einen solchen Mann als Vater oder Ex-Mann gehabt. Oder Sie haben einen verlässlichen, soliden und organisierten Mann, der hölzern und kalt ist, zu geizig und zu regelkonform, als dass er für Sie oder die Kinder nährend wäre. Er wird da sein, aber Sie werden nicht genau wissen, ob Sie das überhaupt wollen. In den Begriffen des vierstöckigen inneren Hauses gesprochen, verlässt er nie das zweite Stockwerk. Er lebt im Kopf, abgeschnitten von Herz und Sex.

Bei der Erziehung unserer Söhne müssen wir dafür sorgen, dass sie sowohl Rückgrat als auch Herz haben. Ein Mann mit echter Charakterstärke, der selbst in schweren Zeiten durchhält, aber auch lachen und Ihnen Gedichte vorlesen kann, ist nicht zu viel verlangt.

Die Maske fallen lassen

»Das Verhältnis zu Ihrem Vater in Ordnung bringen« ist der eine wichtige Schritt. Der andere ist, dass Sie lernen, »die Maske fallen zu lassen«. Dazu fähig werden, aus der Schale herauszutreten, die Sie sich in der Adoleszenz zugelegt haben, und authentisch zu werden.

Stellen Sie sich einen heutigen Jungen von 14 Jahren vor. Die Pubertät ist schon deutlich angelaufen, die äußeren Veränderungen sind offenkundig, aber auch innerlich sind die Auswirkungen groß. Sein Testosteronspiegel, der mit zwölf erstmals spürbar wurde und ihn anfangs verträumt sein ließ und durcheinanderbrachte, ist jetzt mächtig hoch, etwa 800 Prozent höher als in seinen Grundschuljahren. Er ist zu Tode erschrocken. Aber was tun wir, um diese Energie zu nutzen, zu segnen oder zu heiligen?

Er spürt die Erwartung, erwachsen zu werden und »ein Mann zu sein«, mit voller Wucht auf sich zukommen. Aber er hat nicht wirklich die »Software«, die innere Anleitung, wie er ein Mann sein kann. Falls er nicht großes Glück hat, arbeiten sein Vater und andere Männer in seiner Umgebung viele Stunden täglich und verbringen nur wenig Zeit mit den Kindern. Und wenn, dann sind sie nicht sehr gesprächig und sprechen schon gar nicht über Gefühle, Träume und Geschichten. Vielleicht geben ihnen ein paar Lehrer an der Schule etwas mehr von sich selbst. Ein Junge in seinem Alter möchte männlich erscheinen und in seiner sozialen Umgebung hoch erhobenen Hauptes dastehen, aber er weiß nicht recht, wie. Was soll er tun?

Wenn nicht irgendein Onkel oder Freunde seines Vaters oder ein Anteil nehmender Lehrer oder zwei einspringen, fühlt er sich vielleicht ziemlich verloren. Dann gibt es nur einen Weg, an eine Identität zu kommen: sie fälschen. Es gibt eine Handvoll männlicher »Standardmasken« oder Rollen, die

*Ein junger Mann kann in unserer Gesellschaft
unter vier Masken wählen:
Der knallharte Bursche.
Der hart arbeitende Tatmensch.
Der Spaßvogel.
Der coole Typ.
Keine davon hat auch nur entfernt Ähnlichkeit
mit einem authentischen Mann.
Um das zu sein, braucht man überhaupt
keine Maske.*

er gebrauchsfertig »von der Stange« nehmen kann. Wenn er in einem armen Stadtteil aufwächst, in dem die jungen Männer gewalttätig oder aggressiv sind, dann muss er die Maske »knallharter Bursche« aufsetzen.

Wenn er in etwas besseren Verhältnissen lebt und mehr soziales Selbstvertrauen hat, kommt er vielleicht mit der zweiten Standardmaske klar, dem »coolen Typ«. Sonnenbrille ins Haar geschoben. Flotte Kleidung. Schickes Auto. Passende Freundin. Diese Rolle kann später ohne großen Schaden aufgegeben werden. Egoismus ist zwar lächerlich, aber selten fatal.

Wenn er nicht besonders gut aussieht oder sonst irgendein Defizit zu kaschieren hat, aber schnell im Kopf ist, kann er der »Spaßvogel« sein, der Witzbold, der die Spannung löst, sich lustig macht und immer gut drauf ist. Er hat in mancher Hinsicht mehr Freiraum, unkonventionell zu sein, neigt aber hinter der Maske zur Depression. Bei der Wahl dieser Maske ist die Tendenz zum Suizid am häufigsten.

Maske Nummer vier ist die des »hart arbeitenden Tatmenschen«, der nicht sehr gesellig ist, aber den Rest überholen kann. Manche Mädchen mögen diese Jungen recht gern; sie sind nicht sonderlich aufregend, aber ein guter Teamkamerad auf der Jagd nach materiellem Erfolg – wenn das ihr Wunschziel ist. Inzwischen sind wir in der Unternehmenswelt angelangt und bei der Mehrheit der Männer, die als Angestellte arbeiten. Hier ist die Lebensgefahr geringer, wenn man nicht den Tod aus Langeweile miteinbezieht!

Schwule Männer erzählen mir, dass auch sie Standardmasken haben, unter denen sie wählen können, die zwar anders, aber gleichermaßen einschränkend sind, sodass es wichtig ist, sie mit wachsender Sicherheit wieder fallen zu lassen.

Das Problem mit den Masken ist klar – die wirkliche Person ist nicht zu sehen. Aber wenn wir nicht gesehen werden, können wir uns nicht miteinander verbinden. Wir verkümmern. Was in der großen weiten Welt funktioniert, funktioniert in der persönlichen Sphäre ganz und gar nicht. Partner, die Hunger nach echter Intimität haben, fragen sich nach und nach verzweifelt, ob es je dazu kommen wird, Kinder fühlen sich nicht geliebt oder gut verbunden. Ein maskierter Mann am Esstisch hat nichts Nährendes oder Ermutigendes an sich. Jungen im Teenageralter spüren eine unerklärliche Wut auf ihre Väter, ohne als Ursache zu erkennen, dass sie einfach mehr von ihnen bekommen wollen.

Glücklicherweise beginnt sich all das zu ändern. Vor einiger Zeit ging ein Videoclip im Internet viral, in dem der französische Tennisstar Nicolas Mahut mit Tränen in den Augen dasitzt, unmittelbar nachdem er ein wichtiges Spiel verloren hat. Plötzlich läuft sein kleiner Sohn von der Tribüne her zu ihm hin und umarmt seinen Papa. Die Fans applaudieren und jubeln, und sein Gegner Leonardo Mayer kämpft ebenfalls mit den Tränen und schaut voller Mitgefühl zu. Als ich auf dieses Video stieß, war es bereits sieben Millionen Mal geklickt worden. Echtheit ist etwas, bei dem die Menschen heute buchstäblich Beifall klatschen. Es ist so ungewöhnlich.

Wie kann man die Maske ablegen? Das ist ganz einfach: Sie brauchen nur zuzugeben, dass Sie mit Ihrer Weisheit am Ende sind. Angst haben. Verlegen sind. Traurig. Sich geirrt haben. Dass Sie sich nicht davor fürchten, in Ihr erstes Stockwerk zu gehen und zu fühlen. Dann spricht man häufig von »Verletzlichkeit«, aber die Fähigkeit, offen zu sein, ist auch eine Art von Stärke. Kummer, Trauer, Peinlichkeit und sogar Scham (das ist für Männer die schwierigste Emotion überhaupt) sind allesamt Prozesse, und wenn wir sie viele Male durchlaufen haben, entdecken wir, dass sie uns nähren und für unser Wachstum wichtig sind. Und alles, was Frauen von Männern verlangen, ist, dass sie bereit sind zu wachsen.

Es liegt eine merkwürdige Stärke darin, mit echter Offenheit sagen zu können: »Ich stehe gerade nicht an der richtigen Stelle, aber ich kann mich dazu bekennen, ich schäme mich nicht dafür. Ich werde meinen Weg finden. Und Hilfe und Unterstützung von dir sind mir willkommen.« Und dann kann die Arbeit am Aufbau einer echten Männlichkeit beginnen, bei der Sie sich selbst treu bleiben.

Inzwischen sind 30 Jahre vergangen, seit ich mein Buch *Männer auf der Suche* geschrieben habe. Bei der ersten Auflage war auf dem Cover ein Adler zu sehen, der an einem Wolkenkratzer mit Hunderten identischer Fenster vorbeifliegt. Ein Mann schrieb mir, hinter jedem Fenster sei ein Mann, der davon träume, zu entfliehen. Wenn Sie das als Mann lesen, hoffe ich, dass Sie aus Ihrem gläsernen Gefängnis herausmarschieren werden, in dem Sie festsitzen. Steigen Sie hinunter in Ihren Körper und tanzen Sie und bewegen Sie sich, schlottern Sie, bis es schmerzt. Gehen Sie hinauf in Ihr Herz und bewohnen Sie sämtliche Emotionsräume. Und treten Sie aus Ihrem winzigen Schädel hinaus in den stürmischen Wind und die Freiheit des Geistes.

Wenn Sie eine Frau sind, besteht eine gute Chance, dass Sie gehofft und gebetet haben, dass die Männer sich ändern, in Ihrer eigenen Beziehung und in der ganzen Welt. Der Gedanke, dass die Männer in Ihrem Leben – Väter, Ehemänner, Söhne und Arbeitskollegen – anders sein könnten, glücklicher, sicherer, vertrauensvoller, freundlicher, ist ein Wunsch, der aus tiefstem Herzen kommt. Und die Welt hängt letztlich davon ab, dass er schnell Wirklichkeit wird. Ich hoffe, dieses Buch über ein lebendiges Leben trägt dazu bei.

8
Das dritte Stockwerk

Spiritualität ist nicht das, was Sie denken

Es hat tagelang geregnet, aber am Sonntagmorgen schaut die Sonne durch die Wolken. Er geht in die Küche und sagt zu ihr: »Es ist schön draußen, wie wäre es, wir würden an den Strand fahren?« Sie zögert, runzelt die Stirn, blickt auf ihre beiden kleinen Kinder, die sich im Wohnzimmer zanken, und sagt dann impulsiv: »Ach, warum nicht?« Sie fahren zu einer ruhigen Bucht, die sie kennen, halten an und ruhen sich aus. Die Kinder spielen völlig versunken in den Tümpeln zwischen den Felsen. Plötzlich ermüdet, legt er sich hin, den Hut übers Gesicht gezogen. Sie macht einen längeren Spaziergang. Als sie später am Wasser entlang zurückgehen, nimmt sie seine Hand. Das hat sie schon eine ganze Weile nicht mehr getan. Auf der Heimfahrt schlafen die Kinder in ihren Sitzen ein.

* * *

Ein Besucher von einem anderen Planeten würde sich menschliches Tun und Treiben anschauen und sich ratlos fragen, welchen Zweck es hat. So vieles, was wir tun, ist oberflächlich gesehen unlogisch. Am Strand entlanggehen, Blumen pflanzen, einen Hund mit Zärtlichkeit überschütten. Aber tatsächlich bildet all dies das Herzstück geglückten Lebens.

Hier kommt eine Frage für Sie zum Knobeln: Was haben die folgenden Tätigkeiten gemeinsam? Surfen, skaten, Mountainbike fahren. Sich betrinken. Sich intensiv einem Hobby oder einem Projekt widmen. Musikfestivals und Rockkonzerte be-

*So vieles, was wir tun,
ist oberflächlich gesehen unlogisch.
Am Strand entlanggehen, Blumen pflanzen,
einen Hund mit Zuneigung überschütten.
Aber tatsächlich bildet all dies das Herzstück
geglückten Lebens.*

suchen. In die Kirche gehen. Liebe machen. Drogen nehmen. Einen Meditationskurs oder ein Retreat mitmachen. Nackt im Mondlicht schwimmen. Zu einem Fußballspiel gehen. Kopfhörer aufsetzen und im Wohnzimmer tanzen. Ein aufregendes Computerspiel spielen. Musik machen. Künstlerisch tätig sein. Eine einzige kurze, intensive Liebesnacht erleben. Sich bindend auf eine Langzeitbeziehung einlassen. Eine Familie haben und Kinder großziehen.

Was sie gemeinsam haben, wird Sie schockieren. All die genannten Aktivitäten sind im innersten Kern spirituell. (Und ich habe noch einige provokantere ausgelassen.) Wenn Sie jemanden, der gerade etwas von dem Genannten tut, fragen würden: »Warum machst du das?«, würde er natürlich sagen: »Weil ich das gern mache. Es gibt mir ein gutes Gefühl.« Aber wenn man nach dem *Grund* für dieses gute Gefühl fragen würde, bekäme man eine Antwort wie: »Ich fühle mich dabei am lebendigsten, am weitesten von meinem gewöhnlichen Ich weg, einfach *ganz*.«

Spirituelle Beschäftigungen sind solche, denen wir uns widmen, um unser Gefühl der Getrenntheit zu verlieren und Teil eines Ganzen zu werden. Des ganzen Ozeans, der Gesamtheit der Fußballfans, aller Zuhörer, die im Rhythmus mitschwingen, des ganzen weiten Himmels über uns. (Natürlich können manche Dinge, die Menschen tun, um sich gut zu fühlen, schrecklich dysfunktional sein oder schlimmen Schaden anrichten. Aber auch das böseste Tun – Gewalttätigkeit, Missbrauch, Zerstörung – hat seinen Ursprung noch immer in dem Versuch, dieses Gefühl von Befreiung und Frieden zu finden.) Diese scheinbar irrationalen Aktionen, von denen die meisten Menschen einfach nicht genug bekommen können, sodass sie sogar Meere überqueren, um sie zu erleben, haben ein einziges Ziel: dass wir uns im Universum zu Hause fühlen und hoffentlich etwas von diesem Gefühl auch mit zurück in den Alltag nehmen.

Am Anfang

Wenn wir noch ein Baby oder ein Kleinkind sind und die Dinge laufen einigermaßen gut, fühlen wir uns die meiste Zeit vollkommen sicher und voller Entzücken – eng verbunden mit den Armen und dem Körper unserer Mutter, mit ihrem Lächeln und ihren Liebkosungen. Das weitet sich bald auf die Dinge im Haus und den Garten dahinter aus, auf die tiefe Stimme unseres Vaters, der mit uns spielt, vielleicht auch auf Brüder und Schwestern. In Laurie Lees außergewöhnlichen Erinnerungen *Cider mit Rosie* wird dieses Gefühl von einem kleinen Jungen beschrieben, der in der vorindustriellen Welt der Täler hinter Stroud in Gloucestershire aufwächst. Hohe Stockrosen in Fülle, die ihn weit überragen, die ruppige Fürsorge seiner großen Schwester, der Lärm und Tumult einer großen, armen Familie.

Am Anfang sind wir Teil von allem. Dann rückt durch die Zumutungen und Entbehrungen des modernen Lebens allmählich alles weiter weg. Wir werden nicht mehr immer gehalten, nicht immer genährt, Worte beginnen die Wirklichkeit zu ersetzen und wir entwachsen der direkten Erfahrung der Natur und der Liebe. Menschen werden in der Tiefe ihres Herzens immer von dem Wunsch motiviert, wieder zur Einheit mit der Welt um sie herum zurückgelangen oder sie neu zu entdecken. (Beinahe alles auf unserer Liste war zu irgendeiner Zeit als religiöse Praxis anerkannt und gebilligt – von wilder Sexualität über das Surfen bis zum Gebrauch von Halluzinogenen.)

Spiritualität – sich verbunden und zu Hause zu fühlen, nicht getrennt – ist der Schlüssel zu unserer geistig-seelischen und körperlichen Gesundheit. Das Problem bei vielen säkularen und doch spirituellen Aktivitäten ist aber, dass wir nicht in den Genuss ihres vollen Potenzials kommen, weil wir gar nicht wissen, was möglich ist. Man kann mit seinem Partner/seiner

*Alle spirituellen Beschäftigungen
haben ein einziges Ziel:
unser Gefühl der Getrenntheit zu überwinden
und Teil des Ganzen zu werden.
Und etwas von diesem Gefühl mit zurück
in den Alltag zu nehmen.*

Partnerin schlafen und dabei nicht mehr Bedeutung und Tiefe erleben, als wenn man einen Hamburger isst. Wer spirituell unkundig ist, macht es vielleicht einfach, weil es dazugehört, und verschließt seinen Körper und sein Herz für die Tiefe dessen, was möglich ist. Tatsächlich kann man auch Angst haben vor der Intensität, die man im Bereich der Sexualität ahnt, und aktiv dagegen angehen, beängstigende Gefühle der Zärtlichkeit für seinen Partner/seine Partnerin zu vertreiben oder auch Unsicherheit bei sich selbst. (In *Männer auf der Suche* sind wir der ziemlich schockierenden Erkenntnis nachgegangen, dass die meisten Männer beim Liebesakt ejakulieren und das schon recht gut finden, aber niemals einen wirklichen Orgasmus haben. Sie haben dafür einfach eine zu hohe Spannung im Körper, sind zu gehemmt, sodass alle Empfindung in einem kleinen Teil ihres Körpers eingeschlossen bleibt. Sie geben sich niemals so weit hin oder öffnen sich ausreichend, um auch nur 10 Prozent dessen zu erleben, was sie fühlen könnten. Die Orgasmen, die in Pornos und sogar in Mainstreamfilmen zu sehen sind, werden von Männern dargestellt, die diese begrenzte Erfahrung haben; sie ähneln eher einem üblen Fall von Verstopfung!)

Das Problem bei all den Dingen, die wir tun, um uns »besser zu fühlen«, besteht darin, dass wir ohne das Wissen um ihren wahren Zweck weder den vollen Gewinn aus ihnen ziehen noch die richtige Perspektive haben. Wir werden dann nicht ausreichend erfrischt, ausreichend geöffnet, geben uns nicht genügend hin und lernen dabei auch nicht so viel, dass ihre Wirkung dauerhaft sein kann. Den Liebesakt mit dem Gefühl des Heiligen zu vollziehen, ist Lichtjahre davon entfernt; es ist, als würden beide Partner uralte Kräfte der Schöpfung anrufen und einer im anderen zugleich mit den Sternen eins werden; ihr animalisches Selbst bekommt freies Spiel, es ist eine Feier von Intimität und Vertrauen und mit viel Gelächter.

Alles kann heilig sein

Alles, was wir tun, kann – um die Sprache der Religion zu benutzen – »Gott gewidmet werden«, geheiligt werden, zu einer Öffnung unserer Lebenskraft führen statt dazu, dass sie sich verschließt. Nehmen wir als Beispiel das Surfen (oder Mountainbikefahren, Skifahren oder den Besuch von Raves). Selbst ein völlig »unerweckter« junger Mensch kann Surfen als Aktivität erleben, die ihm Glückseligkeit schenkt, und er wird stundenlang fahren und bibbernd in der Kälte warten, um dieses Glück noch einmal zu erfahren, das doch letztlich nur ein paar Sekunden auf der Wellenfront dauert. (Es könnte aber auch Krocket sein.) Diesen flüchtigen Moment des reinen Flows.

Das Tragische ist, dass wir ihn nicht auf allen Ebenen zu schätzen wissen. Und so kann den jungen Surfern die Bedeutung entgehen. Ein älterer Bekannter von mir hat einen Surf-Film gemacht, den er erst nach dem tragischen Tod seines Sohnes fertiggestellt hat. In die Originalfassung hatte er ein Zitat aufgenommen: »Das Leben ist Zeitverschwendung, und Surfen ist eine wunderbare Art, es zu verschwenden.« Das konnte ich nicht widerspruchslos hinnehmen. Das Leben ist keine Zeitverschwendung, und das Letzte, was junge Leute brauchen, ist, zu Unrecht in den Nihilismus eingeführt zu werden. Zu seiner Rechtfertigung sei gesagt, dass er das in der Tiefe auch wusste; nach der Trauer um seinen Sohn widmete er sein Leben der Arbeit mit kleinen Kindern im Bereich des Rettungsschwimmens. Da war er klug genug, nicht mehr solchen Unsinn zu verbreiten. Wir sind in dieser Welt, um füreinander da zu sein, und nichts könnte weiter davon entfernt sein, Zeitverschwendung zu sein.

Und was ist mit der Religion?

Der Philosoph Alain de Botton glaubt, dass sich viele spirituelle Praktiken, Rituale, Mythologien und Ähnliches nur deshalb entwickelt haben, weil wir so schlecht darin sind, uns zu erinnern – die Erfahrung höherer Bewusstseinszustände festzuhalten. Wir rutschen aus dem Erlebten heraus und verfangen uns wieder im Kleinkram. Also beten wir an oder feiern oder widmen uns einem privaten oder gemeinsamen Tun, um es wieder zurückzuholen. Die Religion ist, bei all ihren schrecklichen Risiken und Schwächen, ein Versuch, eine anhaltende Verbindung mit dem Heiligen festzuschreiben und zu organisieren. Daher sind unsere Kathedralen so angelegt, dass sie mächtigen Waldlichtungen gleichen, in die Sonnenlicht hineinströmt, mit unfasslich hohen Stämmen und Ästen über uns, mit überirdischen Wesen, die an die Wände und Decken gemalt sind. Die Religion versucht, was wahrscheinlich unmöglich ist – etwas, das wie Quecksilber und unaussprechlich ist, festzuhalten und es wiederholbar und dauerhaft zu machen. Aber selbst der Versuch ist doch seit Jahrhunderten irgendwie eine Hilfe.

Vor einigen Jahren war ich mit dem kühnsten und am meisten vom Scheitern bedrohten Vorhaben beschäftigt, das ich mir je im Leben vorgenommen hatte – ich leitete eine Gruppe von 300 Schulen und Bürgergemeinschaften bei einem vierjährigen Projekt zur Errichtung eines Kunstwerks, das sich fast über einen halben Kilometer am Ufer des Sees von Canberra erstreckte. Und zwar nicht ein beliebiges Kunstwerk, sondern ein Denkmal für 300 Flüchtlinge, meist Mütter und Kinder, die bei einer politisch brisanten Tragödie vor der australischen Küste ums Leben gekommen waren. (Näheres dazu finden Sie unter www.sievxmemorial.com.) In diesen vier Jahren hatte ich oft große Angst und fühlte mich überfordert, aber ich stellte bald fest, dass es meinen Mut und meine Überzeugung, dass ich das Richtige tat, wiederherstellte und stärkte, wenn ich unserem ziemlich außergewöhnlichen Pfarrer der Uniting Church in meinem Wohnort zuhörte. Wie die meisten meiner Generation hatte ich das Christentum in seinen alten Formen unerträglich gefunden und mich jahrzehntelang davon distanziert, wurde aber wieder davon angezogen durch die Beispiele von Aktivismus und Engagement, die mir tapferer und selbstloser erschienen als alles, was ich anderswo gefunden hatte. Jetzt schwamm ich gegen den Strom der Politik, des Hasses und der großen Bigotterie in meinem Land, aber die Predigten unseres Pfarrers verbanden mich mit einer Tradition, in der genau dieses das Richtige war. In der es nicht auf mein eigenes Wohlbefinden ankam und in der mir meine Kleinheit keinerlei Sorgen zu machen brauchte. Gerechtigkeit für Flüchtlinge erreichen zu wollen, war ein spirituelles Vorhaben, und wenn ich mich daran erinnerte, erwuchsen Mut und Frieden daraus.

Die organisierte Religion ist belastet, sie wurde von Bauernfängern gekapert und ausgebeutet und als Deckmantel benutzt, seit es sie gibt. (Die wichtigste Botschaft Jesu, nachdem er schließlich in Jerusalem angekommen war, war genau dieses – er prangerte die eigennützigen religiösen Interessen derer an, die sein eigenes Land an die mörderische Grausamkeit des Römischen Reiches ausgeliefert hatten.) Und heute geschieht das ebenso häufig – die vereinigte amerikanische Rechte hat in der fundamentalistischen Religion ein derart gefundenes Fressen gesehen, einen so gebrauchsfertigen Vorrat an Leichtgläubigkeit, dass sie sie als politisches Futter vereinnahmen konnte. Aber das kommt in jeder Religion vor. Dessen ungeachtet geben gute Menschen ihre Glaubenstraditionen nicht auf, die ein bleibendes Gefüge von Überzeugungen und Praxis sind, das Sie tragen kann, wo Ihre persönliche Begrenztheit bedeutet, dass Sie es niemals schaffen würden. Es bindet die spirituelle Reise in die Gemeinschaft ein und sagt:

»Schon vor dir sind Menschen durch diese Labyrinthe gegangen. Du bist nicht allein.«

Interreligiosität – die neue Spiritualität

Es gibt hauptsächlich zwei Wege, eine spirituelle Praxis zu pflegen. Die meisten meiner Freunde haben sich dazu entschieden, ihren Weg allein zu gehen, sich hier und dort ein bisschen etwas zusammenzuklauben: ein buddhistisches Retreat auf der Insel Arran oder in der Nähe der Byron Bay, ein wenig ernsthaftes Yoga, ein bisschen keltisches Christentum. Ich bewundere das und beneide sie darum, und zu manchen Zeiten meines Lebens war es auch mein Weg. Es ist ein natürlicher, gesunder Pantheismus, der einen vor den Fallen der Dogmatik und vor dem üblen Beigeschmack dessen bewahrt, was Religion für viele im Westen heute repräsentiert – Krieg, Engstirnigkeit und Pädophilie. Die organisierte Religion hat für viele einen derart schlechten Ruf, dass sie zusammen mit dem organisierten Verbrechen als etwas äußerst Unerfreuliches eingestuft wird, ohne das wir viel besser dran wären.

Also entschließen wir uns dazu, unseren eigenen Weg einzuschlagen, und das zeugt sicherlich von Integrität und kann den Reichtum vieler Traditionen kombinieren. Die Schattenseite einer selbst gestrickten Spiritualität ist jedoch, dass unser Ego nicht herausgefordert wird, da wir selbst wählen und mehr in unserer Komfortzone bleiben können, als gut für uns ist. Dabei entsteht leicht eine Art spirituelles Sammelsurium ohne echte Verpflichtung, Tiefe oder Kohärenz.

Aber inzwischen gibt es auf der ganzen Welt eine neue Entwicklung. In manchen Fällen ist sie der Bündelung der Kräfte geschuldet, die sich aufgrund der Klimakatastrophe zusammenschließen, vor der wir alle stehen. Den Menschen fällt auf, dass der beste und mutigste Aktivismus oft von religiösen Menschen ausgeht, die natürlich eine lange Tradition des Widerstandes gegen die Mächtigen haben, und die sich auch nicht davor fürchten, sich selbst zu opfern. Vielen Christen ist beispielsweise der toxische Hyperkapitalismus sehr vertraut – es ist schon wieder wie unter der römischen Besatzung.

Gläubige Menschen erkennen ein gemeinsames Band, ob wir nun Sikhs oder Quäker sind. Während naive Anhänger einer Religion meinen, es gehe immer um uns versus die anderen, den einen wahren Glauben, sieht jeder mit einer Spur Grips im Kopf, dass die Stifter der Religionen, die Mystiker mit einer direkten Verbindung, zutiefst inklusiv dachten und jeden Menschen und seinen Weg als gleich wertvoll erachteten. Keiner von ihnen hatte eine Religion im Sinn, das waren nur die fehlerträchtigen Versuche, die Botschaft zu bewahren. In der Spiritualität führt jeder Pfad auf denselben Berg, sonst wäre es gar nicht der rechte Berg. Wenn es etwas Binäres in Ihrem Glauben gibt, kommt er nicht von Gott. Gott unterteilt nicht in »wir und die«.

Ich habe die Hoffnung, dass sich die Menschen in Zukunft als interreligiös definieren, als gezielten Akt der Rebellion gegen die Leere des Säkularismus einerseits und die Engstirnigkeit des Sektierertums andererseits. Aber auch, dass sie *sich dennoch mit ihrer eigenen Tradition identifizieren*, im Sinne von Kultur und Identität. Indigene Gesellschaften kennen die Gefahr der Auslöschung – dass man dann, wenn man seine Einzigartigkeit in den Fluss kippt, hinterher nur noch Fluss hat. Wir müssen unsere eigene Abstammung wertschätzen.

Ich bin Christ, weil das mein Erbe ist, ein meiner Geburt geschuldeter Zufall, nicht weil ich denke, das Christentum sei besser als jede andere Glaubenstradition. Seine Fehltritte und Gräueltaten wecken Entsetzen in mir, aber ich werde es nicht aufgeben und insbesondere nicht den Propagandisten und Marktschreiern der Rechten überlassen. Die Botschaft des Neuen Testamentes hat für einen Entwicklungssprung in der Geschichte der Menschheit gesorgt, denn sie stellte erstmals wirklich das Mitgefühl in den Mittelpunkt und sprach jedem Menschen auf Erden Wert zu. Daher ist es kein Wunder, dass das Christentum in den ersten paar Jahrhunderten eine Religion der Frauen und Sklaven war. Doch Christen tappen dennoch immer wieder in die Falle, andere zu verurteilen und auszuschließen – das war der Fluch sowohl des Katholizismus als auch der tausend zersplitterten Sekten auf der protestantischen Seite. (In Schottland wird oft ein herrlicher Witz erzählt: Ein Mann erleidet Schiffbruch, und als endlich die Retter auf seine Insel kommen, stellen sie fest, dass er zwei Kirchen errichtet hatte. Eine, in die er ging, und eine, in die er prinzipiell keinen Fuß setzte!) Aber nachdenkliche christliche Autoren wie Richard Rohr und die Theologen, die hinter der brillanten DVD-Reihe *Living the Questions* stehen, sind kristallklar. Es gibt im Himmelreich nichts Binäres. Niemand wird verstoßen. Wenn Sie feststellen, dass Sie jemandem gegenüber intolerant sind, schauen Sie nach innen.

Ein gut gelebtes Leben ist ein gemeinschaftliches Leben, und der Glaube schafft eine Gemeinschaft, von der ich vermute, dass wir sie alle brauchen, um wahrhaft frei zu sein.

Wenn Buschwandern für Sie genauso gut funktioniert, dann machen Sie das. Wir benutzen gerne das Wort »Rekreation« – halten Sie einmal einen Moment inne und überlegen Sie, was es wirklich bedeutet. Rekreation steht einerseits für Erholung und andererseits für einen neuen Anfang, sooft Sie sich ihr widmen, für eine Erneuerung Ihrer selbst.

Der Schlüssel dazu ist, das zu heiligen. Einfach zu erlauben, dass Sie alles mit dieser Intention, diesem Gewahrsein tun. Wenn eine Aktivität in einer bewusst offenen und empfänglichen Art und Weise durchgeführt wird, kann jede einzelne auf unserer Liste diesen Vorgaben genügen.

Regelmäßige spirituelle Übung ist etwas Praktisches – genauso real wie Geld auf der Bank. Sie bauen sich einen Vorrat auf, eine Reserve, die Sie dann gegen Ängste, Leid, moralische Herausforderungen, Schwäche oder Unfähigkeit einsetzen können – gegen all die Dinge, die uns im Leben plagen und die es schmälern –, sodass Sie ihnen mit blitzenden Augen entgegentreten können. Dafür genügt es, wenn Sie sagen: »Ich brauche nicht nur Essen und Wohnung, Bewegung, Lachen und Liebe, sondern ich muss auch die spirituelle Seite in mir mit Speise und Trank nähren.« Menschen, die das tun, sehen bald, dass ihr Leben sich verwandelt – zuerst nur behutsam, aber dann vollständig. Und das macht den entscheidenden Unterschied aus.

Wo man sich öffnet

Es gibt eine Handvoll Bücher, die ich durch viele Umzüge und Reisen hindurch behalten habe und von denen ich mich niemals trennen möchte. Überraschend viele davon sind Bücher über Reisen in die Natur. Annie Dillards *Pilger am Tinker Creek,* Jiang Rong's *Der Zorn der Wölfe,* in dem er das Leben eines Verbannten unter den Hirten in der Mongolei beschreibt, Nan Sheperds *Der lebende Berg,* Brian Carters faszinierender Roman *A Black Fox Running* und fast alles von Robert MacFarlane. Aber das denkwürdigste von allen ist *Auf der Spur des*

Schneeleoparden von Peter Matthiessen. Dieses Buch kommt einem perfekten Travelogue am nächsten, weil es zeigt, dass jede Reise, die wir unternehmen, ebenso eine innere wie eine äußere ist. Das Wort, das Rezensenten hier wieder und wieder anführen, ist *luminous* (leuchtend).

Der Autor des *Schneeleoparden* war nicht immer ein spiritueller Mensch und, wie ich vermute, auch kein besonders sympathischer. Man bekommt den Eindruck, dass er in jüngeren Jahren sowohl arrogant als auch ziemlich mürrisch war, vielleicht sogar ein gequälter Mensch. Aber er hatte eine Art von Ehrlichkeit, die ihm zustattenkam. Und da es sehr schwer ist, gut über Spiritualität zu schreiben, werde ich seine Geschichte hier etwas ausführlicher erzählen, damit Sie von seiner Reise lernen können.

Als Matthiessen nach einer langen Reise nach New und zu seiner Frau, der Schriftstellerin Deborah Love, zurückkehrte, stieß er vor dem gemeinsamen Haus auf drei Zenmönche, die dort warteten. (Er war, wie er in seinem Buch *Am Fluß des neunköpfigen Drachen* berichtet) vor allem unangenehm überrascht – wer waren diese drei Gestalten? Er und seine Frau hatten es damals schwer miteinander und hatten mehrere Monate kaum miteinander gesprochen. Das überraschende Zusammentreffen mit den unerwarteten Gästen war von Verlegenheit und Peinlichkeit geprägt, und Matthiessen erfuhr später, dass die beiden älteren Mönche beim Weggehen »ihre kahl glänzenden Häupter geschüttelt und ›Arme Debbo-lah!‹ geseufzt hatten«.

Aber Matthiessen war ein guter Beobachter, und der Eindruck, den diese Mönche auf ihn machten, war so tief, dass er sie nicht mehr aus dem Kopf bekam. Als er den *Schneeleoparden* schrieb, war er nicht nur Buddhist, sondern auch einer der besten Chronisten der Welt über den Zusammenprall des Buddhismus mit dem Westen geworden. Und er erreichte damit Millionen von Lesern.

Was also hatte er in diesen drei winzigen Männern gesehen, selbst bei diesem so kurzen Zusammentreffen? Hier sind seine Worte:

»Yasutani Hakuun Rōshi, vierundachtzig Jahre alt, war von leichter, hagerer Statur und besaß tief liegende Augen und runde, abstehende Ohren; wie ich später hörte, hatte er einen großen Teil des Vormittags auf dem Kopf stehend zugebracht. Nakagawa Sōen Rōshi, schlitzäugig, elfenhaft klein und munter, gänzlich gelöst und doch von hellwacher Aufmerksamkeit wie eine ausruhende Schwalbe, verströmte eine verhaltene Kraft, die ihn viel größer erscheinen ließ, als er war.« Selbst der jüngere Mönch Tai-san, mit seinem »rundlichen Gesicht und der Haltung eines Samurai«, der für das Wohl der älteren zuständig war, »vermittelte denselben Eindruck verhaltener Kraft«.

Matthiessen war etwas aufgefallen, das in der Tat bei bestimmten Personen hervorsticht. Man nennt es »Präsenz«. Diese Männer, die weit von ihrer Heimat weg auf einer Straße von Long Island standen, waren irgendwie intensiv »da«. Ich vermute, das war ihre normale Haltung, ob sie nun in einen Bus einstiegen oder auf die Toilette gingen. Ihr Geist war in ihrem Körper, und ihr Körper war im gegenwärtigen Augenblick, und sie hatten die Ruhe, die eine solche lang gepflegte Gewohnheit mit sich bringt. Für sie gab es das Konzept »außerhalb ihrer Komfortzone« gar nicht.

Schon wenige Wochen später begann Matthiessen, an Zenmeditationen teilzunehmen. Er hasste sie, was oft ein Zeichen für eine verheißungsvolle Entwicklung ist. Schließlich gab er einem Impuls nach und wanderte vom Carmel Valley aus über die Berge zum buddhistischen Kloster Tassajara, um seine Kenntnisse zu vertiefen.

Das ist unsere erste Lektion in Spiritualität: *Sie zeigt sich.* Sie verändert einen Menschen so fundamental, dass fast jeder es wahrnehmen kann. Wir wissen auf einer tiefen, animalischen Ebene, wann jemand sein Leben beisammenhat. Wir möchten auch so sein. Wir möchten etwas von diesem Frieden haben.

Der Weg dorthin

Beinahe jede religiöse Tradition ging zunächst, ehe sie eine feste Einrichtung und eine Institution wurde, von Individuen aus, die direkte mystische Erfahrung suchten. Vielleicht sollten wir darauf zurückkommen. Jesus, der Buddha, Mohammed, die Schamanen und Mystiker, von denen es so viele in der Geschichte der Menschheit gab, verwurzelten sich in der Verbindung mit dem Göttlichen und ließen sich bei ihrem Handeln in der Welt davon leiten. Jeder und jede von uns kann spirituelle Übungen machen; erinnern Sie sich daran, dass selbst ein Spaziergang am Strand so tief gehend wie jede andere Aktivität sein kann, wenn wir seinen wahren Zweck verstehen.

Matthiessen geht selbstironisch und bescheiden mit dem Thema um. Über Zen schreibt er, es dürfte »wenig darüber zu sagen geben, wenn man nicht in jene atemlose, schwärmerisch mystifizierende Prosa verfallen will, die so viele ernsthaft Interessierte abschreckt«. Aber im selben Satz sagt er kristallklar, Zen sei »das Erwachen des Geistes von Augenblick zu Augenblick«. Nichts Komplexeres als das. Aufwachen.

Im Vorwort zu *Am Fluß des neunköpfigen Drachen* formuliert er ebenso klar mit Worten, die mich mein Leben lang begleitet haben:

Man hat Zen ›die Religion vor der Religion‹ genannt ... Der Ausdruck gemahnt auch an die naturhafte Religiosität unse-

rer frühen Kindheit, als der Himmel und eine herrliche Erde noch eins waren. Doch bald legen sich die Nebel der Ideen und Vorstellungen, der vorgefaßten Meinungen und Abstraktionen über das klare Kinderauge. Einfaches, freies Sein wird überkrustet vom drückenden Panzer des Ego. Erst Jahre später regt sich bei manchen eine Ahnung, daß etwas Lebenswichtiges in uns verkümmert ist, die Fähigkeit zu staunender Verzauberung. Dann mag die Sonne durch die Kiefern blitzen, und plötzlich spüren wir im Herzen den seltsam schmerzhaften Stich vergessener Schönheit, der wie eine Erinnerung ans Paradies ist.

Wir spüren einen Stich im Herzen. (Auch hier spricht wieder unser Körper zu uns. Wir nehmen einen wirklichen Stich wahr, im Zentrum unserer Lebenskraft.) Haben Sie das jemals erlebt? In der Adoleszenz habe ich diese Art von Schmerz manchmal gespürt und hielt ihn einfach für die scharfe Kante einer erschreckenden Einsamkeit. Das stimmte auch in gewisser Weise, aber es war auch eine Schwelle. Wenn Sie spüren, dass in Ihrem Leben etwas fehlt, dann *muss es auch etwas geben, das einem fehlen kann.* Dieser schmerzhafte Moment ist das Tor zur Zugehörigkeit zu einer Erde, die mit oder ohne menschliche Gesellschaft wie ein wuseliges, freundliches Haus ist, in dem Säugetiere und Vögel, Pflanzen und Himmel Ihre lang vermisste Familie sind, die Sie willkommen heißt.

Eines meiner inzwischen erwachsenen Kinder, das von Geburt an von chronischen Schmerzzuständen geplagt wird, die eine weniger starke Person vielleicht hätte verzweifeln, zu Drogen greifen oder noch Schlimmeres hätte tun lassen, hat seit frühester Kindheit auf die Vögel in einem Busch vor dem Fenster reagiert oder auf den Flug eines Adlers, der über unserer Bergfarm in den Lüften kreiste. Da war ein warmes Gefühl von Verwandtschaft, als wären die Vögel heitere Freunde. Viele andere Menschen haben auch eine solche Beziehung zu

Tieren, und von dort aus ist es kein großer Schritt mehr zum Gefühl der Beheimatung in allem Lebendigen.

Die schmerzhaften Anfälle einer unerklärlichen Sehnsucht können beängstigend sein, sodass wir uns vielleicht in eine beliebige Aktivität flüchten, um sie abzuwehren. Aber sie sind eine Art Riss in unserer Alltagsverfassung, unserem Egopanzer, und wir können und sollen ihnen nachgehen. Ich kann gar nicht genug betonen, wie wichtig es ist, auf die Gefühle zu achten, die der Anblick eines Strandes oder eines Baumes wachruft, der schemenhaft im Nebel sichtbar wird, oder auch hoher Wolken, die schnell über einen Nachthimmel ziehen. Oder der plötzliche Drang, sich in Musik oder Kunst oder im Schreiben auszudrücken. In diesen Gefühlen meldet sich Ihre Seele, die sagt: »Folge mir, entdecke dich selbst.«

Matthiessen fährt fort:

Von diesem Tag an fühlen wir am Grund eines jeden Atemzugs eine leere Stelle, die sich mit Sehnsucht füllt. Wir werden Suchende, ohne zu wissen, daß wir suchen, und anfangs sehnen wir uns nach etwas, das ›größer‹ ist als wir selbst, das außerhalb liegt und weit weg. Es ist keine Rückkehr in die Kindheit, denn Kindheit ist kein wahrhaft erleuchteter Zustand. Dennoch, die Suche nach dem eigenen wahren Wesen ist, wie ein Zen-Meister einmal gesagt hat, ›ein Weg, der dich in deine längst verlorene Heimat führt‹.

Bitte beachten Sie, dass er sagt »anfangs«. Allmählich erkennen wir, dass das, was wir suchen, viel näher liegt. Es war schon die ganze Zeit direkt neben uns.

Das ist also unsere zweite Lektion in Spiritualität: Sie haben den Schlüssel bereits in sich – Sie empfinden ein wortloses, unerklärliches Gefühl der Sehnsucht, einen geradezu physischen Schmerz, den Sie vielleicht eiligst mit Sex oder einer Sucht oder allen möglichen zwanghaften Lebensprogrammen abzustellen versuchen, wie etwa harte Arbeit, Erfolg oder Vergnügungen jeglicher Art. Und dann landen Sie am Ende wieder dort, wo Sie angefangen haben, leer wie zuvor. Bleiben Sie stattdessen bei dieser Sehnsucht. Jenseits des Schmerzes, der Einsamkeit, des Gefühls der Sinn- oder Zwecklosigkeit liegt die Wahrheit, die ihr Spiegelbild ist. Es gibt Liebe, es gibt Sinn, es gibt Zweck, es gibt Frieden. *Sie hungern danach, weil Sie wissen, dass es all das gibt.*

* * *

Für viele von uns ist romantische Liebe die Form, die das Göttliche anzunehmen scheint. Das ist sehr glattes Parkett, denn besonders ein junger Mensch kann durch die Geschenke der Liebe – die Freude, anzubeten und angebetet zu werden, das Gefühl, mit einem anderen Menschen zu verschmelzen, und natürlich die sexuelle Ekstase beim Liebesakt – leicht die irrige Vorstellung entwickeln, dieser Mann oder diese Frau sei Herr oder Herrin unseres Glücks. Wir sollten einen jungen Menschen zuerst einmal dafür bewundern, dass er in einer Welt, die Unpersönlichkeit predigt und andere als Objekte missbraucht, ein so offenes Herz hat und durchlässig wird. Aber als Erwachsene sollten wir ganz klar wissen, dass die Liebe ein Tor ist, durch das ein Paar eintreten kann, oder ein Feuer, das wir gemeinsam entzünden können – wir helfen einander, das Göttliche zu erfahren, aber wir sind füreinander nicht Gott oder Göttin. Dieser Unterschied ist das, was eine Ehe oder eine Beziehung stark macht und wachsen lässt, weil wir unseren menschlichen Schwächen mitfühlend und entschieden begegnen. Eine Statue, die auf einem Sockel steht, kann sich nur in *einer* Richtung bewegen: fallen. Das Geheimnis besteht darin, von vornherein niemanden auf einen Sockel zu stellen und sich auch von niemandem auf einen stellen zu lassen.

Robert Bly verweist in seinem Buch mit dem passenden Titel *Der Schatten. Die dunklen Seiten des menschlichen Wesens* sehr klar darauf. Wir Männer erblicken jemanden auf der anderen Seite eines dicht gefüllten Raums und sind hingerissen. Es ist mehr als nur Begehren, es ist das Gefühl, dass sie eine Art Göttin ist – wie sie spricht und den Kopf in den Nacken wirft, ist sie bezaubernd –, aber es ist auch etwas Transzendentes dabei. Dem solle man niemals folgen, warnt Bly. Es handele sich um das eigene innere göttliche Weibliche, und keiner realen Frau solle die Last der damit verbundenen Erwartung aufgebürdet werden. Wenn man diese Projektion auf eine reale, menschliche, fehlbare Frau richte, verletze man sie nur und sich selbst auch. Er rät, der Mann solle für eine Woche allein an einen Strand fahren. Oder in den Bergen wandern. Er solle ein Notizbuch mitnehmen und zu schreiben beginnen. In sich selbst eintauchen. Ein Teil seiner selbst brauche Aufmerksamkeit, sei vernachlässigt und sei vielleicht sogar dem Tode nahe. Aber sein verlockender Duft sei plötzlich da, und man müsse ihm folgen. Hier gehe es nicht um die Sehnsucht nach einer menschlichen Seelengefährtin. So etwas gebe es nicht. Man könne eine wunderbare Freundschaft haben, aber nur selbst der Gefährte der eigenen Seele sein. Es gehe darum, das verlorene Selbst wiederzufinden.

Lieber Leser und liebe Leserin, wir werden noch viele Male darauf zurückkommen. Aber lassen Sie für einen Moment Ihr Herz weich werden und spüren Sie den Schmerz dieser tiefsten aller Sehnsüchte. Die nach Ihrer lang entbehrten Heimat. Bedenken Sie, dass sie vielleicht einige Zeit und einige mühelose Aufmerksamkeit wert sein könnte, damit sie Ihnen nicht entgleitet. Denn wenn Sie diesen Ort erst einmal gefunden haben, können Sie mehr und mehr dort leben, und Sie können beginnen, sich in der Welt und im Leben wohl und entspannt zu fühlen. In Ihrer eigenen Haut. Es ist nicht leicht, aber es ist bemerkenswert einfach. Und der Weg, diesen Ort zu erreichen, ist ganz schlicht, nicht weiter herumzurennen, sondern zu warten, dass er zu einem kommt. Ganz hier zu sein, jetzt.

Wie es geht

Weder Peter Matthiessen noch ich möchten Sie zum Zen oder irgendeiner anderen spezifischen Methode bekehren. Für jeden gibt es einen passenden Weg. Die christlichen Wüstenväter und Wüstenmütter kannten diesen Weg ebenso wie die Mystikerinnen Teresa von Ávila und Juliana von Norwich, auch die Sufis im Islam und die jüdischen Mystiker und die Schamanen aller Zeiten und Orte in der langen Vorgeschichte der Menschheit. Jeder indigene Clan oder Stamm ließ seine jungen Krieger, die unbesonnen und großtuerisch waren, von einem weisen Mann oder einer weisen Frau bändigen und leiten, hatte einen Gandalf für seinen Boromir. Sie können sogar ein atheistischer Mystiker sein, wenn das für Sie am besten passt.

Das eigentliche Vorgehen und auch das Ziel eines jeden spirituellen Pfades – selbst wenn wir schon vor dem Wort zurückscheuen – ist immer dasselbe. Präsent sein. Matthiessen schreibt: »Zen zu üben bedeutet, daß man sein Dasein Augenblick für Augenblick in vollkommener Wachheit lebt, anstatt es zwischen Bedauern über Vergangenes und Tagträumen von Künftigem zu zerfasern.« Da haben wir unsere dritte Botschaft: Hüten Sie sich vor religiöser Affektiertheit jedweder Art, denn im Grunde haben alle Religionen dasselbe gemeinsame Ziel – dass man seine Getrenntheit verliert und unmittelbar ins Herz der Dinge gelangt.

Religion, schreibt Matthiessen, sei letztlich auch nur eine weitere Idee, die man über Bord werfen müsse, genau wie »Erleuchtung«, wie »Buddha« oder »Gott«.

Seine Getrenntheit zu verlieren, löst jede menschliche Qual. Was ist Selbstmord anderes als sehr verzweifelte Einsamkeit? Was ist Gewalt anderes als der schreckliche Drang, Frieden zu finden? Wir leiden, weil wir uns vom Leben entfremdet fühlen. Doch Befreiung davon ist stets zum Greifen nahe. Aufgewühlt von dem, was ich im Fernsehen oder in meinen Facebook-Nachrichten sehe, gehe ich hinaus in den Garten und jäte Unkraut zwischen den Rettichen. Dann spüre ich, wie die Erde Frieden ausströmt. Mein Gehirn beginnt, eine Antwort zu formen.

Die Angst vor dem Loslassen

Denken Sie nicht, dieses Verschmelzen oder diese Hingabe nehme Ihnen irgendetwas von dem, was Sie sind. Wir sind hier, um wir selbst zu sein, und unsere Individualität, unser Urteilsvermögen, unser einzigartiges Denken, unsere Talente und unser Beitrag, unser Schmerz und die Lektionen, die wir um einen so hohen Preis gelernt haben, sollen allesamt gefeiert werden. Wir sind hier, um unseren eigenen Tanz aufzuführen. Aber gleichzeitig sind wir wie Grashalme, die sich im Wind biegen, und Schönheit und Richtigkeit entsteht daraus, dass wir das in Harmonie mit all den anderen einzigartigen, besonderen, lebenden und nicht lebenden Wesen im wirbelnden Universum tun. Hier kommt unsere vierte und letzte Botschaft: Sie sind getrennt, und Sie sind es nicht. Beides ist wahr, aber auf unterschiedlichen Ebenen Ihres vierstöckigen inneren Hauses. Jeder Fluss, jeder Nebenfluss, jeder winzige Bach ist so unverwechselbar, dass ein Lachs ihn tausend Meilen weit im Meer riechen kann. Aber ein Fluss empfindet sicherlich Freude darüber, wieder zurück im Ozean zu sein.

Auf diese Weise präsent zu sein heißt nicht, »still« im Sinne von leer im Kopf und passiv sein. Diese stille Mitte ist ein dynamischer Ort, aus dem Kreativität, gute Ideen, Mut, Gesundheit und Erfindungsgeist entspringen, und zwar mit einer Zuverlässigkeit und Angemessenheit, die dafür sorgen, dass sie funktionieren. Manchmal beinahe mühelos. Aus der Präsenz entsteht Liebe für all unsere Mitgeschöpfe und das Handeln, mit dem wir für sie sorgen.

John O'Donohue, ein katholischer Priester und Dichter, sagt, so etwas wie eine spirituelle »Reise« gebe es gar nicht, und er spricht ziemlich herablassend über spirituelle Programme und Lehrpläne. Die Reise zur Erleuchtung, so sagt er lächelnd, ist einen halben Zentimeter lang. Sie ist so dünn wie Reispapier. Man braucht die Erleuchtung nur einzulassen. Die Antwort ist klar: Ihr Friede war schon immer da.

* * *

Zen ist ein steiler Pfad auf den Berg der Spiritualität, was manche anziehen könnte. Aber für mich ist der Weg, den der vietnamesische Mönch Thich Nhat Hanh lehrt, leichter mit dem Alltagsleben vereinbar, das die meisten von uns führen – Elternschaft, Arbeit, Hausarbeit, Ehe, Handeln in der Welt.

Thich Nhat Hanh lebte als junger, engagierter buddhistischer Mönch und Aktivist während der schlimmsten Jahre des Vietnamkrieges in Südvietnam. Er scharte Tausende junge Menschen für die Beseitigung der Schäden zusammen, die der Krieg in Dörfern und Städten verursacht hatte, sorgte für den Bau medizinischer Zentren und ihre Ausstattung mit Personal und leistete stillen Widerstand gegen die Gewalt auf beiden Seiten. Viele seiner Landsleute kamen ums Leben, und er musste schließlich aus dem Land fliehen. Im Jahr 1976 kam er in den Westen. Es war Thich Nhat Hanh, der Martin Luther King dazu überredete, seine Stimme gegen den Vietnamkrieg zu erheben, was ein gewaltiges taktisches Risiko für seine Bürgerrechtsbewegung war, und er wurde von King für den Nobelpreis vorgeschlagen. Er war eng mit dem Mönch und Schriftsteller Thomas Merton befreundet. Thich Nhat Hanh wirkte schüchtern, hatte eine Stimme, die beinahe ein Flüstern war, und war doch stark in einer Weise, die wir kaum verstehen können. Er war stimmig. Er erzielte Ergebnisse.

Halten Sie sich also bitte ganz klar vor Augen: Meditation hat nichts mit Rückzug aus der Welt zu tun, und sie ist nicht unvereinbar mit einer sehr kraftvollen Präsenz in der Welt. Vielmehr ist sie das, was Ihnen ermöglicht, so wirkungsvoll und so unermüdlich zu sein. Und insbesondere heißt Meditation, dass Sie keine Feindseligkeit in sich haben, Sie spalten nicht, sondern suchen andere immer durch Ihre Offenheit zu gewinnen.

Meditation – eine einfache Anleitung

Darren ist 69 Jahre alt, aber er hat noch immer das straffe und fitte Aussehen eines Soldaten, obwohl er schon seit 45 Jahren keiner mehr ist. Er sitzt mit gekreuzten Beinen, seine Hände ruhen auf den Oberschenkeln, sein Rücken ist gerade. Seine Augen sind geschlossen und sein tief gefurchtes Gesicht ist entspannt.

Das war nicht immer so. Nachdem er aus Vietnam zurückgekehrt war, trank er so viel, dass seine erste Ehe in die Brüche ging und er eine Weile obdachlos war. Dann fing er sich wieder einigermaßen und heiratete erneut, dann begann es wieder von vorn; er wurde suizidal und brauchte immer wieder psychiatrische Behandlung. Seine zweite Frau und seine drei Stiefkinder hielten zu ihm, und Psychologen und eine ganze Batterie von Medikamenten hielten ihn im Lot, aber nur gerade so. Dann machte eine Gruppe von Veteranen, der er angehörte, einen Meditationskurs mit. Das führte nicht zu einer plötzlichen Heilung, aber es war eindeutig eine Hilfe, und die Wirkung steigerte sich. Das aktive Yoga, kombiniert mit mentalen Tools, die ihm die Flashbacks während des Tages kontrollieren halfen, führte ihn und seine Kameraden zu einer ganz neuen Lebensweise.

Ich begegne ständig Menschen mit dieser Art von Geschichte. Eine junge Mutter mit chronischen Rückenschmerzen, die mir sagt: »Ohne Meditation könnte ich gar nicht leben.« Ein Mädchen im Teenageralter, das Meditation zur Bekämpfung intensiver Ängste nutzt und seinen Freundinnen hilft, sie ebenfalls zu erlernen. Grundschulkinder, die im Klassenzimmer meditieren und finden, das sei das Beste am ganzen Schultag.

Meditation ist ein so häufig gehörtes Wort, dass wir denken, wir wüssten, was das ist, und zugleich beschließen, das sei nichts für uns! Ursprünglich eine Übung von Mönchen und Nonnen in Klöstern, hat sie sich inzwischen zu einer sehr weitverbreiteten Technik gewandelt, die von Psychologen als Behandlung erster Wahl gelehrt wird.

Im Jahr 1975 hat Herbert Benson, Professor für Kardiologie an der Harvard Medical School, ein bahnbrechendes Buch geschrieben, das erstmals Meditation in einfacher Weise für ein westliches Publikum beschrieben hat. Er nannte es *The Relaxation Response* (wörtlich »Entspannungsantwort«, dt. Buchtitel *Gesund im Streß. Eine Anleitung zur Entspannungsreaktion*) und »Entspannungsreaktion« bleibt auch der beste Begriff, weil er das Ziel betont. Die Entspannungsreaktion ist ein Zustand, in den der Körper im Wesentlichen dann geht, wenn das Gehirn aufhört, ihn aufzurühren.

Unser Gehirn ist etwas Erstaunliches. Es kann Zeitreisen machen und sich nicht nur an weit zurückliegende Erfahrungen erinnern, sondern sich auch zukünftige Möglich-

*Jeder Fluss, jeder Nebenfluss,
jeder winzige Bach ist so unverwechselbar,
dass ein Lachs ihn tausend Meilen weit
im Meer riechen kann.
Aber ein Fluss empfindet sicherlich Freude darüber,
wieder zurück im Ozean zu sein.*

keiten in allen Einzelheiten vorstellen. Das ist wunderbar, aber auch ein gewaltiges Problem. Wenn man dem Gehirn freien Lauf lässt, geht die Fantasie auf Streifzüge und wird versuchen, eine längst vergangene Diskussion doch noch zu gewinnen, drohende Katastrophen abzuwenden, die vielleicht nie eintreten werden, und Sie werden sich über Dinge ärgern, bei denen Sie nichts zu sagen haben.

Das Problem dabei ist, dass die für Emotionen zuständigen Bereiche unseres Gehirns nicht unterscheiden können, ob etwas real oder imaginiert ist. Wenn Sie sich auch nur vorstellen, an einer Zitrone zu lutschen, zieht es Ihnen den Mund zusammen, und es fließt Speichel. Wenn Sie sich an einen alten Streit oder eine Beleidigung erinnern, wird Ihr Adrenalinausstoß zunehmen und Ihr Blutdruck steigen. Kurz, Ihr Affengeist stresst Ihren Körper damit, dass er ihm fast den ganzen Tag lang Gruselgeschichten erzählt. Das kann Sie in ständiger Angst halten.

Meditation ist die Methode, die sehr weise Menschen ersonnen haben, damit Ihr Geist aufhört, Ihren Körper zu belästigen. Sogar glückliche Gedanken bringen ein gewisses Maß an Spannung und Stress mit sich, deshalb können wir nie ganz in Ruhe sein, solange wir denken. In der Meditation *geben Sie Ihrem Gehirn eine harmlose Beschäftigung*, so ähnlich, als würden Sie einem Kind ein Spielzeug in die Hand drücken, während Sie an der Eisdiele vorbeieilen.

Meditation ist allzu sehr in den Ruch des Geheimnisvollen gehüllt worden, wie alle spirituellen Dinge. Wenn Sie an einem warmen Fleck in der Sonne sitzen und auf einen Garten oder aufs Meer hinausschauen oder einfach nur zu Hause am Kamin sitzen, hören Sie irgendwann auf zu denken und fangen an, zur Ruhe zu kommen. Dann werden Sie alte Streitigkeiten hinter sich lassen, Zukunftsängste loslassen und Frieden finden. Meditation ist einfach ein

Trick, sofort dorthin zu gelangen. Wenn sie einmal begonnen hat, ist sie natürlich eine Reise zu sehr tiefen Orten und bringt zumindest Momente der völligen Selbstvergessenheit und eine liebende Verschmelzung mit der Welt mit sich, die Ego und Angst vollständig überwindet.

Die leichteste und beste Weise, die überall auf der Welt gelehrt wird, ist einfach, sich an einen angenehmen Ort zu setzen und seine Atemzüge zu zählen, ein und aus, und dabei die Aufmerksamkeit darauf zu lenken, wie sich das Atmen anfühlt. Das bedarf einer sanften, aber geduldigen Haltung, denn Sie werden innerhalb von Sekunden abschweifen, und dann brauchen Sie einfach nur ruhig wieder von vorn zu beginnen. Das ist alles!

Nach ein oder zwei Minuten stellt sich die Entspannungsreaktion einfach von selbst ein, wenn Sie erst einmal begriffen haben, wie es geht. Sie werden eine wunderbare Lockerung der Muskeln spüren und merken, wie äußere Sorgen und Nöte von Ihnen abfallen. Das Atmen wird etwas Sinnliches werden, das in Wellen in Ihrem Rumpf auf und ab fließt. Wenn die Entspannung da ist, genießen Sie sie einfach, solange Sie Zeit haben.

Dabei erleben Ihr Geist und Ihr Körper eine Art Neustart, und im Laufe des Tages wird die Wirkung Sie tragen und alles verbessern, was geschieht. Die Wirkung kann eine halbe Stunde anhalten oder kommen und gehen oder auch den ganzen Tag bleiben. Meditation füllt Ihren Entspannungstank auf, sodass Sie ihn später anzapfen können. Der springende Punkt ist, wie sie den Rest Ihres Tages verändert. Wir alle verlieren den Effekt schließlich wieder, aber Sie können zwischendurch »Punkt-Meditationen« machen – an jedem beliebigen Punkt, an dem Sie sich gerade befinden –, um ihn zu erneuern. Wenn Sie an einer Ampel stehen, auf der Bank warten müssen oder einem langweiligen Freund/einer langweiligen Freundin zuhören!

Die Entspannungsreaktion ist wie ein Schmetterling, den Sie dazu verlocken wollen, auf Ihrer Schulter zu landen. Sie können das nicht machen, aber wenn Sie ganz still werden, landet er schließlich von selbst.

Ich mache es wie folgt: (Ich bin ein hoffnungsloser Fall von innerer Zappeligkeit, und wenn ich es schaffe, dann schaffen Sie es auch.)

Ich setze mich an einen ruhigen Ort: Auf eine Bank in meinem Garten oder, wenn es kalt ist, auf eine Decke neben dem Fenster, wo der erste Sonnenstrahl in mein Haus fällt. Es kann auch ein Sessel in einem Hotelzimmer sein oder wo auch immer. Es hilft, wenn Sie den Rücken gerade halten. Wenn Sie mit gekreuzten Beinen auf einem Kissen sitzen können, ist das wahrscheinlich ideal, weil das Ihrem Körper sagt: »Ich meditiere jetzt.« In dieser Position können Sie sich ein wenig vor und zurück und nach rechts und nach links wiegen, das ist beruhigend und steigert Ihre Körperwahrnehmung.

Wenn ich erst einmal sitze, durchlaufe ich eine kleine Sequenz von Übungen, damit ich leichter »ankomme«. Ich lausche auf weiter entfernte Geräusche – Vogelgezwitscher oder einen Rasenmäher oder Verkehrslärm in der Ferne. Ich schenke jedem Geräusch ein paar Sekunden Aufmerksamkeit und gehe dann weiter. Dann achte ich auf einige nähere Geräusche – vielleicht das Brummen eines Kühlschranks oder den Wind, der ums Dach pfeift. Dann komme ich in der Nähe an, hier in meinem Körper.

Der Meditationslehrer Eric Harrison, der in seinen Büchern und seiner Lehre die Dinge gern einfach und mystikfrei hält, schlägt vor, zwei- oder dreimal tief und lange zu seufzen. (Lassen Sie aber bitte Ihre Hausgenossen wissen, was Sie da tun, sonst denken sie vielleicht, Sie hätten eine schwere Depression!) Das scheint ein Signal für Ihren Körper zu sein, dass er jetzt seine Reise in die Ruhe beginnen kann. Es ist auch ein bisschen lustig, und das schadet nicht. Manche sagen oder singen auch gerne dreimal »Om«, was insofern angenehm ist, als es Ihr Gehirn ein wenig vibrieren lässt.

Dann kommt die eigentliche Meditation. Sie beginnen Ihre Atemzüge zu zählen. Eins. Und. Zwei. Und ... Atmen Sie einfach normal, und wenn Sie bei drei angekommen sind, beginnen Sie wieder von vorn.

In den meisten Büchern wird geraten, bis zehn oder fünfzig zu zählen, und ich fühlte mich jahrelang schrecklich unzulänglich, weil mein Geist schon bei zwei anfing abzuschweifen. Ich erzählte Eric davon, und er grinste und sagte: »Weißt du was? Ich kam zehn Jahre lang nie weiter als bis sechs!«

Ich peile also drei an. Der Witz ist: *Es kommt nicht darauf an.* Nichts an der Meditation hat etwas mit Leistung oder Zwang zu tun. Die einzige Haltung, die dabei angemessen ist, ist sanfte Freundlichkeit gegenüber sich selbst. Also, Sie haben sich drei Minuten lang einer wilden sexuellen Fantasie hingegeben, das ist in Ordnung. Das Gute ist, dass Sie es gemerkt haben. Geißeln Sie sich niemals dafür, fangen Sie einfach sanft wieder von vorn an. Es gibt einen Trick, der wirklich hilft: Wenn Sie Ihre Aufmerksamkeit gezielt auf die Muskeln lenken, die für das Einatmen und Ausatmen zuständig sind, werden Sie den Punkt wahrnehmen, an dem Sie vom Ausatmen zum Einatmen wechseln, und das ist etwas sehr Subtiles. Ihre Brust und Ihr Bauch folgen einer ganz eigenen Reihenfolge, um die Richtung Ihrer Atmung umzukehren. Wenn Sie darauf achten, bindet das Ihre Aufmerksamkeit, und Sie bleiben immer mehr im gegenwärtigen Moment.

Ihr Geist wird sich herumtreiben, aber Ihr tieferes Selbst – Ihr Herzschlag und nicht wahrnehmbare Dinge wie Blutdruck und Immunreaktion – wird beginnen, sich zu stabilisieren und zu beruhigen. Genau darin besteht die Entspannungsreaktion, wenn sie einsetzt: Ihre Atmung wird ganz weich, fließend, sanft und tief; Sie fühlen sich warm und friedlich, Sie fühlen sich, als würden Sie in den Armen einer liebevollen Mutter oder eines zärtlichen Vaters gewiegt. Okay, ich gerate ein wenig ins Schwärmen, aber glauben Sie mir, es ist sehr angenehm.

Das ist der Ort, zu dem Sie unterwegs sind. Selbst ein kurzer Moment dort ist gut. Das Ziel der Meditation ist nicht die Meditation selbst, sondern dass ihre Wirkungen den Rest Ihres Tages verbessert. Tendenziell hält sie wenigstens eine Weile an und wird länger, wenn Sie achtsamer werden. Sie wird dafür sorgen, dass Ihre Reaktionen weniger gereizt oder hastig sind. Ein Effekt der Meditation, den ich wirklich liebe und sehr hilfreich finde, ist, dass sie die Zeit zu verlangsamen scheint, sodass Sie mehr Zeit haben, Ihre Worte abzuwägen, Ihre inneren Reaktionen wahrzunehmen, und eine Art Lücke spüren, in der Sie wählen können, was Sie tun oder sagen wollen. Es entsteht eine kleine Distanz zu den Dramen und dem ständig blinkenden Kleinkram um Sie herum. Sie werden toleranter und freundlicher gegenüber sich selbst und anderen sein. Dabei ist das im Grunde Ihr natürlicher Zustand, das sind *Sie, wenn man den Stress wegnimmt*. Im modernen Leben sind wir einfach fast die ganze Zeit übermäßig hochgefahren, sodass wir inzwischen denken, das müsse so sein. Meditation heißt Rückkehr zu der Funktionsweise, für die unser Gehirn und unser Körper eigentlich vorgesehen sind.

Noch etwas: Ihre Fähigkeit dazu wächst. Mit jeder Sekunde, in der Sie üben, wieder herunterzukommen, bauen Sie die neuroplastischen Verbindungen hin zur Präsenz weiter aus. Sie werden stärker werden. Selbst wenn Sie wahrnehmen, wie Ihre Hand die Türklinke berührt, wenn Sie das Haus verlassen, oder die Wärme des Spülwassers im Becken spüren, wird das Ihr Gehirn dazu trainieren, präsenter zu werden. Es lohnt sich immer.

Die Meditation wird Ihre Freundin werden und ein Heilmittel für alles sein, was das Leben Ihnen vor die Füße werfen kann. Sie ist eine Art mentales Ju-Jutsu, mit dessen Hilfe Sie Schmerz und Schwierigkeiten über Ihre Schulter werfen können, sodass Sie glücklich und in Frieden sind.

Beinahe jeder, der zu meditieren beginnt, stellt etwas Verstörendes fest: Das Gehirn benimmt sich wie ein verrückter Affe, der in den Wald alter Kümmernisse oder Streitereien rast oder ins Dickicht von Erinnerungen – guten wie schlechten – oder auf den Klippen künftiger Sorgen herumturnt. Oder noch schlimmer, es wendet sich Ihrer Einkaufsliste und der Frage zu, was Sie zum Abendessen kochen sollen. Oder was jemand auf Facebook gesagt hat. Es ist nicht so, dass die Meditation diese Erregung auslösen würde, sondern dass sich für Sie plötzlich ein Fenster öffnet, durch das Sie sehen, was Ihr Gehirn die ganze Zeit über treibt!

Von diesem geistigen Herumspringen ist nichts eine Hilfe für uns, weder für unseren Seelenfrieden noch für unsere Effektivität, was ebenso wichtig ist. Und es bringt uns ganz gewiss keine Freude. Die einzige Freude, die wir je erleben, findet jetzt statt. Und die einzige Liebe, die wir je erleben, findet jetzt statt. (Es ist ja geradezu die Definition von Liebe, das, was Ihnen zeigt, dass es sie gibt, was Ihnen erlaubt, sie zu fühlen, dass Sie die absolute Aufmerksamkeit eines Menschen haben.) Und schließlich findet die einzige Wirkung, die wir je entfalten können, jetzt statt. Daher müssen wir dafür sorgen, dass das Jetzt zählt.

Sie, lieber Leser, liebe Leserin, haben vielleicht für eine Familie zu sorgen, die braucht, dass Sie gut organisiert sind und sich tagsüber fast die ganze Zeit um sie kümmern. Sie haben vielleicht eine Arbeit, die Ihnen viel abverlangt. Sie müssen vielleicht in Ihrem persönlichen Leben mit happigen Dingen fertigwerden, die Sie beschäftigen und bedrängen. Wenn ich davon rede, dass Sie im gegenwärtigen Moment leben sollen, klingt das für Sie womöglich so hilfreich, als würde ich Ihnen vorschlagen, einen Monat freizunehmen und auf eine einsame Insel zu fahren.

Aber es ist schon nutzbringend, wenn Sie nur ein wenig an dieser Idee knabbern. Haben Sie eventuell bemerkt, dass Sie in letzter Zeit manchmal Fehler machen – Ihre Schlüssel verlieren, sich in der Küche schneiden, stolpern oder ausrutschen und sich verletzen, Beulen in Ihr Auto fahren, etwas Wichtiges vergessen, das Ihren ganzen Tag durcheinanderbringt? Oder noch schlimmer, dass Sie bei Interaktionen mit wichtigen Menschen – Kindern, Partner/Partnerin, sonstigen Angehörigen, Geschäftspartnern – zunehmend gereizt sind und dass sie nicht gut laufen? Im Hier und Jetzt zu sein hat nichts mit Träumerei zu tun. Vielmehr damit, Dinge gut zu machen, weil man sich ihnen ganz zuwendet. Einem Kind fünf Minuten mit uneingeschränkter Aufmerksamkeit zu helfen, kann verhindern, dass es sich später monatelang von einer schlechten Entscheidung erholen muss.

Die Gegenwart ist etwas wirklich Wichtiges. Sie können auch im Getümmel des Lebens präsent sein wie ein Samurai im Kampf. Absolut da, absolut fokussiert, absolut und paradoxerweise ruhig. Genau das Rechte tun, im exakt richtigen Moment. Das ist Ihnen schon begegnet: Bei dem Arzt, der sich für Sie Zeit genommen und herausgefunden hat, was genau bei Ihnen nicht stimmt; bei dem/der Liebsten, der/die ganz Aufmerksamkeit ist, sanft und tief mit Ihnen verbunden. Sie waren schon dort, nur nicht sehr oft.

Lernen Sie, präsent zu sein, und Ihr Leben wird funktionieren. Verzweifeln Sie nicht daran, wie schwierig das klingt, weil Ihnen einfach nie jemand gezeigt hat, wie das geht. Die Fähigkeit, all Ihre Sinne zu spüren und ganz da zu sein, ist wie ein Muskel, dessen Stärke Sie trainieren können, ein neuronaler Pfad, den Sie verbreitern und ausbauen können. Je öfter Sie das tun, desto leichter fällt es Ihnen.

Präsenz ist eine unverwechselbare Eigenschaft, die schon immer anerkannt wurde – »sie hat eine solche Präsenz« – und die so alt ist wie die Welt. Die Menschen werden beginnen, sie an Ihnen wahrzunehmen. Sie werden Beziehungen prickelnder finden, die Arbeit wird Ihnen leichter fallen, die Fehler werden weniger. Wenn Sie einen Partner, eine Partnerin suchen, werden Sie feststellen, dass potenzielle Kandidaten oder Kandidatinnen Sie wesentlich anziehender finden. Nichts ist so sexy – oder gewinnend –, wie die volle Aufmerksamkeit eines Menschen zu haben. Damit habe ich jetzt hoffentlich die Ihre gewonnen!

Für den Pfad in Ihrem Gehirn, der von der Zerstreuung zurück zur Achtsamkeit führt, können Sie beinahe überall etwas tun. Das Gefühl der Ruhe ist, als würden Sie Ihren Motor auf Leerlauf schalten, oder wie Schneeflocken, die in Ihrem Körper fallen – alle Ihre Muskeln lassen los. Das Leben dreht uns hoch und immer höher, und wir müssen uns wieder herunterbringen, sobald wir die Chance dazu haben.

Thich Nhat Hanh empfiehlt, dass wir anfangen, wache Aufmerksamkeit – Achtsamkeit – in kleine Aufgaben einzubauen. Er schlägt vor, dass Sie sich einige als tägliche Rituale aussuchen und zu einer Gewohnheit machen, die Sie im Laufe des Tages immer wieder erfrischt. Geschirr spülen. Zähne putzen. Sich nach dem Duschen abtrocknen. Lenken Sie einfach Ihre Aufmerksamkeit auf die Sinne, achten Sie auf die Wärme des Seifenwassers, die Textur Ihres Handtuchs und schauen Sie, ob Sie sich mit mehr Zartgefühl abtrocknen können, langsam, mit Vergnügen. Diese Augenblicke, die Sie sich in dem Trubel und dem Gerenne um Sie herum (in dem die Konsumkultur Sie unbedingt halten will) stehlen, werden zu kostbaren kleinen Zufluchtsorten, die Sie nach und nach so weit ausdehnen, dass Sie Ihr ganzes Leben befreien.

Das vierstöckige innere Haus wird Ihnen immer helfen, durch die härtesten Zeiten, die langweiligen Zeiten, die verwirrenden Zeiten durchzukommen. Die erste Regel dabei lautet, zunächst ins Erdgeschoss hinunterzusteigen. Achten Sie auf die sensorischen Einzelheiten, sowohl außerhalb Ihrer selbst in dem, was Sie berühren, sehen und hören, als auch in Ihnen – auf das kleine Kribbeln und Erschauern, die Schmerzen und Verspannungen, die Muskeltätigkeit und die Hautreaktionen. Machen Sie das beiläufig, wenn es Ihnen gerade einfällt, und nur für einen kurzen Moment. Dann werden Sie bemerken, was geändert oder besser angepasst werden muss. Bleiben Sie lange genug dabei, um zu spüren, dass dieser Moment einzigartig ist, dass dieses Abschließen der Tür oder das Anhalten an einer Ampel anders ist als alle anderen Male. Sie sind nicht einmal selbst gleich, jedes Mal ist anders.

Mit jeder Rückkehr in die Gegenwart bauen Sie eine neuronale Veränderung weiter aus. Spiritualität ist wie ein Muskel, den Sie stärken können. Sie bauen Schritt für Schritt eine Autobahn in Ihrem plastischen Gehirn, weg von der Zerstreutheit des verrückten Affen hin zur Präsenz. Bis sie Ihnen zur Selbstverständlichkeit wird. Natürlich können Sie auch zu Meditationskursen gehen oder den Jakobsweg wandern, wenn Sie das möchten, aber es läuft immer darauf hinaus, dass Sie wissen, wie Sie präsent sein können.

Und probieren Sie Dankbarkeit als Haltung aus. Sie haben etwas Gutes gegessen und können sich mit warmem Wasser waschen. Sie haben noch Ihre eigenen Zähne! (Sie kennen doch diese Kleinanzeigen? »Mann, 61, sucht Frau, Heirat nicht ausgeschlossen, eigene Zähne.« Wobei nicht ganz klar war, ob er damit sich selbst oder seine Zukünftige meinte!) Sie leben in Sicherheit, haben ein warmes Bett. Nehmen Sie es wahr und seien Sie dankbar dafür. Danke, sauberes Hotelzimmer.

Danke, gut gelandetes Flugzeug. Danke, vertrauter, alter Teekessel. Danke, sonnenhelles Küchenfenster.

Wenn Sie Dinge, die Sie sowieso erledigen müssen, in ein Ritual verwandeln, das Sie wieder in den gegenwärtigen Moment zurückführt, bekommt das Ganze eine Eigendynamik, und Sie wollen die ganze Zeit nur noch dort sein. Bald werden Sie die Hetze und Gereiztheit Ihres bisherigen, halbwachen Lebens nicht mehr ertragen können. Sie machen einfach nicht mehr so weiter.

Sie werden auch sich selbst nicht mehr so ernst nehmen. Der beliebte kanadische Dichter Alden Nowlan wurde mit Mitte dreißig schwer krank, und nach monatelanger erfolgloser Behandlung, als er sein Leben schon am Ende sah, zog es ihn ans Meer. Er ging dorthin und lebte in einer Hütte direkt am Strand. Er verbrachte jeden Tag Stunden damit, einfach auf das Wasser und ferne Inseln hinauszuschauen, und die Wolken und die Vögel und ihr Kommen und Gehen zu betrachten. Das gab ihm das Gefühl, alles sei ewig, sagte er, und er sei eigentlich überhaupt nicht so wichtig, und dieser Gedanken brachte ihm einen tiefen Frieden. Und dann wurde er gesund.

Woher Sie wissen können, dass etwas schiefgehen wird

Vor ein paar Jahren habe ich etwas Bemerkenswertes entdeckt (ich lerne langsam). Jedes Mal – buchstäblich jedes Mal –, wenn ich etwas tue, damit ich es »vom Hals habe« – weil es langweilig ist, weil ich es eilig habe, weil es erledigt werden muss, ehe ich mich wichtigeren oder erfreulicheren Dingen zuwenden kann –, passiert dasselbe. Es geht schief! Manchmal nur knapp, aber ärgerlich daneben. Manchmal vom Typ »die Schraube fällt in den Motor«. Manchmal

Typ »Fahrt ins Krankenhaus«. Wenn man an einer Aufgabe ist, aber wünscht, man hätte sie schon fertig, kann man sich darauf verlassen, dass sie länger als nötig dauert oder noch einmal gemacht werden muss.

Da wir 80 Prozent des Lebens mit Dingen beschäftigt sind, die man langweilig, unproduktiv oder trivial nennen könnte (die aber einfach getan werden müssen), hat man jeden Tag reichlich Gelegenheit für Pannen aus Unaufmerksamkeit. Ich habe nicht innegehalten, um einen dicken Pullover auszuziehen, weil mich das dabei aufgehalten hätte, ein Beet im Garten umzugraben! Ich war derart »abwesend«, dass mir gar nicht aufgefallen ist, dass mir heiß war. Aber ich habe natürlich gemerkt, wie sehr ich das Umgraben hasse. Das ist die Art von Verrücktheit, die keinem anderen Tier je unterlaufen würde. In einer buddhistischen Geschichte wird von einem Mann erzählt, der schwitzend und geräuschvoll einen Baum neben einem Waldweg zu fällen versucht. Seine Axt ist jedoch so stumpf, dass sie einfach am Holz abprallt. Ein mitfühlender Mann, der zufällig vorbeikommt, sieht das und macht ihn darauf aufmerksam. »Ich habe keine Zeit, die Axt zu schärfen«, explodierte der Angesprochene. »Verschwinden Sie!« (In gewissem Sinne könnte dieses ganze Buch mit lediglich fünf Worten zusammengefasst werden. »Schärfen Sie zuerst Ihre Axt.«)

Ich bin sicher, lieber Leser, liebe Leserin, dass Sie diesen Rat niemals brauchen, aber mir hilft es, darauf zu achten, wenn ich eine Arbeit hinter mir haben möchte. Mir bewusst zu werden, dass ich sie dann im Allgemeinen schlecht mache, unter Umständen sogar mit schwerwiegenden Folgen. Der Schlüssel zum Gelingen ist, den Gang zu wechseln und die Aufgabe mit Freude und Sorgfalt zu erledigen. Unsere Bestimmung ist das Grab – beeilen Sie sich nicht, dorthin zu gelangen.

Sich auf Härte gefasst machen

Ein Letztes, was Sie in Bezug auf die Spiritualität noch erkennen müssen, ist, dass sie hart ist. Sie ist nichts für Softies. Früher haben Menschen auf Inseln im Atlantik in Steinhütten gelebt, um sich ihr zu widmen. Jesus wurde sich über seine Bestimmung beim Fasten in der sengenden Hitze der Wüste klar. (Und als die Zeit gekommen war, ging er aufrecht seinem Untergang entgegen und widersetzte sich damit ebenso der Wirtschaftsmacht des Römischen Reiches als auch dem spirituellen Verrat der Priesterschaft.) Gandhi, Martin Luther King, Dietrich Bonhoeffer, Sophie Scholl und Millionen unbesungener Menschen, die genauso für den Wandel eingetreten sind wie sie, wussten, dass ihre Spiritualität sie in große Gefahr brachte.

Aus diesem Geist handelte auch der weltberühmte »Tank Man«, der fotografiert wurde, als er sich einem Konvoi von riesigen Panzern in der Nähe des Tiananmen-Platzes in den Weg stellte, ehe dort das schreckliche Massaker stattfand. Seine Identität und sein Schicksal werden vielleicht niemals bekannt werden, aber er hatte beschlossen, dass es etwas gab, das ihm wichtiger war als sein Leben. Das muss ein großartiges Gefühl gewesen sein.

Spiritualität ist hart, weil Sie sie auf die Härte des Lebens vorbereitet, auf das, was es unausweichlich mit sich bringen wird. Schauen Sie sich das folgende Gedicht von Jeff Foster an:

Du wirst alles verlieren.
Dein Geld, deine Macht, deinen Ruhm, deinen Erfolg,
vielleicht sogar dein Gedächtnis.
Dein gutes Aussehen wird vergehen.
Geliebte Menschen werden sterben.
Dein eigener Leib wird eines Tages zerfallen.

Alles, was dauerhaft schien, ist vollkommen vergänglich und wird zerschmettert werden.
Die Erfahrung wird schrittweise, oder auch gar nicht schrittweise, alles wegnehmen, was sie wegnehmen kann.
Aufwachen heißt, der Realität mit offenen Augen entgegenzutreten und sich nicht länger abzuwenden.
In diesem Augenblick stehen wir schon auf geweihtem und heiligem Boden.
Denn das, was verloren sein wird, ist noch nicht verloren, und das zu erkennen ist der Schlüssel zu einer unaussprechlichen Freude.
Wer immer und was immer gerade jetzt in deinem Leben ist, ist dir noch nicht genommen worden.
Das klingt vielleicht augenfällig, aber es wirklich zu wissen ist der Schlüssel zu allem, zum Warum und Wie und Wozu des Daseins.
Die Vergänglichkeit hat schon alles und alle um dich herum tief geheiligt und bedeutend und deiner herzzerreißenden Dankbarkeit würdig gemacht.
Der Verlust hat dein Leben bereits in einen Altar verwandelt.

Hören/sehen/fühlen Sie, was er sagt? Bereiten Sie sich darauf vor, alles zu verlieren, was Sie lieben. Denn dazu führt das Leben. Aber dann *machen Sie etwas mit diesem Wissen*. Meditieren Sie über die stets gegenwärtige Nähe des Verlustes, der Zerstörung und des Todes all dessen, was Ihnen am Herzen liegt, und das Ergebnis wird für sich selbst sprechen. Sie brauchen dann nichts mehr zu fälschen. Ihr Sinn für die Kostbarkeit, die Heiligkeit dessen, was Sie gerade umgibt, wird sich intensivieren – die Ihrer unvollkommenen Frau, Ihres unvollkommenen Mannes, Ihrer sich mühenden Kinder, Ihres eigenen stümperhaften Lebens und der ganzen Natur, die um Sie herum und über Ihnen kreist – alles wird klar. Alles wird leuchtend und vollkommen. Sie würden es sich nicht mehr anders wünschen.

Noch ein Letztes

Viele Menschen machen in Bezug auf die Spiritualität zwei große Fehler: Sie denken, es handele sich um etwas rein Persönliches, und ihr Ziel sei, das gewöhnliche Leben zu transzendieren. Das ist ein schreckliches Missverständnis und führt zu Mönchen in goldenen Tempeln, umgeben von Armut und Ungerechtigkeit.

Persönliches Glück ist ein Nebenprodukt, aber nicht das Ziel von Spiritualität. Vielmehr gilt genau das Gegenteil. Sie senken Ihre Wurzeln nur aus einem einzigen Grund tief in die Erde – damit Sie Ihre Zweige hoch hinauf wachsen lassen und Stürmen standhalten können. Dadurch schützen Sie das Leben um Sie herum. Bäume schützen, wie wir inzwischen wissen, das Leben im übrigen Ökosystem. Wie großartig ist es doch, ein Mensch wie ein Baum zu sein! (Und nicht nur ein Kohlkopf.) Wissen, dass Sie an allem teilhaben, bedeutet, dass Ihnen alles am Herzen liegt. Wenn irgendwo auf der Welt ein Kind Not und Qualen erleidet, dann können Sie niemals Frieden finden. Sie sind mit sich eins, Sie sind in einer zeitlosen, transzendenten Ruhe, aber Sie hören nicht auf, für andere zu sorgen. Sie suchen weiterhin nach Wegen, die Welt in Ordnung zu bringen. Eine Spiritualität, die nicht zum Handeln in der Welt führt, ist in Wahrheit nur ein Schwindel, eine Fälschung wie unechter Schmuck. Wer in Katastrophengebieten belegte Brote schmiert, ist auf seinem Weg zu Gott weiter, auch wenn er nie im Leben die Silbe »Om« gesungen hat.

Das dritte Stockwerk öffnet sich zum Himmel hin. Dadurch ändert sich unvermeidlich die Perspektive auf Ihre kleineren

*Eine Spiritualität, die nicht zum Handeln
in der Welt führt,
ist in Wahrheit nur ein Schwindel,
eine Fälschung wie unechter Schmuck.
Wer in Katastrophengebieten belegte Brote schmiert,
ist dem Nirwana näher,
auch wenn er nie im Leben
die Silbe »Om« gesungen hat.*

*Das Glück kommt und geht,
aber tiefer Friede baut sich auf und wird stärker,
und daran können wir unbedingt arbeiten.*

Sorgen. Und es befreit Sie dazu, enorme Risiken auf sich zu nehmen, Opfer zu bringen und außerordentlich mutig zu sein. Wie die Elternschaft auch noch die stillste Mutter und den ruhigsten Vater in ein wildes Tier verwandelt, wenn es um die Verteidigung ihres Kindes geht, kann das Gefühl der Brüderlichkeit und Schwesterlichkeit gegenüber dem lebendigen Universum die erstaunlichsten Energien und Kräfte freisetzen. Vielleicht können wir Menschen aufhören, Mastvieh zu sein, und endlich etwas Glanzvolleres werden. Vielleicht können wir endlich ganz und gar menschlich werden.

Spiritualität –
Übungen zum Nachdenken, eins bis fünf

1. Hätten Sie vor der Lektüre dieses Buches gesagt, Ihr Leben habe eine spirituelle Dimension?
2. Wenn Ihre Antwort »Nein« lautet, würden Sie dann angesichts der breiten Palette von Aktivitäten, die wir am Anfang dieses Kapitels aufgeführt haben, bei erneutem Hinschauen denken, dass Sie vielleicht doch ein Mensch sind, in dessen Leben und für dessen Wohlbefinden spirituelle Praktiken eine zentrale Rolle spielen?
3. Wann oder wo spüren Sie das Aufweichen der üblichen Grenzen und das freudige Einswerden mit dem Universum am stärksten? In diesem Kapitel wird behauptet, dass Spiritualität der Schlussstein oder das tiefere Betriebssystem unseres menschlichen Geistes ist. Dass wir ohne sie einfach nicht funktionieren.
4. Haben Sie bemerkt, dass ein Sinn für Spiritualität Ihre anderen Prioritäten verändert und ersetzt oder Schwierigkeiten löst, die auf anderen Ebenen Ihres Geistes auftreten? Und in Ihrem Leben?
5. Haben Sie manchmal in Ihrem Leben Augenblicke einer Lebendigkeit erlebt, die Sie am liebsten jeden Tag hätten?

9
Näher betrachtet

Lebendig leben

Wir haben in diesem Buch einen weiten Bogen geschlagen und vieles hineingepackt. Vielleicht allzu viel. Bitte verzeihen Sie mir das. Ich wollte Ihnen unbedingt alles geben, was ich habe und was Ihnen weiterhelfen könnte. Dieses Abschlusskapitel des Buches führt daher noch alles gebührend zusammen, was wir über den Supersinn und das vierstöckige innere Haus gelernt haben, damit Sie nicht mehr Sklaven unserer Zeit zu sein brauchen, sondern frei werden und ein gesünderes Leben und eine gesündere Welt aufbauen können.

* * *

Beginnen wir mit einer einfachen Frage an Sie: Was wäre nötig, damit Sie glücklich sein könnten? Eine Möglichkeit, sie zu beantworten, wäre die Vervollständigung des folgenden Satzes: »Ich werde erst richtig glücklich sein, wenn ...« Möglicherweise haben Sie darauf eine einzige Antwort, aber viele Menschen haben eine ganze Liste. Es lohnt sich, diese Liste einmal aufzuschreiben und zu merken, wie es sich anfühlt, wenn Sie sehen, welchem Rennen Sie sich verschrieben haben!

Die Antworten der meisten Menschen entsprechen tendenziell ihrem Lebensstadium. So sagen sie vielleicht:

... wenn ich einen tollen Partner/eine tolle Partnerin finde und heirate.
... wenn ich einen guten Job finde.

… wenn ich aus meiner unglücklichen Ehe herauskomme.
… wenn das Haus abbezahlt ist und wir mal richtig Urlaub machen können.
… wenn alle meine Kinder die Universität abgeschlossen haben.
… wenn ich in Rente gehe und selbst über mein Leben bestimmen kann.
… wenn wir das Problem des Klimawandels lösen können.
… wenn ich im Lotto gewinne!

Manche werden auch von sehr speziellen Umständen abhängen:

… wenn meine Tochter aufhört, Drogen zu nehmen.
… wenn mein Mann aus dem Gefängnis freikommt und sein Leben wieder ins Lot bringt.
… wenn meine Partnerin sich wieder völlig von der Krebserkrankung erholt, deretwegen sie gerade behandelt wird.

Wenn diese Bedingungen erst einmal erfüllt sind, so sagen wir uns, dann können wir endlich aufatmen und das Leben genießen. Wer wollte den Eltern eines schwer kranken Kindes vorwerfen, dass sie beinahe buchstäblich den Atem anhalten, sich schreckliche Sorgen machen und unter Kummer leiden, bis sie wissen, dass es ihrem oder ihrer Kleinen wieder gut geht? Und selbst bei alltäglicheren Zielen – eine Liebe zu finden, Karriere zu machen, finanzielle Sicherheit zu erlangen –, nach denen beinahe jeder und jede strebt, erscheint es durchaus sinnvoll, unsere Anstrengung auf das Ziel gerichtet zu halten.

Aber es gibt noch eine andere Sichtweise. Vor vielen Jahren, als ich einmal in den USA auf Reisen war, fand ich in einer Buchhandlung in Colorado eine Postkarte, die ich noch heute habe. Es ist ein Foto, das durch das Fenster einer alten Hütte aufgenommen wurde, durch einen offenen, roh gezimmerten

Holzrahmen hindurch; davor waren hohe Berge, die nur der Himalaja sein konnten, und eine kleine Kletterpflanze rankte sich an der Holzverschalung empor. Darauf stand: »Es gibt keinen Weg zum Glück. Glück ist der Weg.«

Glück ist der Weg? Ihr Supersinn begreift diese Idee in Sekundenschnelle, und Ihr logisches Denken hat erst einmal damit zu kämpfen. Schauen wir uns das näher an. Ich habe Freunde aus Westafrika, die in ihrer Kultur nie einfach nur »Auf Wiedersehen« sagen. Sie sagen: »Wir sehen uns wieder, so Gott will.« In dieser unsicheren und gefährlichen Gegend drückt man ganz automatisch aus, dass alles tentativ ist, dass man nichts als selbstverständlich ansehen kann. Doch seltsamerweise sind diese Freunde die fröhlichsten, überschwänglichsten und lockersten Menschen, die ich kenne. Wissen sie etwas darüber, wie man blüht und gedeiht und weiterkämpft? Struktureller Rassismus, Ungleichheit, Umweltkatastrophen, die sich weltweit ereignen – all das macht das Leben von Milliarden Menschen schrecklich und schwer. Wir müssen uns diesen Dingen dringend stellen und gegen sie kämpfen. Aber wie wäre es, wenn wir selbst bei diesem Tun freudig sein könnten? Wie wäre es, wenn man das Pferd tatsächlich am Schwanz aufzäumen muss? Wie wäre es, wenn genau dieses das Geheimnis dafür wäre, dass man weitermachen kann?

Die meisten Menschen haben das im Laufe der Geschichte verstanden; die Idee, das Glück auf später zu verschieben, ist für den Menschen nicht naturgegeben. Sie beruht auf den verzerrten Versionen des Christentums, die in der Feudalzeit entstanden sind, auf der Vorstellung eines fernen Himmels, den man in die Zukunft verlegte, damit die Knechtschaft und Armut in der Gegenwart ertragen wurden. Der Lohn winkte einst im Himmel.

Heutige Philosophen und Psychologen stellen »das Streben nach Glück« inzwischen ernsthaft als lohnendes Ziel infrage, weil wir inzwischen erkennen, dass es im Wesen der Emotionen liegt, dass sie flüchtig sind. Glück ist wichtig, aber man kann es nicht fangen; wie ein Schmetterling wird es kommen und sich einem auf die Schulter setzen. Es ist eine Gnade. Wir brauchen etwas Solideres und Tieferes, eine Zufriedenheit und eine Sinnhaftigkeit, die darüber hinausgehen, wie es gerade im Augenblick läuft. Wer möchte schon, dass sein inneres Glück eine Achterbahn ist?

Dietrich Bonhoeffer war ein junger evangelischer Pfarrer, der kurz vor dem Zweiten Weltkrieg in die Vereinigten Staaten reiste und dort hätte bleiben können, aber er hatte ein so schlechtes Gefühl dabei, seine Landsleute im Stich zu lassen, dass er zurückkehrte und eine Widerstandsbewegung organisierte. Schließlich kam es, wie es kommen musste, und er wurde verhaftet, kam ins Gefängnis und wurde wenige Tage vor dem Ende des Krieges hingerichtet. Aus seinen Schriften und Briefen geht klar hervor, dass er innerlich in Frieden war und zutiefst das Gefühl hatte, der Weg, den sein Leben genommen hatte, sei der richtige. Er war nicht aus anderem Holz geschnitzt als Sie oder ich, vielmehr hatte er etwas verstanden. Was wir in der Tiefe wirklich wollen, ist eine klare Linie. Wenn alle Ebenen unseres vierstöckigen inneren Hauses übereinstimmend ausgerichtet sind – unser Handeln, unsere Gefühle, unser Denken und die Logik in dieselbe Richtung zeigen –, gibt uns das ein tiefes Wohlgefühl. Das ist »der Weg« – das Gefühl, auf dem richtigen Weg zu sein. Das Glück kommt und geht, aber tiefer Friede baut sich auf und wird stärker, und daran können wir unbedingt arbeiten.

* * *

Unsere Vorfahren haben Millionen von Jahren nicht in Begriffen des Fortschritts gedacht, sie sahen das Leben nicht als ein Rennen nach weiter oben an, sondern als schön in sich selbst.

Sie wussten, dass das Leben ein Kreislauf ist. Die Natur

selbst lehrt das ja so eindeutig: Der Frühling folgt stets auf den Winter, der Herbst auf den Sommer; Sonne und Mond kommen und gehen; alte Menschen sterben, Babys werden geboren. Wenn ich etwas bedauere, dann ist es, dass ich zu viel Lebenszeit damit verbracht habe, imaginären Zielen nachzujagen, mich wegen vermeintlich dringender Dinge aufzuregen, und dabei so viel Glück und Verbundenheit versäumt habe. Jetzt, als alter Mann, lasse ich das los. Die Furcht vor dem Alter, vor Krankheit und Tod durchläuft mich immer wieder, aber heute sitze ich da und schaue den Kindern beim Spielen zu und sehe Vögel über meinem Kopf kreisen. Meine Bäume werden noch blühen, wenn ich schon lange nicht mehr bin. »Das Leben geht weiter« fühlt sich gut an. Es ist mehr als genug. Es ist eine stille Ekstase, auch nur kurz dazuzugehören.

Was die Forschung sagt

Das Glück ist inzwischen ein wichtiges Gebiet der psychologischen Forschung. Und was die Wissenschaftler bisher festgestellt haben, ist, dass glücklich oder unglücklich sein überhaupt nichts mit den Umständen zu tun hat (sobald die Grundbedürfnisse erst einmal erfüllt sind). Es ist ein Charakterzug. Anders gesagt, eine mentale Gewohnheit. Wir haben alle eine »Standardeinstellung« in Bezug auf das Glück, und die ist bemerkenswert unempfindlich gegenüber dem, was in unserem Leben geschieht. Ein miesepetriger Mensch, der im Lotto gewinnt, wird binnen Stunden wieder in seine miese Stimmung zurückfallen. Wahrscheinlich wegen der Steuern, die er dafür zahlen muss! Ein fröhlicher Mensch stellt vielleicht bei der Rückkehr zu seinem Auto auf dem Parkplatz eine Delle fest, zuckt nur die Achseln und denkt, dass solche Dinge eben passieren. Wenn sein Haus abbrennt, wird er für kurze

Zeit sehr bestürzt sein (entsprechend unserer Regel, Gefühle zuzulassen), aber er wird schon bald wieder voller Optimismus und mit einer neuen Perspektive frisch zur Tat schreiten.

Es heißt, eine Heirat mache einen eine Woche lang glücklich, ein neues Auto ein Wochenende lang. Ein neuer Fernsehapparat, Computer, Kühlschrank oder eine Sitzgarnitur ein paar Stunden lang. Dann kehrt man zu seiner Standardeinstellung zurück.

Auch hier bitte ich Sie wieder, das mit Ihrer Erfahrung abzugleichen. Die meisten von uns kennen Menschen, die einfach glücklich sind. Wir sind sehr gerne mit ihnen zusammen. Sie spielen uns nichts vor. Ihre Munterkeit ist nicht aufgesetzt, nicht nur Fassade. Es ist kein Pfeifen im Dunkeln, nur um sich Mut zu machen. Sie sind von innen heraus heiter und probieren Dinge unverdrossen immer wieder, sie sind sie selbst, machen sich nicht übermäßig viele Sorgen und scheren sich keinen Deut um unwichtige Dinge. Wie machen sie das?

Meine einzige Schwester hieß Christine, sie war sanft und liebte handgemachte Dinge, Tiere, Kinder und das Draußensein in der Natur. Mit Anfang dreißig bekam sie Multiple Sklerose und lebte damit, bis sie mit sechzig Jahren starb. Sie schaffte es, zwei Kinder auf einer kleinen Hobbyfarm großzuziehen und ein erstaunlich gutes Leben zu führen, allerdings nur mithilfe massiver Unterstützung ihrer Gemeinde und des ziemlich guten und weitgehend kostenlosen Gesundheitssystems von Australien. Und sie hatte auch eine glückliche Hand bei der Wahl ihres Ehemannes. Ihr Leben war trotzdem hart, und am Ende sagte sie mir, sie wäre froh, wenn sie es bald hinter sich hätte und sterben könnte; sie war es leid geworden, so unglaublich eingeschränkt zu sein. Aber ihre Haltung war dreißig Jahre lang frei von Selbstmitleid. Fragen nach ihrem Befinden beantwortete sie ehrlich, aber sie verschob bald den Schwerpunkt und erkundigte sich, wie das Leben des anderen lief, und sie war eine so einfühlsame Zuhörerin, dass man ihr am Ende alle seine Sorgen erzählte. Und so war sie zu ziemlich allen. Irgendwo auf ihrem Weg hatte sie ihre »Glückseinstellung« gewählt, und sie war in realistischer Weise heiter. So war ihr Leben ein leuchtendes Vorbild.

Eine Kultur von der Stange

Jeder und jede von uns hat eine einzigartige Geschichte, und es bedarf individueller Zuwendung, um herauszufinden, was uns verletzt hat. Die falschen Vorstellungen und die unnötigen Selbstbeschränkungen, die wir in der Kindheit gelernt haben, müssen mit der Wurzel ausgerissen werden, damit wir endlich frei sein können.

Aber nicht alle irrigen Meinungen und Beschränkungen sind persönlich. Was ist, wenn unsere ganze Gesellschaft, die Kultur, die wir über Jahrhunderte hinweg aufgebaut haben, ihre eigene eingebaute Neurose hat, eine grundsätzlich »falsche Abbiegung« bei den Antworten auf das Leben ist? Sodass Milliarden von Menschen auf eine falsche Spur geraten sind, die zu unnötigem Leid geführt hat? Auch eine Kultur kann traumatisiert sein und sich von Gesundheit und Gleichgewicht wegbewegen. Und für unsere trifft das mit Sicherheit zu. Der größte kollektive Irrtum der heutigen globalisierten Welt ist eine falsche Vorstellung davon, wie man Glück finden kann.

Der Irrtum besteht, in vier einfache Schritte zerlegt, im Folgenden:

1. Es gibt einen Ort namens Glück.
2. Er liegt in der Zukunft.

3. Wenn Sie sich beeilen, wenn Sie hart arbeiten und wenn Sie alle anderen überholen, können Sie dort hinkommen.
4. Es lohnt sich, beinahe alles im Leben dafür zu opfern, diesen Zielort zu erreichen, denn wenn Sie erst einmal dort sind, sind Sie alle Probleme los.

Ich schätze, dass mindestens 75 Prozent aller Menschen diese Geschichte unterschreiben würden und ihr Leben lang versuchen, danach zu leben. Es ist der zentrale Mythos der westlichen Zivilisation. Und er ist natürlich vollkommen falsch.

Wir müssen unbedingt diese Lüge aus der Welt schaffen, die das Fundament unserer Gesellschaft ist. Millionen von Menschen arbeiten ihr Leben lang in Jobs, die sie überwiegend hassen, und tun nichts von dem, was sie wirklich gerne tun würden, weil sie als Ziel ein dickes Bankkonto, ein fantastisches Haus, eine Weltreise oder einen angstfreien Ruhestand haben. Oder eine Kombination all dessen. Und darüber versäumen sie ihre Gegenwart.

Nur wenige haben dieses Phänomen so gut erklärt wie der unvergleichliche spirituelle Lehrer Alan Watts. Für eine Generation, die in den 1950er- und 1960er-Jahren aufgewachsen ist, waren die Bücher von Watts die gangbarste Brücke zwischen den Philosophien von Ost und West. Und er legte den Finger auf einen zentralen Unterschied zwischen ihnen. Im alten Osten wurde (ganz anders als heute) das Leben nicht immer als Linie, sondern als Kreis gesehen. Konfuzianismus, Taoismus und Buddhismus betonten alle ein Leben in Einfachheit, weil einen das frei macht. Als dem Kaiser Gerüchte über einen außergewöhnlichen Philosophen namens Tschuang-Tse zu Ohren kamen, schickte er eine Abordnung zu ihm, die Tausende von Kilometern zurücklegen musste und ihn in den kaiserlichen Palast einlud. Tschuang-Tse hörte sich ihre Botschaft ruhig und höflich an. Schließlich sagte er beinahe flüsternd: »Ich habe gehört, dass der Kaiser eine zweihundert Jahre alte

Schildkröte in einer Holzkiste hält.« Und er lächelte, und der Fall war erledigt.

In einem seiner bekanntesten Vorträge unternahm es Watts zu erklären, wie das Universum funktioniert, was natürlich grundlegendes Wissen ist, wenn wir erfolgreich darin leben wollen. Er spricht das Englisch der BBC, die Stimme ist volltönend und tief, aber leicht ironisch, freundlich ...

Das Dasein – das physische Universum – ist im Wesentlichen spielerisch. Es ist in keiner Weise notwendig. Es geht nirgendwohin. Es hat kein Ziel, an dem es ankommen müsste. Man versteht es am besten in Analogie zur Musik. Denn Musik, als eine Form der Kunst, ist essenziell spielerisch. Wir sagen, jemand spielt Klavier. Man arbeitet nicht am Klavier.
Warum ist das so? Weil Musik anders ist als, sagen wir, reisen. Wenn Sie reisen, wollen Sie irgendwo hinkommen.
In der Musik ist das Ende des Musikstücks nicht das, worum es bei dem Musikstück geht. Wenn dem so wäre, wären die besten Dirigenten diejenigen, die am schnellsten am Ende wären. Und es würde Komponisten geben, die nur Schlusssätze schreiben würden! Die Leute würden lediglich ins Konzert gehen, um einen gewaltigen Akkord zu hören ... Denn das ist das Ende! Ebenso ist es beim Tanzen. Sie steuern nicht eine bestimmte Stelle im Raum an, weil Sie dort ankommen wollen. Der ganze Sinn des Tanzens liegt im Tanz.

An dieser Stelle im Vortrag von Watts könnte man gut eine Pause einlegen und an einen ruhigen Ort gehen, um über diese Fragen nachzudenken. Was bedeutet das für mein Leben? Habe ich vergessen zu spielen und zu tanzen? Und will er sagen, dass das ganze Leben wie ein Tanz sein sollte, ohne ein Ziel vor Augen? Oder lautet die Botschaft einfach, wir sollten mehr Spaß haben? (Damit wir hinterher wieder erfrischt zur Arbeit zurückkehren können.) Natürlich hat Tanzen ein Ziel –

es geht um Schönheit und Bewegung, und es findet im Einklang mit Musik und einem Partner statt, es fördert Gesundheit und Langlebigkeit, und es hat auch eine Art soziale Funktion, nämlich dass man loslässt, an einem Rhythmus teilhat, entweder allein oder mit Hunderten von anderen Menschen. Es ist nicht ziellos, aber es ist auf den Prozess fokussiert und nicht auf etwas, das am Ende kommt. Watts tritt hier nicht für das Chaos ein, für ein Leben ohne Struktur. Tanzen ist eine Disziplin, aber es geht auch ums Loslassen. Der Liebesakt ist ein Tanz. Ein Gespräch ist ein Tanz. Einen Garten zu pflegen ist ein Tanz. Elternschaft ist ein Tanz. Ein Auto entwerfen oder eine Stadt planen, eine Nation zu Frieden und Harmonie führen. Jetzt kommen wir der Sache näher.

Doch wir haben Alan Watts mitten im Schwung unterbrochen. Er ist noch nicht zu Ende. Er macht jetzt etwas, was erhebliche Folgen dafür hat, wie wir unser Leben angehen, besonders wenn wir Kinder großziehen. Er beschreibt den Prozess der Indoktrinierung, der Massenhypnose von Kindern, die durch ihren Schulbesuch und später ihre berufliche Entwicklung stattfindet, und auch deren schreckliche Folgen.

Aber diese (spielerische Natur des Daseins) wird nicht durch unsere Erziehung gefördert. Wir haben ein Bildungssystem, das einen völlig anderen Eindruck vermittelt. Alles ist nach Klassen gestuft, und wir stellen das Kind in den Korridor dieses Klassensystems und sagen dann so was wie: »Komm, Miez, Miez, Miez.« Und dann geht es in den Kindergarten, und das ist prima, denn wenn man damit zu Ende ist, kommt man in die erste Klasse. Dann führt die erste Klasse mit »Komm, weiter« in die zweite Klasse und so weiter. Und dann ist man mit der Grundschule fertig und kommt in die Highschool. Jetzt steigt das Tempo, die Sache kommt näher, dann geht man aufs College ... Dann kommt das Studium, und wenn man mit dem Studium fertig ist, geht man hinaus ins

Leben. Dann geht man in einen Beruf, in dem man Versicherungen verkauft. Und man muss diese Quote erfüllen, und Sie erfüllen sie auch. Und die ganze Zeit kommt die Sache näher – sie kommt, sie kommt, diese tolle großartige Sache. Der Erfolg, für den Sie arbeiten.
Dann wachen Sie eines Tages auf, sind etwa vierzig und sagen sich: »Mein Gott, ich bin angekommen. Ich bin da.« Und Sie fühlen sich nicht viel anders als vorher auch. Schauen Sie sich die Leute an, die für die Rente leben, dafür, ihr Erspartes zurückzulegen. Und wenn sie dann fünfundsechzig sind, haben sie keine Energie mehr übrig. Sie sind mehr oder minder kraftlos. Und dann modern sie in einem Altersheim, einer Seniorenresidenz vor sich hin. Weil wir uns einfach auf dem ganzen Weg selbst betrogen haben.
Wir haben uns das Leben wie eine Reise vorgestellt, wie eine Pilgerfahrt mit einem wichtigen Ziel am Ende, und es ging darum, dieses Ziel zu erreichen.
Erfolg – oder was immer es ist, oder vielleicht auch der Himmel, wenn Sie dann mal gestorben sind.
Aber das Eigentliche haben wir den ganzen Weg lang verpasst.
Es war etwas Musikalisches, und es war so gedacht, dass Sie singen oder tanzen sollten, während die Musik gespielt wurde.

Und so endet er mit dieser bewegenden Eindringlichkeit: »während die Musik gespielt wurde«. Denn eines Tages hört sie auf, und dann ist es zu spät. Und diese Erkenntnis ist das Traurigste im ganzen Leben. Wir sind den falschen Dingen nachgejagt, und währenddessen haben wir die alltäglichen, aber wunderbaren Freuden unseres Lebens – Sonnenschein, Blumen, Tiere, liebevolle Eltern, Kinder, Freunde und Freundinnen, Strände – alle ignoriert und in die Lücken verbannt und auf kleine Häppchen beschränkt, bis wir eines Tages Zeit für sie haben. Und wir haben unser Leben verschwendet.

Bleiben Sie einfach eine Weile still bei der Trauer darüber. Gilt das auch für Sie? Für Menschen, die Sie gekannt haben? Für Ihre Eltern? Für deren Eltern? Für Ihre erwachsenen Kinder? Gilt das für die ganze Menschheit? Und wie wäre es, wir würden das ändern?

»Ha«, sagen Sie jetzt vielleicht, »wenn wir alle losziehen würden wie die Hippies und niemand würde die Arbeit machen, niemand die Bodenschätze aus der Erde holen, die Städte bauen, die Ärzte ausbilden, die Flugzeuge fliegen, wie lange würde Ihre Utopie dann halten? Wer würde Sie ernähren?« Und da ist natürlich etwas dran. Wir haben nicht mehr die riesigen Herden als Nahrung oder die weiten, unbewohnten Landschaften, die wir durchstreifen können, die unsere Vorfahren, die Cro-Magnon-Menschen, hatten.

Wir müssen uns den Weg aus den Trümmerhaufen unserer Zivilisation mit enormer Umsicht bahnen. Aber zumindest können wir die Hetze zurückfahren, die Illusion eindämmen, dass mehr uns glücklicher oder sicherer machen wird. Wir können uns von den Exzessen unserer Kultur distanzieren und anfangen, an ihren Rändern zu leben, solange wir besser Wege erkunden. Und unterdessen in der Sonne lachen und lieben und ehren, was um uns herum ist.

Wir können behalten, was gut ist, und es so weit herunterschrauben, dass es Bestand haben kann. Unsere Zivilisation ist auf dem schrecklichen Chaos und der Überfrachtung von immer mehr aufgebaut. Wir sind stumpf geworden, sodass nur mehr uns befriedigen kann.

Dabei sagen Ihnen Ihr Supersinn und Ihr vierstöckiges inneres Haus die ganze Zeit, was Sie wirklich wollen, was Sie wirklich brauchen. Sie sind ein hervorragendes Leitsystem. Beim Schreiben dieses Buches und der Anwendung seiner Lektionen auf mich selbst habe ich den Drang losgelassen, so viel tun zu müssen. Es war eine interessante Zeit. Wenn ich dem folge, was mein Körper anscheinend will, sitze ich manchmal unzählige Stunden beinahe reglos in meinem Garten und beobachte die Vögel und den Himmel. Das fühlt sich so gut an, dass ich staune. (Ich könnte auch Urlaub auf der anderen Seite der Welt machen, einen Berg besteigen, einen für seine Schönheit berühmten Ort besuchen, allesamt hochgelobte Aktivitäten in dieser Kultur, und mich trotzdem nicht so gut fühlen.)

Manchmal gehe ich spazieren oder mache Sport, nicht um einem Programm oder einer Routine zu folgen, sondern einfach, weil mir im Augenblick danach ist. Meine Muskeln scheinen mir dann zu sagen: »Benutze uns!« Es zieht mich nach draußen. Oder nach drinnen, zu einem Buch oder einem Video. Und wissen Sie was? Manchmal packt mich der Drang, zu schreiben und sehr produktiv, organisiert und energiegeladen loszulegen, und ich bleibe Stunde um Stunde konzentriert an der Arbeit und vergesse die Zeit. Das geschieht auch jetzt, während ich dieses Buch schreibe. Es macht großen Spaß. Ich hoffe, es hilft anderen Menschen, aber zum Mindesten hilft es mir, und das ist schon mal ein Anfang.

Sich nicht anzustrengen ist durchaus produktiv

Die Erfahrung, in der Gegenwart zu sein – wenn auch nur zeitweise –, bedeutet nicht das Gefühl, alles käme zum Stillstand. Vielmehr wird Ihr Leben plötzlich, nachdem Sie es nicht mehr vor lauter Schnelligkeit unscharf werden lassen und nur die Oberfläche Ihrer Existenz abschöpfen, fünfmal intensiver werden. Es ist würzig und süß und wehmütig und doch unbeschwert, alles gleichzeitig. »In der Stille ist der Tanz.«

Erinnern Sie sich noch, wie es war, als Sie einmal in jemanden frisch verliebt waren und sich das allererste Mal berührt haben – vielleicht sogar zufällig –, und es fühlte sich wie elektrisch geladen an? Das war so, weil Sie vollkommen »da« waren, Sie haben an nichts anderes gedacht. Diese Art von Intensität steht Ihnen jederzeit zur Verfügung. Sie können in Ihr Leben verliebt sein. Selbst der Schmerz des Lebens ist noch Leben, ist noch Tanz.

Die Stille ist wie eine Quelle, dort geschieht etwas. Annie Dillard schrieb von einer anderen Richtung her darüber. Sie sagte, man solle hinaus in die Natur gehen und sich dort hinsetzen. An einem wilden Ort sein. Dann wird immer etwas geschehen. Es liegt in der Natur der Schöpfung, dass sie weiterhin schöpferisch ist. Lassen Sie sich von ihr neu erschaffen.

Wenn Sie den Druck auf sich selbst aufgeben oder auf Ihr Kind, wenn Sie eines haben, dann führt das nicht zur Auflösung. Vielmehr gilt genau das Gegenteil: Es führt zu einer sehr geerdeten, kreativen und gesunden Art von Balance. Das Leben wird immer noch gelebt. Nur in einer besseren Weise. Sie stellen fest, dass Sie noch immer Absichten und eine Richtung haben können, aber es fühlt sich nicht mehr gezwungen an. Sie tanzen mit Ihrem Leben und vertrauen darauf, dass Ihnen, Ihren Kindern, Ihrem Partner/Ihrer Partnerin Harmonie und Güte innewohnen. Manche Kinder lernen besser ohne Schule. Pflanzen wachsen, ohne dass wir an ihren Blättern ziehen. Selbst einige wenige Schritte in diese Richtung stellen ein Stück Gesundheit wieder her. Das ist die beste Art des Fortschritts.

Sich aus der Leben zerstörenden Geschichte »Eines Tages wirst du glücklich sein« auszuklinken, ist nicht leicht, aber Sie haben Kräfte auf Ihrer Seite, weil Sie auch noch ein Tier sind und ein hervorragendes Körper-Geist-System für Sie arbeitet. Es ist weniger ein Programm als ein tiefes Zuhören und Befolgen, während sich Ihr Gehirn in Interaktion mit der Welt um Sie herum zu integrieren beginnt.

Aussteigen und in Einklang kommen

In der Zeit des Shutdowns aufgrund der Corona-Pandemie 2020/2021, als Millionen von Menschen zu Hause bleiben mussten, ereignete sich etwas Interessantes. Abgeschnitten vom hastigen Leben in der großen, weiten Welt, begannen einige Leute, sich recht wohlzufühlen. Das fand ich heraus, als ich meine weltweiten Facebook-Elterngruppen fragte, wie es ihnen gehe. Manchen ging es richtig schlecht aufgrund der Anforderungen ihres Jobs, ihrer Kinder und der Befürchtung, sie müssten bald ihr Zuhause für acht Stunden in ein Klassenzimmer verwandeln. Aber ziemlich viele stellten auch fest, dass sie die Situation sehr genossen. Das Leben lief langsamer, die Familie war enger verbunden, und die Zeit schien einen Rhythmus und Fluss zu haben, den sie normalerweise nicht hatte.

Der Schlüssel zu diesem Genuss war anscheinend, dass man den üblichen Druck loslassen konnte – besonders den auf die Kinder, »sich vorzuarbeiten«, nicht »zurückzufallen« oder »im Rennen zu bleiben«. Manche Schulen – die guten, mutigen – sagten den Eltern auch: »Die Schularbeit ist gerade nicht gar so wichtig. Machen Sie einfach das Nötigste, eine Stunde lang, mit Teenagern zwei.« Das leitete eine gewisse Verschiebung in der Haltung ein, dass nämlich dieses Loslassen für die seelische Gesundheit und das Wohlbefinden aller besser sein könnte und dass die Dinge, die man »lernte, während man nicht lernte«, greifbarer und von größerer Bedeutung waren als das übliche geschäftige Abarbeiten des Lehrplans. Dinge über das Leben. Dinge, die ihnen tatsächlich helfen könnten, gute Berufswege einzuschlagen, kreative und selbstmotivierte Erwachsene zu werden. Es war alles sehr subversiv.

Eine Selbsthilfestrategie, die heute weit verbreitet ist, ist ein Dankbarkeitstagebuch. Man muss (sicherlich widerwillig!) am Ende eines jeden Tages oder morgens beim Aufwachen

*Sich aus der Leben zerstörenden Geschichte
»Eines Tages wirst du glücklich sein« auszuklinken,
ist nicht leicht, aber Sie haben Kräfte auf Ihrer Seite,
weil Sie auch noch ein Tier sind und
ein hervorragendes Körper-Geist-System
für Sie arbeitet.*

fünf gute Dinge aufschreiben, für die man dankbar ist. Das dient schlicht und einfach der Plastizität Ihres Gehirns, das dann wahrnimmt, was Sie haben, und nicht, was Sie nicht haben, und wenn Sie das aufrichtig machen, polt es Sie ziemlich schnell zu einer besseren Einstellung um. (Das ist wichtig in einer Welt, die von Werbung bombardiert wird, die darauf abzielt, Ihnen ein mieses Gefühl für das zu geben, was Sie haben, indem sie Ihnen zeigt, was Sie nicht haben. Sie programmiert Sie zur Unzufriedenheit, wenn Sie das zulassen.)

Glück ist schließlich nur ein Gefühl. Es liegt in der Natur von Emotionen, dass sie kommen und gehen. Außerdem entsteht Glück ebenso oft durch Zufall wie aufgrund gezielter Pläne oder kontrollierter Bedingungen. Man hört das sehr oft: »Wir hatten damals sehr wenig, aber wir hatten mehr Spaß … als die Kinder noch klein waren … damals, als unsere Ferienbuchung völlig danebenging, sodass wir einfach improvisieren mussten.« Ältere Menschen sagen oft ganz klar: »Damals war ich glücklich, aber ich habe es nicht gewusst. Ich wollte, ich könnte die Zeit noch einmal zurückdrehen.« Seit ich das gelernt habe, habe ich angefangen, mich darin zu trainieren, Glück wahrzunehmen, wenn ich es gerade erlebe – da ist es! Ich bin glückselig. Ich gehe eine Landstraße entlang, und die Sonne bricht durch die Wolken. Mein Enkelkind rennt vor mir her über einen offenen Grashügel, Vögel kreisen über uns. Oder nach dem Liebesakt, wenn ich still liege, mit prickelnder Haut und heftig klopfendem Herzen, der Gedanke: »Okay, jetzt könnte ich sterben! Das wäre völlig in Ordnung.« Morgen muss ich zum Arzt – aber das ist erst morgen. Die sehr realen Schatten auf unserem Leben machen es nur intensiver. Vergiss die Perfektion, und lerne endlich zu schätzen, was ist.

Schmerz gehört dazu

Was uns zur Frage des Schmerzes bringt. Wie sollen wir mit ihm umgehen? Vermeiden lässt er sich nicht – was können wir dann wenigstens tun, um ihn nicht zu verschlimmern? In den 1970er-Jahren haben die amerikanischen Meditationslehrer Stephen und Ondrea Levine etwas Erstaunliches gemacht. Sie richteten einen kostenlosen Telefonservice für Menschen ein, die an traumatischer Trauer litten. Sie stellten einfach ein Telefon hin und besetzten es selbst als Form des Dienstes an der Welt. In ihrem Buch *Meetings at the Edge* schrieben sie als Ergebnis ihrer Zusammenarbeit mit den Anrufern, es gehe darum, »das Herz in der Hölle zu öffnen«. Sie glaubten – und wurden darin auch bestätigt –, dass wir uns gerade in den lebensfeindlichsten Umständen den Tränen überlassen, die Wut spüren und herauslassen, vor Furcht zittern müssen, um auf der anderen Seite wieder herauszukommen, bereit zu lieben und in Frieden zu leben. Mit anderen Worten: das vierstöckige innere Haus zu aktivieren.

Einmal riefen Eltern an, deren gerade erst erwachsene Tochter entführt, gefoltert und getötet worden war. Danach hatten sie jahrelang gelitten. Sie durchlebten die Einzelheiten des Todes ihrer Tochter Tausende Male. Doch nach und nach wurde ihnen im Gespräch mit den Levines eine einfache Tatsache klar (ohne dass sie darauf hingewiesen wurden, was eine schreckliche Missachtung ihres Schmerzes gewesen wäre): Ihre Tochter hatte das Ganze nur einmal durchgemacht. Es war so schrecklich, wie man es sich überhaupt nur vorstellen kann, aber es war endlich. Als gute Eltern haben wir Mitgefühl mit unseren Kindern, wir versetzen uns ständig in ihre Lage als Teil unserer Fürsorge für sie. Sie tappten in eine Falle, in die man leicht gerät: Sie waren darin gefangen, die letzten Stunden und Minuten ihrer Tochter immer wieder zu durchleben, weil sie irgendwie glaubten, dass ihre Liebe zu ihr das verlangte. Es war nicht hilfreich, es ehrte sie nicht, sie hätte das nicht gewollt. Sie begannen, die Bande zu lösen, und trauerten, damit sie sie glücklich, warm und lebendig in Erinnerung behalten konnten.

Wir alle werden auf unserer Reise von der Geburt bis zum Tod viele Male intensiven emotionalen Schmerz erleiden. Um Glück und Freude erleben zu können, müssen wir auch Kummer und Trauer durchmachen. Wenn wir uns hartnäckig weigern zu trauern, werden wir lediglich deprimiert.

Die Trauer selbst folgt einem wellenartigen Muster. Wir sind so angelegt, dass wir sie in handhabbaren Teilen verarbeiten. Das haben mir viele meiner Klienten geschildert. Erst sind sie niedergeschmettert von einem Verlust, aber nach einer Woche oder einem Monat erwischen sie sich dabei, dass sie über einen Witz lachen oder irgendetwas Gutes genießen oder sich an einem Erlebnis freuen, das sie haben. Und plötzlich fragen sie sich: Ist das in Ordnung? Darf ich denn lachen? Für einen Augenblick glücklich sein? Das dürfen Sie nicht nur, sondern es ist der einzige Weg zur Heilung. Sie brauchen sich nur auf dieser Welle nach oben und unten tragen zu lassen. Der Psychotherapeut Sheldon Kopp schreibt: »Wir rufen Gott an – warum ich? Und Gott antwortet – warum nicht?« Und ein paar Seiten weiter: »Du kannst das SO gut aushalten.«

The Prom und Mr Caldwell

Als ich in der 9. Klasse war, kam ein neuer Mathematiklehrer an unsere Schule, frisch von der Universität. Mr Caldwell war ein temperamentvoller Mann, der streng aussah, aber dicht unter der Oberfläche einen Sinn für Humor hatte, und zu unserem Entzücken bekamen wir ihn auch als Klassenlehrer.

Bei der ersten Besprechung, in der es um die Belange der Klassengemeinschaft ging, verkündete er, dass jede Woche einer von uns gebeten werde, der Klasse seine Lebensgeschichte zu erzählen. Und so geschah es. Es war eine Offenbarung, Kinder, die man schon sein halbes Leben als Sitznachbar gehabt hatte, Dinge erzählen zu hören, von denen man keine Ahnung hatte. Wir begannen, einander als Menschen zu sehen!

Und das war nur der Anfang. Mr Caldwell schickte jedem von uns einen Brief, in dem stand, er werde uns alle 35 zu Hause besuchen kommen und mit unseren Eltern über unsere Zukunftspläne sprechen. (Es ging das Gerücht, dass angesichts eines bevorstehenden Besuchs von Mr Caldwell manche Leute ihr Wohnzimmer renovierten oder eine neue Sitzgarnitur kauften!) Dann testete er den IQ der ganzen Klasse und nahm die Ergebnisse zu den Eltern mit, um sie ihnen zu zeigen. Damals gingen die meisten Kinder mit 14 Jahren von der Schule ab, und an unserer Schule waren viele Kinder aus der Arbeiterschicht. Bewaffnet mit den Zahlen als Beweismittel, erläuterte er den Eltern, ihr Sohn oder ihre Tochter hätte das Zeug für ein Hochschulstudium, und sie dürften ihn oder sie nicht daran hindern. Er/sie könnte Arzt oder Rechtsanwältin werden. Das war couragiert – ganz und gar unerhört. Es änderte Lebensläufe.

Später im Schuljahr sagten ein paar von meinen Freunden, sie wollten ihn zu Hause besuchen, und los ging es. Wir fuhren mit unseren Fahrrädern hin und fanden zu unserem Erstaunen einige Kinder der Klasse, die sich schwertaten, dort vor (es war ein Samstagmorgen). Sie machten ihre Hausaufgaben, als sei es das Natürlichste von der Welt. Mrs Caldwell, eine locker und künstlerisch aussehende junge Frau, traktierte uns mit heißer Schokolade. Wir hatten noch nie das Haus eines Lehrers von innen gesehen – es war sehr avantgardistisch; ein Blick ins Schlafzimmer offenbarte, dass ein Aktgemälde über dem Bett hing!

Und das war noch nicht alles: Um die Mitte des Jahres wurde uns verkündet, wir würden eine Klassenfahrt zum Wilson's Promontory (oder Prom, wie wir es später nannten) machen, einem Nationalpark, dessen Namen wir nur aus Surfer-Legenden kannten. Niemand organisierte damals Klassenfahrten, und wir hatten noch nie von einer solchen Idee gehört. Ein Auto voll Schüler sollte vorher mit Mr Caldwell den weiten Weg dort hinunterfahren und alles auskundschaften. Ich war einer der drei, die dazu eingeladen wurden und sich für die Tour in seinen Mini Minor quetschten. Das am wenigsten extravertierte, unsozialste Kind in der Klasse. Es bedeutete mir eine Menge.

Wilson's Promontory sollte mein spirituelles Zuhause werden, als sich das Leben in meiner späten Jugend öffnete, als ich »meine Leute« fand – Vans voller Freunde machten die Pilgerreise dorthin viele Male, im Winter wie im Sommer. Die breiten Strände, die sanft geschwungenen, von Heidekraut bedeckten Hügel, die Granitfelsen, auf die man klettern konnte, immer mit Blick auf das Meer. Es war ein Ort, an dem man spürte, dass man in die Welt gehörte. Wir verbrachten auch unsere Flitterwochen dort.

Im Jahr 2015 fuhr ich noch einmal dorthin, ganz bewusst, nachdem ich jahrzehntelang nicht mehr dort gewesen war. Eine Pilgerfahrt. Am Abend, ehe ich dort ankam, verbrachte ich die Nacht in einem Cottage in der Nähe des Eingangs zum Nationalpark, weil ich in aller Ruhe die Emotionen meiner Heimkehr an einen heiligen Ort erleben wollte. Am nächsten Morgen fuhr ich los Richtung Prom und hatte das Radio meines Mietwagens eingeschaltet. Der Sender war ABC Radio, und ich hörte ein Interview mit einem Mann über Führung in der Schule. Ich wusste es schon, ehe es am Ende der Sendung bestätigt wurde: Es war Brian Caldwell. Der jetzt Pädagogikprofessor war. Und mich zum Prom zurückbegleitete.

Wir brauchen einander

Selbsthilfebücher machen oft den Fehler, so zu tun, als könnten wir es allein schaffen – was eine Täuschung ist. So waren Menschen niemals gedacht. Wir sind Teil einer Gemeinschaft, keine isolierten Individuen, ein einzelner Mensch ist keine funktionsfähige Einheit.

Manchmal, und zwar überraschend oft, ist der Schmerz des Lebens zu groß, als dass man ihn alleine bewältigen könnte. Es ist das Kind in uns, das die Dinge fühlt, und jedes Kind braucht jemanden, der ruhig und stark ist, sich kümmert und es hält, bis das Schlimmste überstanden ist. Wir brauchen Menschen, und das bedeutet, dass wir fähig und bereit sein müssen, wenigstens ein paar Menschen zu vertrauen, die auch starke Gefühle »halten« können, ohne panisch zu werden und sich dabei so unbehaglich zu fühlen, dass sie Barrieren errichten müssen.

Keine noch so umfangreiche akademische Schulung in Psychologie kann Ihnen diese Fähigkeit vermitteln. Aber das Leben kann das. Ich habe meinen Ausbildungskandidaten immer gesagt: »Wenn Sie nicht selbst gelitten haben, können Sie niemandem von großem Nutzen sein.« Man muss von innen kennen, was echter, großer Schmerz ist. (Vielen Spezialisten in der Medizin, denen wir begegnet sind, scheint dieses wichtige Element in ihrer Ausbildung zu fehlen, und das macht sie herzlos und arrogant. Ihr Patient zu sein ist entmenschlichend und eine Qual, die bereits für sich genommen wahrhaft traumatisch ist.) Das Leben ist hart. Die Vorstellung, dass eines Tages alles gut sein wird, trifft oft einfach nicht zu, und wir müssen uns an diese Möglichkeit gewöhnen und dennoch dazu fähig sein, zu lachen und zu lieben.

Ein berühmter amerikanischer Marineoffizier, James Stockdale, wurde gefangen genommen und mehr als sieben Jahre lang von den Nordvietnamesen gefoltert, ehe er schließlich

*Um Glück und Freude erleben zu können,
müssen wir auch Kummer und Trauer durchmachen.
Wenn wir uns hartnäckig weigern zu trauern,
werden wir lediglich deprimiert.*

freikam. Stockdale stellte fest, dass seine Mitgefangenen, die den Standpunkt »Bald wird alles okay sein, wir kommen bis Weihnachten oder Ostern hier heraus« vertraten, paradoxerweise nicht gut damit fuhren. Wenn diese Daten verstrichen, gaben sie die Hoffnung auf, und unter den schrecklichen Bedingungen dort starben sie dann oft. Stockdale hielt sich stets die Möglichkeit vor Augen, dass er vielleicht niemals freikommen würde. Doch er verlor nicht seinen Lebenswillen und arbeitete auch immer daran. Er weigerte sich, andere über seine mentale Verfassung entscheiden zu lassen. Er lebte noch bis 2005.

Wenn Sie die Ideen in diesem Buch umsetzen, kann das einen gewaltigen Unterschied für Ihr Leben bedeuten, aber wird es Ihre Probleme aus der Welt schaffen? Wahrscheinlich nicht. (Vielleicht haben Sie dann aber lohnendere Probleme.) Je mehr Sie lieben, desto mehr werden Sie trauern. Die Frage ist: Können Sie mit einem offenen Herzen leben, obwohl Sie das wissen? Wenn ja, werden Sie reichlich Freude erleben. Denn so sind wir beschaffen.

Das vierstöckige innere Haus wird Sie dort hinbringen. Ziehen Sie einfach ein. Bewegen Sie sich darin. Schauen Sie, ob Sie Ihren Körper auf der Reise durch Ihren Tag wahrnehmen können. Achten Sie auf die Mikroempfindungen, die Ihre Gefühlsreaktionen auf alles um Sie herum sind. Lassen Sie Ihr Herz die Tiefen von Kummer und Trauer erfahren, zittern Sie manchmal vor Furcht, dann lassen Sie los. Empfinden Sie gerechten Zorn, dann wandeln Sie ihn in entschlossenes, geduldiges Handeln um. Erwischen Sie sich beim Glücklichsein und feiern Sie es eine Weile. Denken Sie klar und sauber. Nehmen Sie immer wieder wahr, dass Sie ein Bruder oder eine Schwester aller lebendigen Wesen sind – sie lieben Sie, und sie sind eins mit Ihnen. Die Sterne haben Sie gewebt und werden Sie wieder zurücknehmen. Wir sind alle nur der Wind im Gras – nicht mehr, nicht weniger. Es ist wunderbar.

Über den Autor –
Falls Sie etwas über ihn wissen möchten

Wenn Sie ein Buch zu lesen beginnen, läuft zugleich auch ein stiller Prozess in Ihrem Kopf an. Ein Teil Ihres Gehirns versucht, sich ein Bild vom Verfasser zu machen, »ihm auf den Zahn zu fühlen«. Ist er klug genug, dass Sie etwas von ihm lernen können? Hat er ein gutes Motiv und klingt ehrlich, oder ist er nur darauf aus, »sich die Taschen zu füllen«? Ein Buch ist eine Art Gespräch, und Sie möchten wissen, mit wem Sie es zu tun haben. Also los ...

Ich bin Ehemann, Vater und Großvater. Viele Jahre lang habe ich rund um die Welt gearbeitet, aber zu Hause bin ich in einem kleinen Ort auf der Insel Tasmanien. Für britische Leser sei gesagt, dass Tassie, wie wir die Insel nennen, stark an das Leben in den 1950er-Jahren in England erinnert, nur plus Feminismus und Internet – es ist also ein recht schöner Ort! Es ist ruhig und gemächlich, und das bin ich auch. Ich bin dankbar, dass ich irgendwo lebe, wo ich im Meer schwimmen und mich im Freien unter einem weiten Himmel bewegen kann.

Ich war über 40 Jahre als Psychologe tätig und habe mit Menschen gearbeitet, die manchmal unter schrecklichen Umständen lebten. Das Wichtigste, was ich aus dieser Arbeit mitgenommen habe, ist Bewunderung für meine Mitmenschen, weil ich gesehen habe, dass sie Traumata und Leiden überwunden haben und dennoch wohlwollend geblieben sind und nicht aufgegeben haben.

Meine Arbeit hat mich oft mit Wut über die Dummheit in der Welt erfüllt, denn auf ihr beruht das meiste Böse, aber ich habe gelernt, auch entschlossen an der Freude und am Schönen festzuhalten, um meinen Kampf fortsetzen zu können. Sowohl in meinem privaten als auch in meinem beruflichen Leben habe ich erfahren, dass traumatische Verletzungen uns zerstören und auch dazu führen können, dass wir andere zerstören. Aber sie können uns auch aufbrechen – »unsere Herzen in der Hölle öffnen«, sodass wir liebevoller und lebendiger werden. Diejenigen, die viel durchgemacht haben, sehen oft die Wahrheit und haben keine Angst davor, sie auszusprechen. Vor Kurzem habe ich in der heimischen Presse unserem Premierminister (in Australien) die Leviten gelesen.[7] Das hat zwar einige Wellen geschlagen, ist aber die Aufgabe alter Menschen. Man muss seine Werte leben.

Und noch etwas sollten Sie wissen. Vor mehreren Jahrzehnten habe ich einmal mit einem befreundeten Psychiater zu Mittag gegessen. Mitten im Gespräch stellte er mir eine Reihe von Fragen. Dann schaute er mich betroffen an. »Du weißt es schon, oder?«, fragte er. »Du hast Asperger.« Eine Lawine kam lautlos in meinen Erinnerungen ins Rollen.

In meiner Kindheit in den 1950er-Jahren an der windigen Küste von Yorkshire wusste niemand etwas von diesem Syndrom. Ich dachte, ich sei einfach schüchtern! Als kleiner Junge von fünf Jahren beschloss ich an meinem ersten Schultag, Schule sei nichts für mich, marschierte zum Schultor hinaus und ging wieder nach Hause. Das Gesicht meiner Mutter, als ich zur Tür hereingeschneit kam, war sehenswert!

Als kleiner Junge lebt man ziemlich unkompliziert, man spielt, schreit und rennt herum, und ich liebte damals das Leben. Aber in den Teenagerjahren kam es mehr auf soziale Fähigkeiten an, und ich kam irgendwie nicht gut mit Menschen zurecht. Ich sah, dass alle das taten, was man »sich unterhalten« nennt, und anscheinend Spaß dabei hatten. In diesem Alter waren die Mädchen in der Schule wie Göttinnen – ein Lächeln einer solchen Göttin konnte einen ganzen Tag vergolden. Aber jeder Versuch, einen Kontakt zu den Mädchen herzustellen, scheiterte. (Später, als die Mädchen dann durchaus Gefallen an mir zu finden schienen, konnte ich schlicht ihre Signale nicht deuten, daher blieben einige sehr nette Mädchen ungeküsst!)

Mein Leben hätte schiefgehen können, wie das so vieler junger Männer, aber zwei Dinge verhinderten das: Zum einen wurde ich von wohlwollenden, liebevollen – wenn auch etwas irritierten – Eltern großgezogen. Zum anderen hatte ich eine Reihe ausnehmend guter Lehrkräfte, Jugendarbeiter und weiterer Menschen, die sahen, dass ich ein gutes Herz hatte, und die ihr Bestes taten, mich mit hineinzunehmen. Als es aussah, als würde ich obdachlos, fanden sie eine Wohnmöglichkeit für mich und später auch einen Job, bei dem ich – ausgerechnet! – mit Problemkindern arbeitete. Von dieser Erfahrung inspiriert, fing ich wieder an zu lernen und wurde Psychologe. Wenn Sie, lieber Leser oder liebe Leserin, Lehrer oder Lehrerin, Sozialarbeiter oder Sozialarbeiterin sind und sich um junge Menschen kümmern, die nichts ins Bild passen, dann sind Sie meine Leute.

Psychologie ist ein gutes Fach, wenn man nicht mit anderen Menschen in Beziehung treten kann. Im Laufe der Zeit habe ich schließlich gelernt, was die meisten Menschen anscheinend ganz instinktiv wissen: dass Gespräche Regeln folgen – wie Tennis oder Tischtennis – und hin und her gehen. Man sagt etwas und wartet dann darauf, dass der oder die andere etwas antwortet. Das hatte ich nicht gewusst! (Aspies spüren oft, dass es gleich eine Lücke im Gespräch geben wird, bekommen Angst und reden und reden und reden, um sie zu füllen.) Und dass es etwas namens Emotionen gibt – sie zeigen sich im Gesicht anderer Menschen und geben einem Informationen darüber, wie sie sich gerade fühlen und was man passenderweise antworten könnte. (Damit haben nicht nur Autisten Probleme.)

Ich wusste, dass ich lernen musste – und zwar schnell, denn jeden Tag saßen in unserem Wartezimmer Familien, die in großer Not waren, und Kinder, deren Leben nicht in eine gute Richtung lief. Ich suchte mir die besten Leute in der Welt der Therapie, und während meine Freunde Häuser und Autos kauften, reiste ich mehrmals um die halbe Welt, um den Meistern zu Füßen zu sitzen. Ich stellte fest, dass ich die Haltungen dieser brillanten Menschen und ihre Art und Weise, mit Menschen umzugehen, so übernehmen konnte, dass sie mir in Fleisch und Blut übergingen. Ich verstand nicht, wie es ging, aber ich konnte es.

Als ich die fehlenden Teile fand, die einen zu einem ganzen Menschen machen, hat das etwas in mir freigesetzt. Bitte fassen Sie das nicht als Prahlerei auf – es ist nicht mein Verdienst –, aber heute kann ich in einem Auditorium vor tausend Menschen stehen und so sprechen, dass sie mir gebannt zuhören, und das wurde sogar zu meiner Hauptbeschäftigung. Ich habe ein halbes Dutzend Bücher geschrieben, die bei vier Millionen Menschen zu Hause im Regal stehen, und die Leser scheinen sie zu lieben. Ich habe den Weg von einem einsamen Außenseiter zu einem recht tüchtigen Menschen zurückgelegt (allerdings nur in manchen Bereichen meines Lebens, andere machen mir immer noch Mühe).

Ich war überzeugt, dass die Menschen nicht warten müssen sollten, bis es wirklich schmerzhaft wurde, dass vieles von dem, was wir durch die Familien lernten, schon gelehrt werden konnte, bevor Ehen implodierten oder die Kinder aus dem Gleis gerieten.

Die Kombination von Schreiben und Vortragsreisen führte mich in zahlreiche Länder, und ich begegnete Menschen sehr vieler Kulturen, von Jägern und Sammlern bis zu Bewohnern von Millionenstädten, von solchen in den schlimmsten Tragödien bis hin zu höchst inspirierenden Überfliegern. Zu den Themen, die mich interessierten, konnte jeder einen Bezug herstellen. Ich hörte gerne zu und lernte gerne etwas dazu. Ich war das genaue Gegenteil von einem Experten. Und so konnte eine wirkliche Verbindung entstehen. Immer wieder hatte ich das Problem, dass Taxifahrer in Tränen ausbrachen!

In diesen Tagen hat mein Leben eine neue Freiheit gewonnen. Allerdings ist sie ein wenig überschattet vom Herannahen von Gebrechlichkeit und Tod. Doch dieser Schatten ist stärkend. Letzten Sommer fuhr ich mit dem Kajak auf einem Fluss, der Hochwasser führte, um eine Biegung und sah vor mir einen umgestürzten Baum, der mir den Weg versperrte. Hektisch versuchte ich abzudrehen, aber die Strömung war zu stark, und mein Kajak prallte mit der Breitseite gegen den Baumstamm. Innerhalb von Sekunden wurde es unter Wasser gedrückt, während ich mich auf die Äste hochziehen konnte. Das geschah so schnell, dass ich keine Zeit hatte, Angst zu empfinden. Das kam erst hinterher, als ich nass bis auf die Haut auf einer Waldlichtung kniete und versuchte, mir einen Weg durch das dichte Unterholz zu bahnen, damit ich auf eine Straße gelangen und nach Hause gehen konnte. Ich wusste, dass ich ruhig denken musste, und ließ meinen Körper zittern und beben, damit sich die Spannung entladen konnte, die mein Beinahe-Tod durch Ertrinken erzeugt hatte. Seit jenem Tag fühlt sich mein Leben in einer Weise fokussiert an, die ich vorher nicht kannte.

Dieses Buch ist mein Versuch, der Gemeinschaft der Menschen, die ich so sehr liebe und der ich so sehr wünsche, dass sie noch blüht und gedeiht, wenn ich nicht mehr da bin, eine Rettungsleine zuzuwerfen, solange mein Gehirn noch funktioniert. Im Grunde ist es mein persönlicher Versuch, die Welt retten zu helfen.

Steve Biddulph

Anmerkungen und Quellen

Für Professionelle und sehr Wissbegierige

Die Wissenschaft hinter dem »Supersinn« wird wunderbar übersichtlich zusammengestellt in Hodgkinson, Langan-Fox und Sadler-Smith, »Intuition: A fundamental bridging construct in the behavioural sciences« (2008). Evans und Stanovich bieten einen weiteren Überblick über die Belege dafür in »Dual Theories of Higher Cognition: Advancing the Debate« (2013).

Neuere Artikel haben unser Verständnis dafür entwickelt, wie »Parallelverarbeitung« funktioniert. Shea und Frith (2016) benutzen den Begriff »type 0 cognition« und erklären, diese sei »von automatischen Rechenprozessen charakterisiert, die mit nicht-bewussten Repräsentation operieren«. Das ist ein sehr guter Grund dafür, lieber von »Supersinn« zu sprechen! Zudem werden auch aufregende Seitenwege erforscht, wie etwa in dem Artikel von Brosman, Lewton und Aswhin (2016), in dem Parallelverarbeitung bei Menschen im Autismus-Spektrum untersucht wird.

Die Anlaufstelle für neurowissenschaftlich interessierte Psychotherapeuten und Psychotherapeutinnen, insbesondere wenn sie sich damit beschäftigen, wo sich die kindliche Entwicklung mit der Bindungstheorie überschneidet, ist der legendäre Psychologe Allan Schore. Schores Buch *Affect Regulation and the Origin of the Self: The Neurobiology of Emotional Development* (1994) ist nach wie vor die klarste und erstaunlichste Synthese von allem, was wir darüber wissen, wie wir funktionell und strukturell durch das Zusammenwirken der Erziehung und unseres wachsenden Geistes geprägt werden.

Allerdings ist der Text sehr schwer zu lesen, aber er handelt durchgängig von Bauchgefühlen und enthält die folgende exzellente Zusammenfassung der Gründe dafür, dass wir die Verbindung zu ihnen so oft verlieren: »Mängel in den reziproken Interaktionen innerhalb des regulatorischen Mutter-Kind-Systems können dazu führen, dass das Kind nicht ›im Einklang‹ mit sich selbst ist. Diese wachstumshemmende Umgebung bringt ein Individuum mit einem hohen Maß an gehemmten, verdrängten und daher unbewussten Affekten hervor. Diese Erfahrungen können sich auf die Entwicklung der präfrontalen autonomen Kontrolle auswirken, *die für das Erleben viszeraler, interozeptiver ›Bauchgefühle‹ als Reaktion auf tatsächliche und imaginäre Bedrohungen erforderlich ist.*« (S. 281, Hervorhebung S. B.) Andie, die junge Mutter und Allgemeinärztin in Kapitel 1, verdankt vielleicht ihren Eltern, dass sie so klare innere Signale und auch die Fähigkeit hat, auf sie zu reagieren. Und deshalb noch am Leben ist.

Schore hat inzwischen noch einige weitere Bücher geschrieben, die etwas leichter zu lesen sind. Das neueste, das sich auch speziell mit dem hier relevanten Thema beschäftigt, ist das 2019 erschienene *The Development of the Unconscious Mind*.

Aus einer ganz anderen Richtung kommt Eugene Gendlin, dessen millionenfach verkauftes Buch *Focusing* (1982) die Geschichte dieser ganz neuen Schicht des Seins und des Lernens erzählt, die weit unterhalb unserer Emotionen liegt. Gendlin ist nicht nur Psychotherapeut, sondern auch Philosophieprofessor, und für ihn hat die Körper-Geist-Frage gar nie existiert. Beide bilden eine Einheit. Ann Weiser Cornells Handbüchlein *Focusing – Der Stimme des Körpers folgen. Anleitungen und Übungen zur Selbsterfahrung* (1997) ist ein wunderbares Arbeitsbuch zur Selbsttherapie und auch für Therapeuten, die sehr vertiefen möchten, was sie tun.

Nichts geht über einen unmittelbaren Eindruck von der

Person, und Sie können leicht Vorträge und sogar ein oder zwei Demonstrationen von Gendlin googeln. Das sind unschätzbare Einblicke in die Arbeit eines Menschen, der gelebt hat, was er lehrte.

Der Name des Mannes, der in Gendlins Fußstapfen trat, ist Therapeuten weitgehend vertraut: Bessel van der Kolk. Sein Konzept der Somatisierung ist zwar nicht identisch mit Gendlins »Felt Sense«, aber es geht in dieselbe Richtung. Van der Kolk arbeitet empirisch und mit viel Fingerspitzengefühl zum Thema Traumatisierung, dargestellt etwa in seinem Buch *Verkörperter Schrecken: Traumaspuren in Gehirn, Geist und Körper und wie man sie heilen kann*. Van der Kolk bietet hervorragende Ausbildungslehrgänge an, die leicht online zu finden sind. Für mich persönlich bleibt jedoch Gendlin die ergiebigste Quelle, weil er als Philosoph tiefer zu ergründen versucht, was ein Mensch eigentlich ist, und vor allem auch sagt, wir seien nicht so getrennt von allem Leben, wie wir uns oft erleben. Das untermauert mein Kapitel über Spiritualität, war allerdings implizit sowieso in der buddhistischen und christlichen Mystik und in vielen anderen Glaubenstraditionen enthalten.

Die Einschärfungen oder destruktiven Grundbotschaften, die in unserer Kultur aus einer traumatischen oder sogar aus einer normalen Kindheit erwachsen, wurden detailliert von meinen Lehrern am Western Institute for Group and Family Therapy, Bob and Mary Goulding, in ihrem Buch *Neuentscheidung. Ein Modell der Psychotherapie* (1981) beschrieben. Die Neuentscheidungstherapie ist eine reife und rationale Weiterentwicklung der Gestalttherapie, verliert jedoch nichts von deren Unmittelbarkeit und Energie und auch nicht deren Potenzial, traumatische Kindheitserfahrungen neuronal neu zu verdrahten. Die Liste der Einschärfungen im Text weiter vorn ist unvollständig; einige der schlimmeren übersteigen die Möglichkeiten der Selbsthilfe. Aber Therapeuten sei empfohlen, die ganze Liste in den Büchern der Gouldings zu lesen, die für Fachleute gedacht sind.

So vielfältige Autoren wie Robert Bly und James Hillman, so weit zurückliegende wie C. G. Jung und so lebensvolle wie Clarissa Pinkola Estés haben die schwindende Innerlichkeit des modernen Menschen beklagt – der Weisheit und der Kenntnis unserer eigenen inneren Prozesse. Wenn wir sie lesen, wird klar, dass wir nicht nur ein inneres Kind, sondern auch einen inneren Jaguar oder Braunbären (oder Hamster!) haben, die quicklebendig sind und eine hypersensitive Wahrnehmung unserer Umgebung haben und hundertmal so viel wissen und integrieren, wie unser Bewusstsein es je schaffen wird. Und das ist nur das Erdgeschoss. Ein Mangel an Innerlichkeit ist auch katastrophal für ein gutes Funktionieren – wir werden wie Roboter, ein Chaos von Begierden und Unsicherheiten.

Dennoch erkennen wir alle Weisheit und Authentizität, wenn wir sie sehen, und im Grunde ist es gar nicht so schwer, sie wieder zum Leben zu erwecken.

Zur erhöhten Sterblichkeit im Anschluss an den Tod naher Angehöriger gibt es zahlreiche Forschungsarbeiten; die neueste, die auch proaktive Vorschläge zur Prävention enthält, ist die von King, Lodwick, Jones, Whitaker und Petersen (2017). Hier ein kleiner Auszug aus der Schlussfolgerung: »Eine kürzlich durchgeführte Kohortenstudie scheint zu belegen, dass Depression der Mediator in der Beziehung zwischen dem Verlust und nachfolgender Sterblichkeit vor allem bei Männern ist. Beratende Trauergespräche in den ersten Monaten nach dem Verlust, kombiniert mit einer spezifischen Gesprächstherapie für Betroffene in komplizierten Trauerfällen, könnten die größte Rolle bei der Senkung des Sterblichkeitsrisikos spielen.«

Für das Leben in der Gegenwart argumentiert Alan Watts ganz wunderbar in seinem Buch *Die Weisheit des ungesicher-*

ten Lebens (1955). Er beschreibt die späten 1940er-Jahre als eine Periode der Angst, was uns heute fast rührend anmutet; weiß der Himmel, was er von den 2020er-Jahren gedacht hätte! Thich Nhat Hanhs Buch *Das Geheimnis der Achtsamkeit* war meine Lieblingsquelle für seine transformativen Ideen für einen Aktivismus, der auf Selbstvergessenheit beruht. Hier nur ein einziges Zitat: »Glück und Frieden entstehen aus der Transformation von Leiden und Schmerz.« Das ist natürlich genau das Gegenteil davon, woran man in unserer Kultur glaubt. Die dynamische Natur der Emotionen – dass wir in ihrer Bewegung Freude finden und in ihrer Heilung Sinn – war natürlich die Botschaft des Buddha. Und die Botschaft Jesu (die zu seiner Zeit sehr radikal war) war, dass wir in diesem Leben füreinander da sein sollen und dass jeder zählt – ganz wie der pointierte Titel von Mary Robinsons Autobiografie *Everybody Matters* sagt.

Quellenangaben

Bly, R., *Der Schatten. Die dunklen Seiten des menschlichen Wesens*, München 1993.

Brosnan, M., Lewton, M. und Ashwin, C., »Reasoning on the Autism Spectrum: A Dual Process Theory Account«, in: *Journal of Autism and Developmental Disorders*, Bd. 46, Ausgabe 6, 2016, S. 2115–2125.

Cornell, Ann Weiser, *Focusing – Der Stimme des Körpers folgen. Anleitungen und Übungen zur Selbsterfahrung*, Reinbek 1997.

Evans, B. und Stanovich, K. E., »Dual-Process Theories of Higher Cognition: Advancing the Debate«, in: *Perspectives on Psychological Science*, Bd. 8, Ausgabe 3, 2013, S. 223.

Foster, Jeff. *You Will Lose Everything*, online unter: https://www.lifewithoutacentre.com/writings/you-will-lose-everything/.

Gendlin, E. *Focusing. Technik der Selbsthilfe bei der Lösung persönlicher Probleme*, Salzburg 1981.

Goulding, R. und McClure Goulding, M., *Neuentscheidung. Ein Modell der Psychotherapie*, Stuttgart 1981.

Greig, A., *At the Loch of the Green Corrie*, London 2010.

Hanh, Thich Nhat, *Das Geheimnis der Achtsamkeit*, München 2018.

Hillman, J. und Ventura, M., *Hundert Jahre Psychotherapie – und der Welt geht's immer schlechter*, Solothurn 1993.

Hodgkinson, G. P., Langan-Fox J. und Sadler–Smith, E., »Intuition: A fundamental bridging construct in the behavioural sciences«, in: *British Journal of Psychology*, Bd. 99, Ausgabe 1, 2008, S. 1–27.

Jockelson, D., online unter: davidjockelson.com

King, M., Lodwick et al., »Death following partner bereavement: A self-controlled case series analysis«, in: PLOS ONE, März 2017, online unter: https://journals.plos.org/plosone/article?id=10.1371/journal.pone.0173870.

Matthiessen, P., *Auf der Spur des Schneeleoparden*, München 1978.

Matthiessen, P., *Am Fluß des neunköpfigen Drachen. Begegnungen und Erfahrungen auf dem Weg des Zen*, Reinbek 1990.

Payne, K. J., *Simplicity Parenting: Weniger ist mehr – Was Kinder wirklich brauchen, um ausgeglichen, glücklich und rundum geborgen aufzuwachsen*, München 2020.

Pinkola Estés, C., *Die Wolfsfrau. Die Kraft der weiblichen Urinstinkte*, München 1993.

Robinson, M., *Everybody Matters*, London 2012.

Schore, A., *Affect Regulation and the Origin of the Self: The Neurobiology of Emotional Development*, London 1994.

Shea, N. und Frith, C., »Dual Process Theories and Consciousness: The case for ›Type Zero‹ cognition«, in: *Neuroscience of Consciousness*, Bd. 2016, Ausgabe 1, 2016, online unter: https://academic.oup.com/nc/article/2016/1/niw005/2757125.

Van der Kolk, Bessel: Verkörperter Schrecken: *Traumaspuren in Gehirn, Geist und Körper und wie man sie heilen kann*, Lichtenau/Westfalen 2015.

Watts, A., *Die Weisheit des ungesicherten Lebens*, München 1955.

Anmerkungen

2
Im inneren Haus leben

1 Die preisgekrönte Journalistin Madeleine Bunting schrieb ein wunderbares Buch über dieses Thema: *Willing Slaves: How the Overwork Culture is Ruling Our Lives*, London 2005.

3
Das Erdgeschoss

2 Stroebe, M., Schut, H., Stroebe, W., »Health outcomes of bereavement«, in: *The Lancet*, Dezember 2007, Bd. 370 (9603), S. 1960–1973.

3 Moon, J. R., Kondo, N., Glymour, M. M., Subramanian, S. V., »Widowhood and mortality: a meta-analysis«, in *PLoS ONE*, August 2011, Bd. 6(8), e23465.

5
Näher betrachtet

4 In den USA gab es damals keine Krankenversicherung für alle, sodass nur wohlhabende Menschen oder solche mit guten Jobs eine verlässliche Krankenversicherung hatten.

5 Das ist eine vereinfachte Version, die volle Version, die für die Studie benutzt wurde, findet sich online unter: www.ajpmonline.org/article/S0749-3797(98)00017-8/fulltext

6 Diese Form der Therapie beruhte auf der Transaktionsanalyse (TA); eine Vorläuferin der heutigen kognitiven Verhaltenstherapie und ihr de facto weit überlegen. Die TA beruht darauf, die gesammelten »Tonbänder« der Programmierung durch die Eltern aufzudecken und zu schauen, wie sie sich auf unser Denken und unsere Beziehungen zu anderen auswirkt (daher die »Transaktion«). Aber die Gouldings fügten dem noch die dynamischen, handlungsbasierten Methoden der Gestalttherapie hinzu, von der man sagen könnte, sie sei eine Vorläuferin der Achtsamkeitstherapie, aber wesentlich kraftvoller und intensiver und dazu gedacht, neue Verbindungen im Gehirn rund um lange bewahrte Muster von Selbstimitation und Dysfunktion zu schmieden.

Über den Autor

7 Steve Biddulph, »Morrison a ›bad dad‹ for denigrating young climate protesters«, in: *Sydney Morning Herald*, 1. Oktober 2019, online unter: https://www.smh.com.au/national/morrison-a-bad-dad-for-denigrating-young-climate-protesters-20190930-p52w63.html.

Alle im Text enthaltenen externen Links begründen keine inhaltliche Verantwortung des Verlages, sondern sind allein von dem jeweiligen Dienstanbieter zu verantworten. Der Verlag hat die verlinkten externen Seiten zum Zeitpunkt der Buchveröffentlichung sorgfältig überprüft, mögliche Rechtsverstöße waren zum Zeitpunkt der Verlinkung nicht erkennbar. Auf spätere Veränderungen besteht keinerlei Einfluss. Eine Haftung des Verlags ist daher ausgeschlossen.

Danksagung

Ich danke zuallererst Carole Tonkinson, Verlegerin bei Bluebird Books, die nahezu Co-Autorin des Buches war. Carole kennt dieses Thema bis in die Tiefe und hat die Reichweite meines Vorhabens erfasst. Sie hat mich nie gedrängt. Und in einem eleganten Café in London hat sie die Worte gesprochen, nach denen jeder Autor sich sehnt: »Schreiben Sie, was Sie wollen!«

Shaaron Biddulph ist untrennbar in alles hineinverwoben, was ich tue. Sie ist von Anfang an an meiner Seite geblieben und verkörpert und fördert eine voll entwickelte Menschlichkeit. Gott segne dich, Shaaron.

Sean Coyle von Lynk Manuscript Services nahm schon früh die Struktur des Textes aufs Korn und widmet sich auch seit vielen Jahren dem Studium der Spiritualität und des menschlichen Wachstums. Durch seine Hilfe und seine Ermutigung ist das Buch leichter und klarer geworden.

Alison Howard, Di Davies, Neil Shillito und Dean Yates haben frühe Fassungen des Buches gelesen und mir aus ihrem eigenen tiefen Nachdenken über Leben und Leiden, über Freude und Wachstum heraus große Hilfe geleistet.

Ari Biddulph lieferte mir schnell und präzise evaluierte Forschungsergebnisse aus unterschiedlichen Wissensgebieten, gewürzt mit humorvollen und scharfsinnigen Kommentaren. Und sie ist außerdem ein anregender und mutiger Mensch.

Hockley Spare war eine sorgfältige Lektorin, die mich stets unterstützt hat; es war eine Freude, mit ihr zusammenzuarbeiten. Ingrid Ohlsson ist meine energiegeladene australische Verlegerin bei Pan Macmillan. Menschen, die in Druckereien arbeiten, Papierrecycling-Unternehmen, Lastwagenfahrer, Buchhalter, Pressesprecher und Buchhändler werden normalerweise übersehen, aber nicht von mir. Vielen Dank dafür, dass Sie alle Bücher erst ermöglichen.

Lyn Edwards hat meinen Körper in Ordnung gebracht und hat mein Leben um viele Jahre verlängert. Ich kann gar nicht genug betonen, wie wichtig das ist.

Helen Cushing hat mir die drei Geisteszustände nahegebracht und auch sehr viel über Meditation. Eric Harrisons Bücher haben ebenfalls viel geholfen.

Helen Garner habe ich nie kennengelernt, aber sie hat mit der Frische ihrer Erzählkunst, ihrem Mitgefühl und ihrer Fähigkeit, niemals Zuflucht zu wertenden Urteilen zu nehmen, jeden australischen Autor beeinflusst, der dieser Bezeichnung würdig ist.

Vierzig Jahre lang bin ich meinem dunkel gefühlten Supersinn gefolgt, der mir sagte, dass in unserer Psychologie des Menschen und in der westlichen Auffassung vom Geist etwas fehlt. Als ich schließlich das Wasserloch in der Wüste fand, saß dort der Geist von Eugene Gendlin mit seinen warmen Augen und seiner scharfen Intelligenz. Danke also an ihn und an die ganze Tradition der humanistischen, fürsorglichen, beziehungsorientierten Psychologie, die sich noch einmal erhebt, um uns vor der Maschinerie des Untergangs zu retten.

Rechtenachweis

Die aus anderen Werken übernommenen Texte stammen aus:

Motto
Ronald Laing: *Phänomenologie der Erfahrung.* Frankfurt am Main 1969
Dr. Seuss; Übersetzung: Christa Broermann

Seiten 225, 226 f., 228
Peter Matthiessen: *Am Fluß des neunköpfigen Drachen. Begegnungen und Erfahrungen auf dem Weg des Zen.* Frankfurt am Main 1990

Seite 248 f.
Jeff Foster: *You Will Lose Everything;* https://www.lifewithoutacentre.com/writings/you-will-lose-everything; Übersetzung: Christa Broermann

Seite 263 ff.
Alan Watts: *The Univers is Basically Playful;* https://www.youtube.com/watch?v=rBpaUICxEhk; Übersetzung: Christa Broermann

Fotos: © Archiv des Autors
Abbildungen Cover und Innenteil: Asymme3/shutterstock.com

Register

Adoleszenz 138, 186, 192, 205, 227
Adverse Childhood Experiences (ACE) 128, 133 ff., 139 f.
Aikido 171 f.
Akzeptanz 79 f.
Alkohol 52, 98, 106, 127, 132, 197
Angst 38, 71–83, 94 ff., 104 f., 113 f., 128, 140 ff., 167 f.
–, Hilfe gegen 77–81
Ardern, Jacinda 171, 198
Asperger-Syndrom 190, 194, 282
Aufmerksamkeit 55, 151 f., 243 f.

Bark, Didi 187
Bauchgefühl 12, 20, 38 ff., 58
Benson, Herbert 235
Berührungsmangel 192–196
Bewegung 56 f.
Biddulph, Shaaron 32, 71, 85 f., 110, 114, 120, 122
Bly, Robert 162, 201, 230, 290
Bonhoeffer, Dietrich 248, 258
Botschaften entschlüsseln 143 ff.
Botton, Alain de 77 f., 81, 218

Brown, Brené 106
Burke Harris, Nadine 134

Caldwell, Brian 273 ff.
Carter, Brian 223
Castaneda, Carlos 178
Centers for Disease Control and Prevention 130, 133
Christentum 219 ff., 257
Connolly, Billy 186

Damasio, Antonio 99
Denken 40, 48, 157–187
–, klares 161 f.
– lernen 163–173
Depression 41, 196, 207
Diabetes 134
Dillard, Annie 223, 268
Drogen 52, 98, 132, 197

Einsamkeit 41, 186, 232
Einschärfungen 146–153
– herausfinden 153 ff.
Emotionen 37 ff., 58, 77 f., 85–123
–, fehlende 99
– Funktionsweise 87–91
– nutzen 111 ff.

–, unterdrückte 51 f.
– unterscheiden 101 f.
–, vier große 94–99
Erdung 74 f.
Erwachsensein 180 ff.
Erwachsenwerden 177, 192
– Übergangsrituale 181
Estés, Clarissa Pinkola 180, 290

Fehlgeburt 85 f., 120
Feldenkrais, Moshe 57
Felitti, Vincent 130, 133
Focusing 60 ff., 141
– anwenden 63–67
Foster, Jeff 248
Frau 198, 201 f.
Freude 38, 94, 98

Gandhi, Mahatma 171, 248
Gefahr, künstliche 59 f.
Gefühle 32, 37 ff., 48, 58 f., 87
–, Mühe mit 106 ff.
Gehirn 40, 157–187
Gendlin, Eugene 61, 63 f.,
  66 f., 141, 288 f., 296
Gestalttherapie 143
Glover, Richard 72
Glück 98, 250, 255–261, 271
Gordon, Thomas 111 f.
Goulding, Bob 95, 143, 145 f.
Goulding, Mary 95 f., 143, 145 f.
Greig, Andrew 157, 159
Grigor, Jean 22

Hanh, Thich Nhat 233 f., 244
Harlow, Harry 194
Harrison, Eric 239 f.
Härte 248 ff., 276
Haus, inneres 29–46
–, vierstöckiges 36–40
Heiligkeit 216 ff.
Hesse, Hermann 171

Informationsflut 75 f.
Inneres 54 f., 61 ff.
Intelligenz, emotionale 116
Interreligiosität 220 ff.

Jiang Rong (Lü Jiamin) 59,
  223
Jockelson, David 137 f.

Kapitalismus 35, 50, 221
Kindheit 31 ff., 103 ff.
– belastende Erlebnisse
  128–137
– sexueller Missbrauch 129 ff.,
  134, 147 f.
King, Martin Luther 171, 233 f.,
  248
Kooperation 18
Kopp, Sheldon 273
Körper 37, 47–84
Körperreaktionen 58 ff.
Körperwahrnehmung 48, 57,
  67, 83 f.
Kortex, präfrontaler 13, 40, 157
Krankenschwester 125 f.

Kübler-Ross, Elisabeth 108 f.
Kultur 261–267

Lashlie, Celia 162
Lee, Laurie 214
Levine, Ondrea 272
Levine, Stephen 92, 272
Lewellyn, Andie 11 ff., 19, 26
Liebe 42, 104, 178 f., 229, 242
Loslassen 97, 109 f., 232 ff., 269

MacFarlane, Robert 223
Mahut, Nicolas 208
Mann 189–209
–, guter 203 f.
–, Hilfe für 196 ff.
– Maske fallen lassen 205–209
Matthiessen, Deborah Love 224
Matthiessen, Peter 224 ff., 228, 231
Mayer, Leonardo 208
Medien, soziale 75 f.
Meditation 234–242
Mensch 30 f.
Merkel, Angela 171
Missbrauch, sexueller 129 ff., 134, 147 f.
Misslingen 246 f.
Muskelbewegung 56 f.

Neuentscheidungsarbeit 145
Nowlan, Alden 246

O'Donohue, John 233
Orgasmus 216

Panik 73, 78 ff.
Payne, Kim J. 139
Perls, Fritz 112
Posttraumatische Belastungsstörung (PTBS) 47 f., 89 f., 137, 141
Posttraumatisches Wachstum 92 ff.
Präsenz 74, 225, 231 ff., 241–245
Prokrastination 167
Psychotherapie 126 ff., 143

Rajas 166, 168 f., 171, 173
Ram Dass 171
Rationalisierung 173, 175
Reise 223 f.
Rekreation 222
Religion 218–223
Rogers, Carl 60 f.
Rogers, Fred 67, 103 ff., 178
Rohr, Richard 177, 179, 181, 183, 222

Satir, Virginia 194
Sattva 166, 169–173
Schmerz 97, 272 f., 276
Scholl, Sophie 248
Sein, Arten des 165–173
Selbst/Ich 184, 186 f.
Selbstmord/Suizid 41, 190 ff., 195 ff., 199, 207

Sexualität 213, 216, 264
Sheperd, Nan 223
Shirer, Emma 22
Spielberg, Steven 102
Spiritualität 42 f., 211–253
–, Weg zur 226–231
Spock, Benjamin 53
Sterben 108 ff., 171, 177 f.
Stockdale, James 276, 278
Stress 35, 59, 134, 137
Supersinn 11–28

Tamas 166 ff., 173
Thunberg, Greta 53
Tod 108 ff., 171, 177 f.
Trauer 38, 57 f., 94, 97 f., 100 ff., 105, 272 f., 278
– und Abschied 108 ff.
Trauma 51, 89 f., 92, 106
– Häufigkeit 133 ff.
–, zu heilendes 125–155
– und normales Leben 137 ff.
– Ursachen 135 ff.

Übergangsrituale 181
Übergewicht 129, 134

Übungen
– Emotionen 122 f.
– Denken/Gehirn 183 f.
– inneres Haus 45 f.
– Körper 83 f.
– Spiritualität 253
– Supersinn 27 f.
Universum 263

Vater 200 ff.
–, Versöhnung mit 202 f.
Veränderungen, epigenetische 134
Verletzlichkeit 106, 108, 208
Verlust 57 f.
Vorurteil, unbewusstes 24

Wahrheit 173 ff.
Watts, Alan 262 ff.
Weekes, Claire 77 ff.
Winnicott, D. W. 145
Wörter 160 f., 164 f.
Wut 38, 90 f., 94 ff., 102, 111–116

Zen 224 ff., 231, 233